普通高等学校旅游管理教材

会展管理

（修订本）

张艳玲　主编

清华大学出版社
北京交通大学出版社

·北京·

内 容 简 介

会展管理是具有高度知识性和技术含量的综合性管理活动,所涉及的领域比较广泛。本书在全面学习当前国内外同类教材的基础上,采用面向实践的编写原则,注重引入德国等会展强国的管理理论、经验和技术,充分突出了会展管理活动的理论性和操作性。全书以会展活动举办的基本过程为主线,全面地对会展管理不同阶段的理论和实践加以讨论。通过学习本教材后,读者不但可以对会展管理的理论有全面的认识,而且可以将其运用到会展管理的实际工作中去。

本书适合作本科、高职高专院校及成人教育的会展课程教学用书,同时也可作为会展培训机构的培训教材,并对会展行业从业者也具有一定的实用参考价值。

本书封面贴有清华大学出版社防伪标签,无标签者不得销售。
版权所有,侵权必究。侵权举报电话:010-62782989 13501256678 13801310933

图书在版编目(CIP)数据

会展管理/张艳玲主编. —北京:清华大学出版社;北京交通大学出版社,2008.11(2019.8重印)
(普通高等学校旅游管理教材)
ISBN 978-7-81123-412-1

Ⅰ.会… Ⅱ.张… Ⅲ.展览会-管理-高等学校-教材 Ⅳ.G245

中国版本图书馆 CIP 数据核字(2008)第 152557 号

会展管理
HUIZHAN GUANLI

责任编辑:	吴嫦娥
出版发行:	清华大学出版社 邮编:100084 电话:010-62776969 http://www.tup.com.cn
	北京交通大学出版社 邮编:100044 电话:010-51686414 http://press.bjtu.edu.cn
印 刷 者:	北京时代华都印刷有限公司
经 销:	全国新华书店
开 本:	185×260 印张:15.75 字数:378 千字
版 次:	2019 年 7 月第 1 版第 1 次修订 2019 年 8 月第 6 次印刷
书 号:	ISBN 978-7-81123-412-1/G•74
印 数:	12 501~13 500 册 定价:39.00 元

本书如有质量问题,请向北京交通大学出版社质监组反映。对您的意见和批评,我们表示欢迎和感谢。
投诉电话:010-51686043,51686008;传真:010-62225406;E-mail:press@bjtu.edu.cn。

前　言

目前，会展业正成为我国经济发展的一个热点。会展业的迅速发展预示着我国需要大量的会展管理方面的专业人才。会展管理是具有高度知识性和技术含量的综合性管理活动。所谓综合性管理活动，是指会展管理所涉及的领域非常广泛，是一项集策划设计、组织运作与资源和环境调控于一体的管理科学。本书作者在全面学习当前国内外同类教材的基础上，采用面向实践的编写原则，注重引入德国等会展强国的管理理论、经验和技术，充分突出了会展管理活动的理论性和操作性。

全书以会展活动举办的基本过程为主线，全面地对会展管理不同阶段的理论和实践加以讨论。按照会展活动进行的基本过程，本教材将会展管理分为启动策划阶段的管理、执行阶段各功能要素的管理、展会活动结束后的评估。每个阶段在管理上分别有不同的论述侧重点。学习本教材后，读者不但可以对会展管理的理论有全面的认识，而且可以将其运用到会展管理的实际工作中去，取得良好的管理效果。本书适合作本科、高职高专院校，以及成人教育的会展课程教学用书，同时可以为从业人员提供参考。

张艳玲负责编写本书的大纲并担任主编，独立完成第 1 章会展概述、第 4 章会展物流管理、第 5 章会展场馆和设施的经营管理、第 6 章会展人力资源管理、第 7 章会展信息管理及第 11 章展会评估的编著工作；第 2 章会展的策划由卢政营编著；第 3 章会展的营销管理由王碧含编著；第 8 章会展财务管理由卢政营编著；第 9 章会展的风险管理和第 10 章会展的质量、环境与安全管理由谢芳编著。

编　者
2009 年 1 月

作者简介：

张艳玲，博士，现任天津财经大学旅游系教授。1999 年至 2005 年赴德留学，并取得工商管理硕士及管理学博士学位。在德国期间曾经担任德国弗莱贝格工业大学工商管理硕士项目的教学工作。归国后一直从事高等旅游和会展教育事业，并致力于推进旅游和会展的可持续性发展。此外，自 2006 年至今一直负责主编《欧亚企业的社会责任和环境管理会议论文集》。该论文集每年出版，目前出版的论文集均被美国的 ISTP/ISSHP 收录。

目 录

第1章　会展概述 …………………… (1)
　1.1　会展的概念和功能 ………… (1)
　1.2　会展业的发展 ……………… (7)
　◇　本章小结 …………………… (19)
　◇　练习题 ……………………… (20)
　◇　参考文献 …………………… (20)

第2章　会展的策划 ………………… (21)
　2.1　会展的策划概述 …………… (21)
　2.2　会展的主题策划 …………… (27)
　2.3　会展的品牌策划 …………… (32)
　2.4　会展宣传与广告策划 ……… (34)
　◇　本章小结 …………………… (39)
　◇　练习题 ……………………… (39)
　◇　参考文献 …………………… (40)

第3章　会展的营销管理 …………… (41)
　3.1　会展的营销概述 …………… (41)
　3.2　会议的营销 ………………… (43)
　3.3　展览的营销 ………………… (49)
　3.4　会展营销新理念 …………… (55)
　◇　本章小结 …………………… (59)
　◇　练习题 ……………………… (59)
　◇　参考文献 …………………… (60)

第4章　会展物流管理 ……………… (61)
　4.1　会展物流管理概述 ………… (61)
　4.2　会展物流的管理 …………… (65)
　4.3　会展物流信息管理 ………… (77)
　4.4　会展的国际物流 …………… (82)
　◇　本章小结 …………………… (89)
　◇　练习题 ……………………… (89)
　◇　参考文献 …………………… (90)

第5章　会展场馆和设施的经营
　　　　管理 ……………………… (91)
　5.1　会展场馆的经营管理
　　　　概述 ……………………… (91)
　5.2　会议中心及设施设备
　　　　管理 ……………………… (99)
　5.3　展览中心的管理 …………… (109)
　◇　本章小结 …………………… (117)
　◇　练习题 ……………………… (117)
　◇　参考文献 …………………… (118)

第6章　会展人力资源管理 ………… (119)
　6.1　会展人力资源管理概述 …… (119)
　6.2　会展人力资源规划 ………… (121)
　6.3　会展企业的人员招聘 ……… (125)
　6.4　会展员工的培训 …………… (129)
　6.5　会展员工的绩效考核 ……… (131)
　6.6　会展员工的薪酬管理 ……… (135)
　6.7　会展员工的职业生涯
　　　　管理 ……………………… (142)
　◇　本章小结 …………………… (145)
　◇　练习题 ……………………… (146)
　◇　参考文献 …………………… (146)

第7章　会展信息管理 ……………… (147)
　7.1　会展信息管理概述 ………… (147)
　7.2　会展信息管理规划 ………… (149)
　7.3　会展信息管理的组织与
　　　　领导 ……………………… (152)
　7.4　会展的客户关系管理 ……… (154)
　7.5　会展商务信息管理与电子
　　　　商务概述 ………………… (163)

Ⅰ

- ◇ 本章小结 …………………… (172)
- ◇ 练习题 ……………………… (173)
- ◇ 参考文献 …………………… (173)

第 8 章 会展财务管理 …………… (174)
- 8.1 会展财务管理概述 ……… (174)
- 8.2 会展企业预算管理 ……… (179)
- 8.3 会展企业的资金筹集和成本管理 …………… (183)
- 8.4 会展企业财务报表分析 ………………… (186)
- ◇ 本章小结 …………………… (191)
- ◇ 练习题 ……………………… (191)
- ◇ 参考文献 …………………… (192)

第 9 章 会展风险管理 …………… (193)
- 9.1 会展风险管理概述 ……… (193)
- 9.2 会展风险管理的实施 …… (198)
- 9.3 会展风险管理内容与风险控制 …………… (202)
- ◇ 本章小结 …………………… (210)
- ◇ 练习题 ……………………… (210)
- ◇ 参考文献 …………………… (211)

第 10 章 会展的质量、环境与安全管理 ………………… (212)
- 10.1 会展的质量管理 ………… (212)
- 10.2 会展的环境管理 ………… (216)
- 10.3 会展安全管理 …………… (224)
- 10.4 会展企业的整合型体系 ……………………… (228)
- ◇ 本章小结 …………………… (231)
- ◇ 练习题 ……………………… (231)
- ◇ 参考文献 …………………… (232)

第 11 章 展会评估 ………………… (233)
- 11.1 展会评估概述 …………… (233)
- 11.2 不同主体的展会评估 …… (236)
- 11.3 展会评估及认证机构 …… (240)
- ◇ 本章小结 …………………… (244)
- ◇ 练习题 ……………………… (244)
- ◇ 参考文献 …………………… (245)

第1章 会展概述

本章导读

会展业是拥有巨大发展潜力的新兴产业。近年来会展业的迅速发展对促进我国经济和社会的全面发展起到了重要作用。通过本章的学习,掌握会展的概念及其分类,明确会展活动的基本内容,认识会展活动的功能,并了解国际、国内会展业的起源和发展过程。

1.1 会展的概念和功能

1.1.1 会展的概念

到目前为止,人们对会展这一概念的界定还存在不同的看法,现在学术界普遍采用的会展定义有两种:一种是以会展的发源地欧洲为代表的狭义定义,另一种是以美国为代表的广义定义。

1) 狭义定义

在欧洲,会展被定义为 C & E (Convention and Exposition) 或 M & E (Meeting and Exposition)。按照这个定义,会展活动包括两方面内容,即会议和展览。会议一般是指各种类型的专业会议;而展览是指各种类型的交易博览会,如展览会、博览会、交易会、招商会、发布会及研讨会等。

2) 广义定义

在美国,会展被定义为 MICE。其中 M 是 Corporate Meeting 的缩写,代表公司业务会议;I 是 Incentive Tour 的缩写,代表奖励旅游;C 是 Convention 的缩写,代表会议;而 E 是 Exhibition & Event 的缩写,代表展览和节事活动。可见,除了会议和展览以外,广义的会展活动还包括奖励旅游,以及各种节事活动,如庆典活动、节庆活动、文化活动、科技活动、体育活动等。

1.1.2 会展活动的基本内容

本书所讨论的会展活动包括两方面内容,即会议和展览。

1. 会议

1) 会议的定义

会议是指人们怀着各自相同或不同的目的，围绕一个共同的主题，进行信息交流或聚会商讨的活动。一次会议的利益主体主要有主办者、承办者和与会者（许多时候还有演讲人），其主要内容是与会者之间进行思想或信息的交流。现代会议的含义具有很强的多元性（参见阅读材料 1-1）。

2) 会议的分类

按照不同的分类标准可以将会议进行分类，表 1-1 列举了 4 种常见的会议分类标准及相应的类别划分。

表 1-1 会议分类一览表

分类标准	类别划分
地域范围和影响力	国际会议、全国会议、地区会议、本地会议
会议本身的性质	营利性会议和非营利性会议
举办者的性质	协会会议、公司会议、政府会议、工会、政治团体、宗教等组织或自筹的会议等
行业	医学、科学、教育、农业、环境等行业会议

目前对国际会议的界定还没有统一的标准。根据 International Congress & Convention Association（简称 ICCA）对国际会议的评定标准，国际会议应该满足 3 个条件，即固定性会议、至少 3 个国家轮流举行、且与会人数至少在 50 人以上。根据 Union of International Associations（简称 UIA）对国际会议的评定标准，国际会议至少 5 个国家轮流举行，与会人数在 300 人以上，国外人士占与会人数 40% 以上，且会期为 3 天以上。而中国国际会议推展协会将国际会议定义为参加会议的国家，含主办国至少在两国以上，与会人数需达 50 人以上，外国与会人数需占总与会人数 20% 以上，其形式以年会、展览或奖励旅游等形式均可。虽然以上 3 个组织对国际会议的评定标准有差异，但是依据三者的共同点可以将国际会议定义为：轮流在各国举行的固定性会议，其与会者必须在 50 人以上。

一般来讲，营利性会议，如企业战略研讨会、营销高峰论坛、行业培训会等，主要由专业会议公司或营利性机构进行组织和策划并以盈利为主要目的；而非营利性会议以政府工作会议、协会会议和公司内部会议为代表，一般不会给承办方和组织者带来直接的经济收入。

阅读材料 1-1

英文中 12 种会议的表达方式

英文中有 12 种关于会议的不同表达方式。

1. 集会（Meeting）：凡一群人在特定的时间、地点聚集，来研商或进行某特定活动均称之为集会，含义最为广泛，是各种会议的总称，含 assembly, conference, congress, convention, colloquium, 也包括 forum, seminar, symposium 及 special event 等。

2. 大会（Assembly）：一个协会、俱乐部、组织或公司的正式全体集会。参加者以其成员为主,其目的在决定立法方向、政策、内部选择、同意预算、财务计划等。所以,assembly通常是在固定的时间及地点定期举行,也有一定的会议程序。

3. 会议(Conference):任何组织、公私团体、公司、协会、科学或文化团体希望要讨论、交换意见、传达信息、辩论或针对某一课题公布其意见,都可用conference作为一种适当的工具。多数的conference是以study为目的,通常包括告知或传达某些特别研究的发现并希望与会者有主动的贡献。相较于congress,conference规模较小,但含义较高,且较易交换资讯。如conference可以是部长或高级长官们对相同的主题有兴趣或关切且希望形成共识,而以较短的时间来讨论、交换意见,并有决议发表书面报告的会议。参加人数较少,也非定期举行。

4. 会议(Congress):在某种专业、文化、宗教或其他领域方面的定期会议。与会者有数百人,甚至千人,且系由各团体派正式代表与会。参加者均系有兴趣、主动且要注册、付费参加。Congress通常会有一特定主题(Subject)来讨论。而报告者及讨论者均为其领域的成员或相关的协作团体人士。此类会议每年、两年或多年举办一次,全国性Congress通常每年一次,而国际性或世界性的Congress通常多年一次,而其举行的频率是事先即确定的,通常为期数天,且有分组会议(Session)。

5. 会议(Convention):同一公司、社团、财团、政党等立法、社会、经济团体为其本身组织的特定目的,或为了提供某些特别情况的资讯及商讨政策,使与会者同意并建立共识而对其成员召开的会议。参加者均系依指示参加,举行的时间没有固定。通常,包括全体代表大会(General Session)及附带的小型分组会议,有时还有展览(Exhibition)。在美国,Convention通常指工商界的大型全国甚至国际集会,即包括研讨会、商业展览或二者兼具。

6. 会议(Colloquium):以研讨为目的的非正式会议,通常是学术或研究方面的人针对有共同兴趣的主题来相互交换意见,所以视需要及方便而不定期举行。进行方式为由一位以上Speaker先就某一主题报告,再讨论问题。

7. 演讲(Lecture):教育性的演讲,通常仅由一位专家来报告,且报告后不一定接受观众的发问。

8. 座谈(Panel discussion):由一位Moderator来主持,一小群专家为座谈小组成员(Panelist)针对专门课题提出其观点再进行座谈。有时仅限panel自行讨论,有时也以开放形式和与会者相互讨论。

9. 进修会(Seminar):指一群(10~50位)具不同技术但有共同特定兴趣的专家,借由一次或一系列的集会,来达到训练或学习的目的的研讨会。Seminar的工作进度表要使参加者能达到丰富其技术的目的,其过程由一位Discussion Leader来主持。报告者不一定要上讲台来报告,但希望有较多的人参与研讨以分享经验与知识。有兴趣参加者要主动注册,有时还要付费。Seminar的时间为1~6天间。另外,在大学或训练机构为了针对某一特定主题来定期讨论及研究而办理的小班(约5~10人)课程,也称为Seminar。

10. 讨论会(Forum):一项集会(Meeting)或该集会为了对共同有兴趣的某一或某些主题举办进行公开讨论的讨论会。与会者的身份均要先被认可,其过程一般是由一位Moderator主持,先请各Panelist或Presenter来对与会者发表不同甚至相反的意见与想法,再进行反复的讨论,最后由Moderator作结论。

11. 专题研讨会（Symposium）：由某一领域内的一些专家集会，就某一特定主题请专家发表论文，并共同就问题加以讨论提出建议。Symposium 类似 Forum，参与人数较多，期间为 2～3 天，进行方式较为正式。

12. 讲习会（Workshop）：由几个人进行密集讨论的集会，其缘起是为整合某一特定主题或训练的分歧意见，其目的是使研究人员的发现能充分讨论来使之发挥最大而有效的应用。目前在 Congress 或 Conference 中，由与会者自选主题或由主办单位建议针对某一特定问题，在正式全体会议（Plenary Session）或委员会之间进行非正式及公开自由的讨论也称为 Workshop。

2. 展览

1) 展览的定义

英文中展览的原意是指"一种展示或陈列"。展览的主要目标是为了促进思想、信息及产品在一定公众群体内的交流和展示。作为会展业的重要组成部分，展览业一般包括 4 种形式的展览会，即展销会、展览、博览会和展示会。阅读材料 1-2 列举了这 4 种展览会的英文表达方式及其含义。

美国的《大百科全书》将展览定义为"一种具有一定规模，定期在固定场所举办的，来自不同地区的有组织的商人聚会"。由此概念可知，展览是一种具有一定规模和相对固定的举办日期，以展示组织形象或产品为主要形式，以促成参展商和贸易观众之间的交流洽谈为最终目的的中介性活动。除了主办者和承办者，展览的利益主体还包括参展商和专业观众。展览的主要内容包括实物展示、参展商和专业观众之间的信息和思想交流，以及商贸洽谈。

阅读材料 1-2

英文中展览的表达方式

英文中有至少 4 种关于展览的不同表达方式。

1. 展销会（Fair）：传统形式的展览会，也就是集市与庙会。Fair 的特点是"泛"，有商人也有消费者，有农产品也有工业品。集市和庙会发展到近代，分支出了贸易性质的、专业的展览，被称作"Exhibition"（展览会）。而继承了"泛"特点的，规模庞大的、内容繁杂的综合性质的展览仍被称为 Fair。但是，Fair 在传入中国时则被译成了"博览会"。因此，对待外国的"博览会"，要认真予以区别：是现代化的大型综合展览会，还是传统的乡村集市。

2. 展览（Exhibition）：在集市和庙会基础上发展起来的现代展览形式，也是被最广泛使用的展览名称，通常作为各种形式的展览会的总称。

3. 博览会（Exposition）：Exposition 起源于法国，是法文的展览会。在近代史上，法国政府第一个举办了以展示、宣传国家工业实力的展览会。由于这种展览会不做贸易，主要是为了宣传，因此，Exposition 便有了"宣传性质的展览会"的含义。由于其他国家也纷纷举办宣传性质的展览会，并由于法语对世界一些地区的影响，以及世界两大展览会组织——国际博览会联盟和国际展览会局的总部均在法国，因此，不仅在法语国家，而且在北美等英语地区，Exposition 也被广泛地使用。

4. 展示会（Show）：Show 的原意是展示，但是在美国、加拿大等国家，Show 已替代 Exhibition。在这些国家，贸易展览会大多称作 Show，而宣传展览会被称为 Exhibition。

2）展览的分类

虽然展览的类型和举办方式随着时代的发展而不断演化，但可以根据其内容、规模、时间、地域、功能和方式来划分展览会的基本类型，如表 1-2 所示。

表 1-2 展览会分类一览表

分类标准	类别划分
内容	综合性展览会、专业展览会、消费展览会
规模	国际展览会、全国展览会、地方展览会、独家展览会
时间	定期展览会、不定期展览会
	短期展览会、长期展览会、常年展览会
地域	国内展览会、出国展览会
功能	教育性展览会、中介性展览会
方式	实物展览会、网上展览会

资料来源：马勇，冯玮. 会展管理. 北京：机械工业出版社，2006.

综合性展览会又称水平展览会或横向展览会，其展览内容涉及多个行业。与之相对，专业展览会又称垂直展览会或纵向展览会，其展览内容主要为某一行业的产品及其相关产品，如礼品展、汽车展等。一般来讲，综合性展览会和专业展览会属于贸易展览会，其主要目标是促进信息交流和贸易洽谈。不同于贸易展览会，消费展览会主要以直接向公众销售所展出的消费品为主要目标。

值得注意的是，国内展览会是指在中华人民共和国境内举办的各种展览会，其中包括来华展，也就是在中国境内举办的对外经济贸易展览会。按照《出国举办经济贸易展览会审批管理办法》规定，赴我国香港、澳门特别行政区和台湾省举办展览会不属于出国展的范围。

中介性展览一般带有很强的商业性，举办者旨在通过展览为参展商和消费者提供一个彼此见面、洽谈贸易的商业平台。教育性展览一般为非营利性展览，举办者意在通过展览普及科学和历史知识，宣传方针政策，以及弘扬某种道德精神。教育性展览大都由政府部门和社会民间组织举办，展览经费由政府拨款。

3）会展业的功能

作为一种拥有巨大发展潜力的新兴产业，会展业通过举办各种会议和展览等活动，取得综合效益并带动相关产业发展，从而具有促进经济和社会的全面发展的功能。所谓综合效益，是指由各种会展活动所引发的经济、社会和文化效益。因为会展活动能够促进人才、物资、信息和资金的流动，所以其带来的不仅仅是经济效益，而是集经济、社会和文化为一体的综合效益。具体来讲，会展业有下面的功能。

（1）发展会展业能够创造出可观的经济效益

会展业的利润率一般在 20%～25% 以上，因此是国际上公认的高收入、高盈利的产业。会展业产生经济效益包括直接经济效益和间接经济效益。直接经济效益是指各种会展活动所获得的直接收入；而间接经济效益主要通过带动其他相关产业的发展、促进商务洽谈及吸引投资来获得。

据统计,现在全球每年国际性会展总的消费超过2 800多亿美元。摘自美国《贸易展览》周刊的数据表明,美国一年举办的200多个商业会展所带来的经济效益超过38亿美元。法国仅博览会和专业展览会每年的营业额可达85亿法郎。在国内,2006年全年共举办各类展览会4 000多个,仅展览业2006年直接收入就达140亿元左右,由此带动交通、餐饮、通信等10多个相关产业,其收入达1 260亿元。

此外,与会展活动相关的人流、物流、信息流及资金流的汇集可以促进交通运输、旅游、房地产、信息、商贸、安全保卫、银行、邮政、电信等行业的发展,从而产生可观的间接经济收益。据专家测算,国际上会展业的产业带动系数大约为1∶9,目前国内的产业带动系数也达到了1∶6。这样高的产业关联度使得会展业对带动城市和区域经济发展至关重要。

会展活动为参展企业提供了相互结识、洽谈并进行交易的平台。通过参加会展,企业可以扩大商务接触面、寻求更好的合作伙伴和商贸机会并开拓国际市场。此外,会展活动为企业提供了直接面对客户并直接订货的机会,从而为其省去了寻求海外客户和市场的开销。因此,会展正在成为时下备受关注的重要商务活动之一,对促进国内外技术交流与经济贸易合作起到很大作用。据不完全统计,近10年来,我国通过展览实现外贸出口340多亿美元,内贸交易120多亿元人民币。另外,大型会展还可以为主办地吸引投资,促进当地经济的发展。

(2) 发展会展业能够带来很大的社会效益

在带来经济效益的同时,发展会展业可以创造出很大的社会效益,其集中表现在增加就业机会、提高举办地的知名度,并促进该地区基础设施的建设。

首先,会展业的发展需要成立相应的专业会展组织、会展中心和会展服务机构,并形成合理分工的社会化经营和服务体系,因此可增加大量的就业机会。据测算,在一些大城市,每增加1 000平方米的展览面积,就可创造近百个就业机会。对于人口众多的我国而言,会展经济的发展无疑为增加就业提供了一条有效的渠道。例如,在我国香港,一年的会展活动可大约为香港居民提供9 000多个就业机会。

其次,举办会展尤其是大型会展活动对提高举办地的知名度有很大作用。目前,国际上有许多以会展著称的城市,像德国的汉诺威、慕尼黑、杜塞尔多夫、莱比锡等均是世界知名的展览之都。而法国首都巴黎,因为平均每年都要承办300多个国际大型会议,所以被誉为"国际会议之都"。我国的香港也因为每年举办若干大型国际会议、展览而在国际上享有盛名。近年来,在我国东北的大连市每年举办的"服装节",也大大提高了该市在国内和国际上的知名度。

再次,大型会展活动的举办往往可以在很大程度上促进举办地的卫生、交通、水电等基础设施的建设。例如,德国政府为1996年在德国汉诺威举办的世界博览会拨款30多亿欧元进行基础设施建设,大大改善了该市的基础设施环境。而我国也为1999年在昆明主办的世界园艺博览会投资达200多亿元,进行环境治理并且新建和扩建城市街道690条,建成20多座立交桥和10座人行天桥,使该市提前10～20年完成了城市网络规划建设。

(3) 发展会展业能够产生积极的文化效益

会展活动的举办大幅度促进了信息、知识、观念的传播,因此具有积极的文化效益。首先，会展活动具有便捷性、集中性、直观性和快速性，因此对传播先进的技术成果、展示和推广新产品和工艺具有重要作用。历史上，许多具有划时代意义的科学发明如电话机、蒸汽机、计算机等都是率先在展览会上得到展示和推广的。即使是在信息技术和手段发达的今天，会展在商品与科技成果的展示和交流方面也具有不可替代的位置。此外，会展业的发展还可以促进政府、企业、消费者乃至社会各主体间的沟通与交流，从而丰富举办地的文化并提高当地市民的文明程度。

阅读材料 1-3

展览王国——德国

德国有世界展览王国的美誉，在2001—2004年平均每年在境内举办144个国际博览会，吸引了来自世界各地16.6万家参展商及900万～1 000万名参观者。2004年，德国业的营业总额近25亿欧元，参展商和参观者每年为德国博览会支出近100亿欧元。同年，博览会还为交通、旅游、酒店、餐饮等行业带来约250亿欧元的经济效益，并保障了25万个就业岗位。博览会是德国服务行业的重要支柱，对促进德国地区经济发展和对外贸易增长至关重要。德国展览业非常发达，市场化运作十分成熟，具有三个显著特点。

(1) 展览中心规模大。目前，德国共有25个大型展览中心，展厅总面积264万平方米，加上室外展览场地100万平方米，展览总面积达365万平方米。全球5大展览中心中有4家在德国。世界前10家营业额最大的展览公司中有5家位于德国。现代化的会展中心及与其相配套的技术设施，加上发达的交通网络和德国所处欧洲中心的地理位置，为展览会的成功举办创造了良好的前提。

(2) 知名度高、吸引力强。全球150个世界顶级的行业博览会中有2/3在德国举办。最负盛名的有汉诺威计算机博览会（CeBIT）、法兰克福消费品博览会、科隆五金展、柏林国际旅游博览会、慕尼黑国际建筑机械博览会、纽伦堡国际玩具博览会等。在经济全球化和信息化时代，世界顶级的行业博览会依然是企业树立形象、发布产品未来发展趋势及与客户和观众交流、沟通的重要平台。

(3) 国际性和专业性强。德国举办的国际博览会，外国参展商比例平均超过50%，2003年达52.2%，20%以上的参观者来自德国境外。德国举办的展览会内容丰富，涵盖了各个行业和门类，能充分满足国际厂商和专业人士的需要。一些展览会在对公众开放之前专门向采购商、生产厂家、行业工程人员、新闻记者等专业观众开放，从而使参展商和专业观众能够达到充分交流的目的。

1.2 会展业的发展

1.2.1 国际会展业的发展概述

1. 国际会展业的起源和发展进程

会展业的起源可以追溯到原始社会，至今已有几千年的历史了。工业革命以来，会展业的发展比较迅速。特别是进入20世纪以后，会展业的发展逐步走向了国际化、专业化、高科技化和规模化。经过近一百年来的蓬勃发展，会展业的成熟度日益增加。作为高收益、低污染的行业，当今的会展业正在成为国际经济新的热点，受到越来越多的关注。纵观历史，国际会展的发展大体上经过了三个阶段，即萌芽阶段、起步阶段和快速发展阶段，如表1-3所示。

表1-3　会展业发展的历史阶段

历史阶段	阶段标志	活动形式	活动目的	活动范围	组织方式
萌芽阶段	工业革命	集市	商品交易	地方	自发、松散
起步阶段	1798年法国工业产品大众展	工业展览会	展示	国家	有组织
快速发展阶段	1894年德国莱比锡样品博览会	贸易展览会和博览会	交易及展示	国际	专业组织

1）萌芽阶段

欧洲被公认为国际会展业的发源地，而欧洲的会展活动起源于中世纪的集市，如古希腊的奴隶市场及古罗马的米市、油市等。集市被认为是展览的原始形式，因为其已经具备了展览的一些基本特征，如有固定的地点、定期举行等。在工业革命之前，由于交通不便和社会商品缺乏等原因，人们只能自发地将商品拿到集市上进行展览和交易，因而集市在很长时期内一直是欧洲重要的商贸场所和手段。由于集市的一项主要任务是通过展示来促进经贸活动的发展，所以欧洲的会展业至今仍然有很强的贸易性。

早期的集市组织松散、规模较小，仅限于在某一地区内部举行，具有明显的农业社会的特征。随着社会的发展，逐步出现了跨地区的集市及国际集市交易会。于公元629年在法国圣丹尼斯举办的交易会，目前被认为是世界上最早的国际集市交易会。而大规模的集市贸易活动起始于12世纪左右，以法国的香槟集市为代表。香槟集市位于法国的东北部，地处北欧诸国与地中海的商业要道上，是当时欧洲最重要的集贸中心之一。现代意义上的贸易展览会实际上是起源于德国。早在15世纪初，以莱比锡为代表的一些德国城市就已经成为著名的展览城市了。15世纪末开始的"地理大发现"进程，更是进一步推进了会展业的跨地区和国界的发展。

2）起步阶段

17世纪以后的工业革命，使欧洲进入了以机械化大生产为特征的工业化时代。在工业革命的影响下，欧洲的展览会出现了一系列变革，这时，具有明显工业时代特征的工业展览会开始出现，并成为会展活动的主导形式。相对于集市，工业展览会有着严密的组织体系，其规模也突破地方的局限性，成为跨地区乃至跨国家的展览活动。

1798年，法国政府组织了世界上第一个工业产品大众展。这次展览会被公认为近代工业展览会的开端，自此欧洲的会展业进入了起步阶段。随后，英国于1851年在伦敦举办了首届世界博览会——万国博览会（The Great Exhibition of All Nations）。这次规模宏大的博览会在海德公园的水晶宫展馆举行，展出面积接近10万平方米，参展商多达1.7万家，其中一半以上来自其他国家。万国博览会被普遍公认为是会展活动由集市向国际贸易展览会发展的重要标志。

相对于欧洲，北美的会展活动起步较晚，一般被认为是从西欧直接传过来的。起初，北美的展览会只是作为当时专业协会年度会议的一项辅助活动，其功能主要是信息发布和形象展示。当时美国的博览会又被称为"州际贸易展览会"，因为其大都是为了满足美国国内各州之间的贸易活动而设置的，来自国外的参展商比例非常小。

3）快速发展阶段

19世纪末期，欧洲的展览业逐渐进入了快速发展阶段，即现代贸易展览会和博览会阶段。1894年在德国莱比锡举行的样品博览会是这一阶段开端的重要标志。作为现代贸易和博览会的早期形式，样品博览会以展示为手段，以交易为目的，同时具有集市的市场性及工业展览的展示性。从这个角度上讲，样品博览会可以说是集市和工业展览会的进化形式，因为其不但突破了传统集市规模小、组织手段落后，从而无法满足商品大批量流通的局限，而且克服了工业展览会单纯注重宣传展示功能，从而忽视市场功能的缺陷。

快速发展阶段大体上可以分为4个时期，按照时间顺序分别是第二次世界大战前期、20世纪70年代前期、90年代前期及90年代后期（见表1-4）。其中这4个时期又以第二次世界大战为分水岭分作两个阶段。第一个阶段就是所谓的第二次世界大战前期，这一时期，综合性贸易展览会得以充分发展。第二阶段是从第二次世界大战后期延续至今，是专业展览会出现和成长的阶段。所谓专业展览会，是指在展览内容、参展商和参观者上都具有明显专业性的会展活动。因为专业展览会相对来说能更加充分地反映某行业及相关行业的整体发展状况，从而具有更强的市场功能。

表1-4 会展业快速发展阶段的4个历史时期

历史时期	主要活动形式	历史背景和事件
第二次世界大战前期（19世纪末—第二次世界大战前）	综合性贸易展览会	• 展览会改变了过去单纯的商品展示形式，采取了样品展示、邀请贸易伙伴参加，甚至进行期货贸易等形式 • 1925年国际展览联盟（UFI）在意大利的米兰成立。1928年来自31个国家的代表签署了世界上第一个关于管理和协调国际展览会的公约——《1928年国际展览会巴黎公约》，同年国际展览局（BEI）在法国的巴黎成立
20世纪70年代前期（第二次世界大战—20世纪70年代）	专业展览会和博览会	• 第二次世界大战期间停办的展览会和博览会得以恢复。以"米兰博览会"、"莱比锡博览会"和"巴黎博览会"在冷战期间为沟通东西方贸易、促进先进科技成果的推广和应用做出了重大贡献
20世纪90年代前期（20世纪70年代—90年代）	较大规模的展览会和博览会	• 国际分工体系的深化和科技的进步使专业化展览成为展览业的主导形式。同时，很多国家纷纷投资兴建大型展览中心，扩充会展从业人员，国际会展业产业规模得以扩大
20世纪90年代后期（20世纪90年代以后）	较大规模的展览会和博览会	• 在迅速发展的信息技术推动下，全球掀起了会展经济浪潮。以各行业国际展览会、贸易促销和经济招商展览会及各种大型国际会议为主要形式的会展业蓬勃发展

2. 国际会展业的发展现状和特点

时至今日，会展业已经发展成为颇具规模的全球化现代产业，并且拥有了全球性的行业组织——国际展览联盟（UFI）和国际展览局（BEI）。作为具有很大发展潜力的新兴产业，现代会展业不但对推动先进科学技术的传播和促进人们思想观念的交流、更新起到了关键作用，而且为人类带来了可观的经济和社会收益。虽然近20年来，国际会展业呈现比较平稳的发展趋势，但在全球范围内其发展仍处于明显的不平衡状态。表1-5

简要概括了全球各地区会展业发展的现状和特点。

表1-5 全球各地区会展业现状对比

区域	代表国家和城市	会展业发展的现状	会展业发展的特点
欧洲	主要集中在西欧,德国、法国、意大利、英国等工业发达国家都是世界级的会展大国,其中德国被誉为头号会展强国;而东欧的会展业以俄罗斯为主 著名的西欧会展城市有巴黎、柏林、汉诺威、慕尼黑、法兰克福、莱比锡、纽伦堡、科隆、杜塞尔多夫、米兰、佛罗伦萨等 俄罗斯著名的三大会展城市有莫斯科、圣彼得堡、下诺夫格罗	会展业整体实力最强,规模最大,位居世界首位。例如,世界上公认的300多个最知名的展览会有60%以上在欧洲举办	欧洲的会展活动数量多、规模大、国际化程度高、贸易性强、管理先进。欧洲的办展模式被称为德国式,具有如下特点: • 展览场地的所有者同时是展览会的组织者和举办者; • 展览馆所在地政府往往通过控股的方式实现对展览馆的控制; • 专业协会组织和专业展览组织者,可以向展览场地的所有者租用展览场地
北美	加拿大、美国。著名的会展城市有多伦多、拉斯维加斯、芝加哥、纽约、奥兰多、达拉斯、亚特兰大、新奥尔良、旧金山和波士顿	会展业相当发达,其总体水平仅次于欧洲,每年举办上万个会展活动	发展水平、国际化程度和贸易性都不如欧洲。 美国式办展模式:展览场地的所有者和展览会的承办者严格分开。展览馆只负责出租展览场地,不负责展览项目;而组织者只负责展览组织,必须从场地所有者处出租场地
大洋洲	主要集中在澳大利亚。著名会展城市有悉尼、墨尔本等	会展发展水平仅次于欧美,然而规模小于亚洲	展览多为专业性展览和公众性展览。其会展活动连带效应强、专业展竞争力强、展览协会富有成效、展览公司发展迅速。会展运营沿用美国式办展模式
亚洲	以中国、日本、新加坡、泰国和阿联酋为主,著名的会展城市有香港、东京、曼谷、新加坡市等	会展发展规模低于欧美,发展水平高于拉美和非洲	展览业增长迅速,辐射面广,专业门类齐全,具有很好的发展前景。展览业发达的新加坡和中国香港地区一般具有4种优势,即地理位置优势,展馆设施优势、资源优势和管理优势
拉丁美洲	以巴西、阿根廷和墨西哥为主,著名的会展城市有里约热内卢、布宜诺斯艾利斯、墨西哥城等	会展业规模较小,大部分国家会展业处于初级阶段	会展业发展不平衡,目前约70%以上的会展收入由巴西、阿根廷和墨西哥三国囊括。其中,巴西作为当今拉丁美洲会展业最发达的国家,其会展收入占总体的40%左右
非洲	以南非和埃及为主,著名的会展城市有约翰内斯堡、开罗等	会展业处于初级阶段,西部和东部非洲的会展业规模非常小	会展业发展不平衡,会展业的发展仍然依靠外国资本对当地的大量输入

由表1-5可知,欧洲是目前会展业当之无愧的龙头,其会展活动素来以数量众多、规模庞大、贸易性高和管理专业化而著称。北美的会展业比较发达,其总体发展水平仅

次于欧洲。亚太地区的会展业发展迅速，市场前景广阔，是国际会展业的新生力量。而拉美和非洲虽然有少数国家会展活动发展势头良好，但大部分地区的会展业尚处在起步阶段。

1）欧洲

作为会展业的发源地，现在整个欧洲占了世界会展市场的一半左右。据国际会议协会（ICCA）统计，2005年世界上举办会议最多的前10个国家中有8个在欧洲。2005年举办会议最多的前10个国际型大都市有7个在欧洲，其中奥地利首都维也纳位居榜首。而地处欧洲中心的德国则以其先进的场馆设施和优质的服务管理位列世界展览强国之首。世界上最大的4个展览中心有3个在德国，另外世界十大知名展览公司中有6个是德国的公司。

同样位于欧洲中心地带的法国是欧洲的另一个会展大国。其首都巴黎不但是著名的"展览之都"，而且是世界第一大国际会议中心。巴黎每年举办的展览多达150多个，而其所接待的国际会议可以达到全球国际市场的2.61%、欧洲市场的4.62%。位于欧洲南部的意大利每年举办展览活动多达700多个，是欧洲办展最多的国家。位列世界三大展场之一的米兰国际展览中心，拥有38个展馆，其占地面积超过65万平方米。而另一个欧洲主要展览中心——波罗尼亚则拥有74座展厅，每年平均举办15个国际领先的专业展览会。此外，作为东欧会展龙头的俄罗斯也以举办各种专业展览见长，该国每年展览业的收入可以达到2～3亿美元。

2）北美洲

强大的经济实力和巨大的国内市场，使以美国和加拿大为代表的北美洲会展业的发展水平处于世界领先地位。这两个国家每年平均举办近万个展览会，其中净展出面积超过460平方米的展览会约有4 300个，参展商120万家，参观者近7 500万人。举办展览最多的北美城市包括拉斯维加斯、多伦多、芝加哥、纽约、奥兰多、达拉斯、亚特兰大、新奥尔良、旧金山和波士顿等。

虽然北美洲会展业的发展程度、国际化水平与贸易性都不及欧洲，但是由于该地区内部市场较大，所以还是对来自国外的参展商有很大的吸引力。然而到目前为止在美国展览会上成交的仍然以批发商和零售商为主，国外参展商的成交批量都比较小。会展活动贸易性的欠缺，致使北美企业对会展的重视程度相对不足，从而在一定程度上限制了该地区会展业的发展。

3）大洋洲

大洋洲会展业发展水平较高，仅次于欧美水平，但是其规模与亚洲相比则略逊一筹。该地区的会展强国是承办2000年悉尼奥运会的澳大利亚。悉尼奥运会可谓是澳大利亚会展发展史上的重要里程碑。此次盛会不但给澳洲带来了超过60亿澳元的经济收入，而且大幅度地推动了亚太地区会展业的发展，使其在国际会议市场上所占的份额由3%提高到了7%。

澳大利亚目前至少有107个展览馆、106家展览会主办机构、120家展览会服务机构。该国每年大约举办300个大型展览会，吸引超过5万家参展商和660万参观者。据估算，该国每年展览行业的平均收入大约为25亿澳元，因而会展业在其国民经济中的比重日益突出。值得指出的是，澳洲举办的专业性会展具有很强的国际竞争力。每年高水平的专业性会展都可以吸引大批高素质且十分具有购买力的专业买家为该国带来丰厚的经济效益。

4）亚洲

作为世界会展业的后起之秀，亚洲的会展业发展十分迅速，目前该地区会展经济的规模仅次于欧洲和北美，位居世界第三。这一地区的会展业增长速度快、辐射面广、专业门类齐全、具有很大的市场潜力和很好的发展前景。中国、日本、新加坡是亚洲会展经济的中心。

目前中国大陆、香港及新加坡的会展业竞争激烈，逐渐形成了亚洲会展市场上三足鼎立的局势。中国大陆的会展市场最广阔，其发展空间远大于中国香港和新加坡。而相对于其他国家和地区，中国香港具有五大发展会展业的优势，即地理位置优势、资源优势、产业优势、管理优势及服务优势。同时，该地区在举办以贸易出口为主的品牌展览会上具有丰富的经验。起源于20世纪70年代，新加坡的会展业在政府的大力扶植下发展迅速。一流的展馆和服务使新加坡连续17年成为亚洲举办会展的首选地区，而该国举办国际展览会的规模和次数也位居亚洲之首。此外，雄厚的经济实力、先进的技术设施及周到的服务对推动亚洲的另一会展强国——日本的会展业达到世界领先水平起到了关键作用。

5）拉丁美洲和非洲

近年来，拉丁美洲和非洲的会展业逐渐发展起来。然而目前这两个地区会展业的发展仍然依靠外国资本对当地的大量输入，并且地区间发展的不平衡现象比较明显。除了巴西、阿根廷和墨西哥以外，其他拉美国家的会展经济都处在起步阶段。在非洲，会展业相对发达的国家则只有埃及和南非。

据估算，巴西每年约举办500个会展活动，其收入可达到8亿美金，占整个拉美会展收入的40%；阿根廷和墨西哥每年大约举办近300个会展活动，其收入分别为4亿和2.5亿美元。近年来，埃及的会展规模和国际性日渐增加，每年可以举办大约30个国际型会展活动。除此之外，在整个东部和西部非洲，每年举办的会展活动一般只有一个或两个，会展经济的规模非常小。

3. 国际会展业的发展趋势

国际会展业的发展水平与同各国的经济发展水平基本一致。这是因为发达国家具有良好举办会展活动的基础和经验、并且品牌展会众多，会展业竞争力强。随着世界新经济秩序的逐步建立和各国科技水平的普遍提高，国际展览业呈现出以下发展趋势。

1）专业化发展趋势

与一般的会展相比，专业会展具有针对性强、参展观众质量高、参展效果好等特点，正在成为国际会展发展的趋势。此外，由于专业会展能够集中反映某个行业或其相关行业的整体状况并具有更强的市场功能，所以专业会展对参展商或与会者更有吸引力。随着近几年来综合性展览会的举办数量不断减少，许多综合性展会都不同程度地向专业会展转型，而原来的一些综合性的展览已经被细化分为若干个专业展。例如，汉诺威工业博览会就是由若干个专业展（如机器人展、灯具展、仪器仪表展、铸件展等）组成的综合展。

2）大型化、集团化趋势

发达国家政府普遍大力扶植会展场馆的基础设施的建设。欧洲一些国家政府几乎投入了百分之百的资金促进大型场馆的建设。例如，巴伐利亚州和慕尼黑市政府投入了99.8%的建设资金用于兴建慕尼黑展览中心。此外，政府往往还会给予启动资金，鼓励会展中心贷款，而对贷款也采取贴息贷款方式。政府在政策等各个方面的大力支持，使很多举办城市积极修建大型会展场馆，从而导致展会的规模具有越办越大的趋势。为了进一步扩大会展的规模，各大会展企业纷纷通过并购和联盟等方式形成新的集团，以便增强自身实力、降低成本、实现优势互补，并且更好地开拓国内、国际市场。

3）国际化发展趋势

会展业的竞争日趋激烈，为了进一步扩大其影响力并且提高国际参与程度，各举办单位在吸引本区域的参展商的同时，纷纷把目标更多地投向国际市场。随着发达国家内部的会展市场饱和的增加，各大国际会展集团更是开始通过资本输出和移植品牌会展抢占国际市场，特别是发展空间较大的发展中国家的市场。此外，这些大集团正在充分利用广泛的业务网络将一些名牌展览移植到他国举办。例如，德国的法兰克福展览有限公司也已经开始把每年春秋两季在德国本土举办的国际消费品展览会（Ambient）移植到亚洲，并分别在中国、日本和俄罗斯举办了以 Ambient 命名的展览会。这一跨国运作，既满足了国际市场的需求，同时也抢占了世界展览市场的份额。

4）信息化趋势

信息化技术在现代化会展活动中的作用越来越重要。随着会展信息化程度的提高，现代会展相比传统会展所受时空限制有所减少。此外，信息化技术对于降低会展的交易成本、提高工作效率、简单化工作程序、促进会展业务活动的标准化发展、提高行业管理水平具有重要贡献。而虚拟会展的出现更是有效地提高了会展的营销力度，并延伸了国际会展业的发展空间。

5）举办国家多元化趋势

近年来，发展中国家的会展业发展迅速。亚太地区的中国、新加坡、韩国、日本等国家在国际会展业的地位得到显著提高。例如，素有"亚洲展览之都"之称的中国香港十分重视会展市场及其相关产品的开发，每年都举办上千个国际会议和展览；而新加坡拥有良好的会展举办条件，每年在新加坡举办的大型展览会和会议达 3 200 多个。一些发展中国家更是借助于国际会展集团寻求合作之机，进一步壮大自己的实力。由此可见，举办国家多元化是国际会展业的趋势，而这种趋势预示着会展市场长期由发达国家垄断局面的结束。

1.2.2 中国会展业的发展概述

1. 中国会展业的起源和发展进程

中国会展业的起源可以追溯到于奴隶社会出现的集市。由于历史和政治等多方面的原因，中国会展业的发展在很大程度上与国际会展发展史并不同步。目前，学术界对于中国会展业发展所经历的历史阶段还没有统一的界定。与国际会展业相呼应，本书同样将中国会展发展史分为 3 个阶段，即萌芽阶段、起步阶段和快速发展阶段。这 3 阶段分别对应 3 个不同的历史时期，即新中国成立前期、改革开放前期及改革开放后期。

1) 萌芽阶段

中国会展业的萌芽阶段从古代集市的产生开始，一直持续到1949年中华人民共和国的建立。中国古代的集市普遍具有商业性，以市、集和庙会为主要代表形式。市最初是指人们交换货物的场所。到西周时期，市发展成为官府控制的市场。到宋朝时官府对市的控制逐渐减弱，市的时间和地域的限制性被逐渐突破，而市的商业色彩日益强烈。集出现于公元前11世纪，是随着社会分工的深入和经济交流的扩大而发展起来的。与市相比，集大都在固定的地点定期举行，旨在促进生产和交易活动。而庙会则源于宗教活动的开展，其形式和内容丰富多彩，除了传统的产品交换以外，还包括宗教仪式和文化娱乐等活动。事实上，受到历代封建王朝重农轻商的禁锢，中国的会展活动直到19世纪仍然发展非常缓慢。

到了19世纪末，中国开始尝试着参加各种世界博览会，自此中国近代意义上的会展业才开始真正出现并逐渐成长。1851年，中国商人徐荣村等人首先带着国内的丝绸、茶叶等民族产品参加英国的万国博览会并多次获得大奖。随后在1873年，中国首次派代表参加维也纳的世界博览会。此后，中国又先后参加了20多次世界博览会，其中包括：1876年美国费城的世界博览会、1878年和1900年法国巴黎的世界博览会、1885年美国新奥尔良的世界博览会及1903年日本大阪的世界博览会等。但是由于种种原因，中国自1926年到1951年期间一直没有参加世界博览会，其会展业在这一阶段进入了"休眠期"。

在参加世界博览会的同时，中国在20世纪初期开始尝试着自己举办各种博览会，其中以南洋劝业会和西湖博览会最具代表性。南洋劝业会于1910年在南京召开，是中国晚清的第一次全国博览会。这次规模盛大的博览会为时半年，参观者达30万人以上，除了当时国内22个行政省全部参展以外，还吸引了德国、英国、美国、日本等多国前来参展。1929年的西湖博览会以纪念北伐胜利的名义而举行，其主旨为提倡国货、奖励实业和振兴文化。虽然这次展会规模较大，但是由于受到当时经济、科技与文化的限制，其水平与当时国外的博览会还有很大的差距。总体上讲，萌芽阶段，特别是19世纪末的种种尝试对推动中国会展业的起步和进一步发展起到了重要作用。

2) 起步阶段

1951年3月，新中国第一次参加德国的"莱比锡春季博览会"，这标志着中国会展业起步阶段的开始。据统计，自1951年至1985年中国共举办了427个出国展。在1953年中国国际贸易促进委员会接待了新中国成立后的第一次来华展览会——德意志民主共和国工业展览会。从1953年到1978年中国共接待了112个来华展。

由于多种政治经济因素的影响，中国的会展业在其起步阶段发展缓慢，只是在出国参展方面有一定程度的进展。这一阶段会展活动的主要宗旨被确定为：配合新中国政府的外交政策，冲破西方国家对中国的政治孤立和封锁，以及宣传新中国的建设成就。而1982年中国参加美国诺克斯维尔世界博览会是中国会展业由最初的展示介绍为主，逐步发展到促进商务、贸易为主，并开始加速发展的重要标志。

3) 快速发展阶段

改革开放以来，随着国民经济的发展和市场化的深入，中国的会展活动逐渐由以政治为主导的起步阶段过渡到以经济发展为主导的迅速发展阶段。最近20年来，会展业在全国范围内蓬勃发展,给举办地带来了可观的经济、社会和文化效益。作为潜力巨大的新兴产业,会展业在促进经济发展、文化科技交流和国际合作等方面起到越来越重要的作用。

2001年中国加入了WTO,自此中国会展业的发展进程大幅度加快。在此历史背景下,中国政府于2004年1月颁布了《设立外商投资会议展览公司暂行规定》,并在规定中强调"国家鼓励引进国际上先进的组织会议展览和专业交流方面的专有技术,设立外商投资会议展览公司,促进我国会展业的发展"。而2005年初,时任国务院副总理吴仪为中国会展业制定了规划蓝图。这是几十年来,中国领导人首次明确提出中国会展业的发展目标。因此,2005年被公认为中国会展业发展史上的一个重要里程碑。

在一系列优惠政策的鼓励下,国外会展巨头开始以合作办展及合资兴建会展场馆和设施等多种形式进军前景广阔的中国会展市场。例如,2005年8月德国科隆国际展览公司签署双方长期在中国联合主办"中国国际五金展"(CIHS)的协议。同年10月,德国法兰克福展览公司与广州光亚展览贸易有限公司联合成立广州第一家中外合资的展览公司——广州光亚法兰克福展览有限公司。与此同时,美国拉斯维加斯金沙集团与珠海政府签订了高达10亿美元的工程协议,要将珠海的一个废弃的采石场改建成现代化的会展中心。

为了进一步吸引国外厂商来华参展,中国开始从2005年起逐渐实行"展位收费并轨"。所谓"展位收费并轨",是指对来自国内和国外的展商实行统一收费。"展位收费并轨"的实施必将对引进国外资金,以及先进的技术经验起到积极的作用,从而进一步推进中国会展业走向国际化。随着国际化、市场化、专业化和产业化程度的日益提高,中国会展业将有可能在今后的20年内进入相对成熟的阶段。

2. 中国会展业的发展现状和特点

相对于会展业发达的国家,中国会展业的起步虽然比较晚、起点也比较低,但是其发展速度很快。特别是20世纪90年代以来,中国会展业总规模连续保持近年均20%的增长速度。我国会展活动的数量在1997年突破1 000个大关之后,于2001—2005年期间呈明显增加趋势。据统计,2003年会展业所带来的产值超过86亿元人民币,其在国民经济中所占比例较2001年翻了近一番,而2005年中国会展业的收入达到了100亿元(见表1-6)。

表1-6 2001—2005全国展览项目总数一览表

年 度	2001年	2002年	2003年	2004年	2005年
项目总数/个	2 087	3 075	3 298	3 560	3 800

资料来源:中国会展资讯网

由表1-6可见,我国举办展览活动的数目由2001年的2 087个迅速提高到2003年的3 298个,并于2005年达到了3 800个。在2001—2005年期间,我国每年平均举办展览活动为3 164个。如果单纯从办展数量上与世界主要会展强国相比,我国仅比美国少一些,位列世界第二,亚洲第一,已经成了一个名副其实的"展览大国"(见表1-7)。

表 1-7　2001—2005 世界展览强国年均展览总数比较

国　别	美国	中国	英国	法国	日本	德国
年均项目数/个	4 000	3 164	1 800	1 500	1 200	600

资料来源：中国会展资讯网

然而中国的会展业目前仍处在"青春期"，即由不成熟向成熟过渡的关键时期，其发展状况和特点可以概括如下。

1) 展馆建设幅度加大、使用率偏低

从 2001 年至今，全国各省市纷纷投资兴建展览馆和会议中心，使其数量显著增加。据统计，目前全国正式注册并具有举办经济技术展览会条件的展览馆有 118 个，在 2004 年正式办展的展览馆总量为 90 个。这 90 个展馆举办的展会所涉及的领域非常广泛，其中以房产建材、生产设备、人才招聘、文化体育、新兴技术、医疗保健、服装纺织、旅游酒店、食品饮料、综合展会数量最多，居 2004 年前十位。

表 1-8 列举了 2001—2003 年中国展馆的主要经济指标及增长幅度。表 1-9 列举了 2004—2005 年对中国 9 个省市展馆的主要经济指标进行统计估算的结果。由表 1-8 和表 1-9 可见，2001 年以来国内兴建和扩建的展馆数目不断增加，展馆可使用面积逐步扩大，展览场馆的收入也由 17 亿元增加到超过 28 亿元。

表 1-8　2001—2003 年中国展馆的主要经济指标及增长幅度

	2001	2002	2003
展览场馆可使用面积/万平方米	153.3	266.7	376
展览场馆面积的当年增幅	未统计	74%	41%
展览场馆收入/亿元	17	20.29	20.33
展览场馆收入的当年增幅	未统计	19.4%	0.19%

资料来源：中国会展资讯网

表 1-9　2004—2005 年中国 9 个省市展馆的主要经济指标及增长幅度统计估算结果❶

	2004	2005
展览场馆可使用面积/万平方米	288	322
展览场馆面积的当年增幅	15%	12%
展览场馆收入/亿元	24.4	28
展览场馆收入的当年增幅	20%	15%

资料来源：中国会展资讯网

目前，中国展馆的可使用面积超过 376 万平方米，实际上已经超过了德国，而展馆建筑的面积也超过了美国。加强展馆的建设为促进中国会展业的发展提供了有利的硬件支持，但是展馆的重复建设与建设项目的盲目攀比，往往会造成很多不必要的浪费。造成攀比的主要原因是因为许多地方政府把展馆定位为当地的标志性建筑或形象工程，所

---

❶ 9 个省市分别为：北京、上海、广东、辽宁、陕西、四川、江苏的苏州、河南的郑州及黑龙江的哈尔滨。

以为了追求豪华，每平方米的建设投资大都是2万~3万元人民币，大大超过其他国家的投资。而在市场竞争日益激烈的今天，盲目攀比和重复建设明显降低了会展业的利润，阻碍了这个行业的发展。

尽管中国展馆的建设投资经常在几十亿元，但是相对于其他国家，中国展馆的使用面积普遍偏小。一般国内的展馆只有1/4或1/5是用于展览的。例如，广交会琶洲展馆建筑面积为40多万平方米，其中只有15万平方米可用于展览。此外，中国展馆的使用率非常低，绝大多数展览馆平均使用率不到15%，一般只有10%左右。而使用率达到30%左右的中国国际展览中心和广交会新建展馆已经算是全国使用率最高的展馆了。

2）地区间发展不平衡，会展经济产业带初步形成

目前，越来越多的地区提出要大力发展会展业。除西藏外，国内各省市都有了自己的展馆。然而中国会展业在发展上尚存在明显的地区不平衡性，只有经济发达、基础设施完善的沿海地区会展业比较发达。以2004年为例，举办会展活动最多的5个省和直辖市依次为北京、上海、广东、江苏、四川。而该年举办会展最多的三个地区依次是华东地区、华北和中南地区。其中在华东地区中，以上海举办的展会数量最多，占整个地区的45%。而华北地区的展会举办情况在各省市之间的分布极其不均衡，其中北京市举办展会的数量占整个地区的87%。在会展业发展比较迅速的中南地区，广东省的表现最为突出。此外，在西南地区以占该地区总量62%的四川省举办的展会数量最多；在西北地区则以占区域总量60%的陕西省举办的展会数量最多；而在东北地区占区域总量72%的辽宁省所举办的展会数量明显高于其他省份。

值得注意的是，如今以北京、上海、广州、大连、成都、西安、昆明等会展城市为中心的五大会展经济产业带已经初步形成，分别是环渤海会展经济带、长三角会展经济带、珠江三角会展经济带、东北会展经济带及中西部会展城市经济带。这些经济带通过准确的功能定位，逐步形成了相互协调、各具特色、梯级发展的互动式会展经济发展格局。此外，长三角地区会展城市中有15个单位共同于2003年形成了中国第一个会展区域联盟，进一步加速了该地区会展经济的发展，并使中国会展经济市场呈现重心东移的态势。随后，在2004年8月，由长春、大连、哈尔滨、吉林、沈阳等5个城市的会展管理部门共同发起成立了中国东北中心城市会展联盟。会展联盟的相继成立，标志着中国会展经济合作迈上了一个新的台阶。

3）会展举办主体逐渐多元化，政府主导性依旧明显

中国经济体制一直带有很强的政府主导性特征，所以作为政府促进贸易、投资、技术、文化交流等事业发展的重要手段与载体，会展活动在中国大都以政府或半官方机构为主导。可以说以政府机构为主导是中国会展业的一个显著特色，其集中表现为中央及地方政府对会展行业的管理和调控，以及政府或准政府深入参与各类会展活动的组织与主办。

2005年，政府加强了对会展业的宏观管理，国家商务部以及其他8个部委联合制定了一系列相关政策支持和扶持中国会展业，并且促进中国会展企业的品牌化与国际化发展。中国国际贸易促进委员会（CCPIT）也于同年出台了出国展的新规定，

以进一步明确和规范出国展的有关问题。与此同时，国内会展业比较发达的城市，如上海、宁波、广州、深圳等也纷纷正式出台与会展相关的规定，加强行业管理。此外，一些准政府组织，如中国商业联合会等国家级协会，也纷纷出台协会会展管理办法及通知。

除了通过制定相关的法规政策对会展业加以宏观调控，各级政府机构还直接组织和承办了很多大型会展的会展活动。例如，仅在2005年商务部就主办了东北亚博览会、浙江消博会等一系列区域性大型综合展会，为进一步促进区域经济发展，搭建了有利的会展平台。此外，上海、广州、苏州、南京、深圳、昆明、大连、长春、沈阳等许多城市的地方政府都纷纷参与各种会展活动的举办。

政府主导型会展活动是中国会展业发展初期阶段的必然产物。随着改革开放的扩大与市场化机制的深入，作为市场主体的会展主办和承办机构目前已经呈现出明显的多元化趋势。除了政府机构（包括政府及部门、政府临时机构、贸促会等半官方贸易促进机构）以外，国内会展活动的主办和承办机构还包括商协会、国有企事业、民营企业、外资企业。事实上，现在许多大型会展活动特别是中央和省级以上政府机构或全国性商协会主办的会展，往往由下级政府机构或企业承办。在2001—2005年中国展会项目主办单位中，政府主办为25%，商协会主办为55%，企业及私人主办为5%，而其他主办形式为15%。

近来，国内的会展企业发展势头良好，各地新注册的会展企业与日俱增，已经基本形成了国营、中外合资、民营等三大主要市场主体。据统计，仅广州市具有会展经营权的企业就超过了500家，其中已注册的展览公司有200家左右，90%以上是民营企业。目前在广州品牌展中，除"广交会"等少数展览由国企举办外，广告展、汽车展等多为民营公司所举办。

4）会展业正在向国际化、专业化和品牌化发展

经过近50年的发展，中国的会展业逐步走向成熟。特别是加入WTO以来，国内会展业与国际接轨的进程加快，会展业进一步向国际化发展。国际化首先表现在出国展的快速发展上。据中国贸促会的统计，2004年，全国有107家办展单位赴50多个国家（地区）举办和参加经贸展会749个，比2003年增长22%。

除了到国外参加各种展会，现在国内有实力的会展机构纷纷开始在学习国外知名展览企业海外拓展经验的基础上，单独或联合到国外独立创办品牌展会。同时，加入国际展览联盟的中国的展会数量增加迅速。而展会的主要形式也由以前单独的中国商品展览会逐渐发展成为有国际商品参展的展览会。到国外举行自主品牌展会，无疑对提高中国会展业的国际竞争力起到重要的推动作用。

在中国会展业走向世界的同时，国外的会展业也开始进入中国的市场。加强在中国的资本与项目的运作是德、英、美、新（加坡）等国际会展业巨头打入国内市场的主要战术。资本运作集中表现为三种主要形式，即投资兴建展馆、收购展会与联合办展。作为"会展王国"，德国在中国的会展市场上非常活跃。例如，德国的汉诺威展览公司不但与慕尼黑国际博览集团和杜塞尔多夫展览公司联合在浦东兴建了上海新国际博览中心，而且直接收购了上海一个较有名气的地面装饰展览会。而2003年的上海汽车展则是中德合作举办国际化高水平展会的又一杰作。

项目运作是国际会展业强占国内市场的捷径，其主要表现形式为展会移植。所谓展会移植，是指利用世界性业务网络，将一些国际名牌会展项目直接移植到中国。德国在展会项目移植上的表现同样突出。最先把德国品牌展览会向中国转移的是拥有著名的汉诺威工业博览会及信息与通讯博览会（Cebit）的汉诺威展览公司。汉诺威展览公司不仅逐步把汉诺威工业博览会中的"传动技术"、"物料搬运"、"能源电气"等专题展会移植到上海，而且已经以亚洲信息与通讯博览会的名称开始在上海举办Cebit。此外，慕尼黑展览公司也将其著名的建筑机械展览会（BAUMA）向上海转移复制，并形成了中国建筑、建材机械展览会。与此同时，慕尼黑展览公司的环保展览会、物流展览会和房地产展览会等项目也陆续转移复制到了上海。另外，杜塞尔多夫展览公司也成功地完成了仪器仪表展览会、线材与管材展览会和印刷机械展览会等项目从杜塞尔多夫向上海的转移复制。

国际化发展的同时，中国会展业正逐步走向专业化和品牌化。如今作为亚洲会展大国的中国，已经成功举办了一系列颇有国际声望的专业品牌展会，其中包括上海的国际模具展、珠海的国际航空展、北京的国际汽车展等。值得一提的是，北京的机床展、纺织展、印刷展和冶金铸造展在展览的规模和服务上均达到了国际先进水平，并成功地打入了国际同行展的四强。此外，以北京的春秋国际服装节、大连和宁波的服装节及上海的家具节为代表的大型品牌消费专业展也取得了很大的成功。而2006年的沈阳花博会、2008年的北京奥运会进一步推动了中国的大型品牌展会的建设。

综上所述，一方面，在各级政府的积极支持和参与下，国内会展经济产业带已经初步形成，会展业的发展正在逐步步入轨道，并走向市场化、国际化、专业化与品牌化；另一方面，会展业的基础还比较薄弱，其发展仍然呈明显的地区不平衡现象。虽然全国范围内的展馆建设幅度加大，但是建设过程中存在着严重的攀比现象，而建成的展馆使用率也普遍偏低。此外，国内会展业在市场化和开放程度上还存在着不足，其发展同时受到资金及专业化人才缺乏的困扰。其实，这些问题必然会随着改革开放的深入而逐步得到解决。中国的会展业不但有巨大的发展潜力，而且有非常广阔的发展前景。

本 章 小 结

会展活动包括两方面内容，即会议和展览。会展业通过举办各种会议和展览等活动，取得综合效益并带动相关产业发展，从而具有促进经济和社会全面发展的功能。作为一种拥有巨大发展潜力的新兴产业，会展业的起源可以追溯到原始社会。迄今为止，会展业的发展大体上经历了三个阶段，即萌芽阶段、起步阶段和快速发展阶段。国际会展业的发展水平同各国的经济发展水平基本一致，并呈现专业化、大型化、集团化、国际化、信息化及举办国家多元化的趋势。相对于会展业发达的国家，中国会展业的起步虽然比较晚、起点也比较低，但是其发展速度很快。目前，国内会展业的现状可以概括为：展馆建设幅度加大、使用率偏低；地区间发展不平衡、会展经济产业带初步形成；会展举办主体逐渐多元化、政府主导性依旧明显；会展业正在向国际化、专业化和品牌化发展。

1. 名词解释

    会展　会议　展览　展会移植

2. 思考题

    (1) 简述会展的概念和分类。
    (2) 简述会展的功能。
    (3) 简述国际会展业的起源和发展进程。
    (4) 简述国内会展业的起源和发展进程。
    (5) 比较全球各地区会展业的发展现状和特点。
    (6) 论述国内会展业的发展现状和特点。

[1] 刘大可，陈刚，王起静，等. 会展经济理论与实务. 北京：首都经济贸易大学出版社，2006.

[2] 胡平. 会展管理. 北京：高等教育出版社，2004.

[3] 胡平. 会展营销. 上海：复旦大学出版社，2005.

[4] 胡平. 会展管理：理论与务实. 上海：华东师范大学出版社，2007.

[5] 马勇，冯玮. 会展管理. 北京：机械工业出版社，2006.

[6] 马勇，肖轶楠. 会展概论. 北京：中国商务出版社，2004.

[7] 《2004年中国会展经济年度报告》发布. http://www.niwota.com，2008-03-04.

[8] 五大会展经济带初步形成. 北京日报，2005-01-12.

[9] 2005中国会展喜忧参半. 中国会展网，http://www.expo-china.com，2006-01-23.

第 2 章 会展的策划

本章导读

作为会展目标具体化的过程,会展策划是对会展的整体战略与策略的运筹规划。提高会展策划水平对促进会展业的发展以及会展组织水平和服务质量至关重要。通过本章的学习,不但可以掌握会展策划的核心内容、基本原则及策划的程序和方法,也可以掌握会展立项策划的背景及实施方案,并了解会展主题的概念及提炼方法。此外,本章探讨了会展主题策划的程序和要点;会展品牌的作用、形象定位及品牌形象策划的过程;会展宣传推广的内涵、类型及原则,以及会展推广策划的具体模式和操作步骤。

2.1 会展的策划概述

2.1.1 会展策划的内涵

1. 会展策划的内涵

策划是一种以现实为基础的对未来所从事活动的筹划或谋划。这就是说,策划活动是以已掌握的现实信息材料为依据,以人们对这些信息资料的认知程度为标准,对未来的行为规范所作的规划。所谓会展策划,是指对会展的整体战略与策略的运筹规划。换言之,会展策划是对于会展的战略和计划,以及实施并检验的全过程作预先的设计与规划。会展策划不是具体的业务,而是将会展目标具体化并形成决策的过程。

会展策划是一项庞大而复杂的工程,需要从全局的、前瞻的、长远的、动态的角度对会展活动进行安排和部署,从而保证会展活动的顺利进行和会展目标的顺利实现。整个策划涵盖范围广泛,包括对会展前期、会展进行过程中及会展活动结束后的各个细节、步骤进行全方位和多角度的规划。

2. 会展策划的要素

会展策划要素包括:名称、内容、地点、时间和组织机构。这些要素相互联系、相互作用,共同决定着会展活动能否成功举办。

1) 名称

名称是会展活动内容、地点和时间的综合体现,它包括可言表和不可言表两个部分。可言表部分是指可以用语言讲出去的文字部分；不可言表部分是指会展标记、标识、吉祥物等无法用语言表达的部分。有效的名称策划可以促进会展品牌传播、提升举办城市知名度和保存地方文化资产。如北京 2008 奥运会、2010 上海世博会的成功申办，确立了北京和上海在国际上的竞争地位；而杭州西湖博览会，既提高了杭州知名度，又保存了西湖文化。

2）内容

会展的内容应该具有行业性和区域性特征。从行业角度而言，会展的内容策划具有综合性和专业性之分；而从区域角度而言，会展的内容策划有国际性、全国性、地方性之分。内容的确定与举办地点相关资源状况有着密切的联系。契合举办地产业和市场的会展活动内容，有助于优化当地的产业结构。例如，深圳高科博览会对深圳的科技信息产业的发展产生了深刻的影响，并使深圳成为当今中国现代科技信息产业基地之一。

3）地点

会展活动的举办地与内容关系密切。在策划会展活动举办地时需要综合性的考虑，候选地区是否具有优越的地理区域环境，是否适合会展内容的潜在市场，是否有厂商拓展商机的条件，是否有拉动地方产业的发展前景，是否有良好的旅游业和相关服务业的支撑等确保会展活动可持续发展的基本条件。

4）时间

时间是会展活动规划、筹备和组织实施的重要依据。会展的时间策划包括会展的工作进度及会展周期等时间的具体安排。在进行时间策划时需要考虑会展活动的内容、举办地政府的意愿、自然地理气候状况、组织机构筹备能力等因素。

5）组织机构

组织机构是其他要素的主要决策因素。在"以人为本"的策划思维基础上，确定适当的组织机构是会展活动顺利进行的重要保证。成功的会展活动，必须有一个强有力的组织实施系统，这一系统聚集着经验丰富、智深识广的专业人才，以及相关产业的专业服务机构、企业、团体等。

3. 会展策划的功能

1）预测功能

科学的会展策划方案一般都是根据对会展活动的深刻了解，并掌握其发展规律而制定的，具有很强的超前性，能把握会展发展的基本趋势。依据这种会展策划方案作出的决策，不仅能适应未来会展业发展和竞争的需要，而且能创造未来会展行业的发展机遇，增强和提高会展活动举办和参与方在会展业竞争中的主体地位。

2）创新功能

会展策划的创新功能是由策划的本质特征决定的。创新是建立在对未来科学预测基础之上的，而预测既是策划的一种功能，又是策划本质的一种反映。从这个意义上讲，会展策划的创新功能是预测功能的一种派生功能。

3）决策功能

会展策划的决策功能，是指策划为会展经营决策提供了许多有价值的备选策划方案，供决定者选择。从会展策划的决策功能可以明白这样一个问题，即策划不是决策，策划方案不是决策方案。从理论上分析，决策是对备选方案的选择，但是，决策并不是简单地对策划方案的舍取，而是对策划方案的再加工过程。因此，会展的决策方案，既体现了策划的决策功能，又体现了决策者的高管理水平。

4) 管理功能

会展策划的管理功能表现在三个方面。首先，策划本身就是现代管理的一个环节。其次，会展策划方案的确定表明会展经营管理过程已纳入了科学化的轨道。再次，会展策划过程就是一种具有创新精神的会展创意管理活动。

5) 效益功能

会展策划的实质是在探索或寻找新环境条件下实现社会效益和经济效益的途径。一个比较好的会展策划方案可以优化会展活动的结构并节省会展活动实施过程中的人力、物力和财力。建立在科学基础上的会展策划方案，可以给参展企业以及实施会展策划方案的部门带来很大效益。因此，从这个角度来说，策划具有鲜明的效益功能。

4. 会展策划的原则

1) 合法原则

不合法的会展项目绝对不会有生存空间。因此，合法原则强调会展活动必须符合国家的法律和政策。此外，如果所选择的会展项目对当地某主导产业、特色产业的快速发展有利，那么相关部门在审批时会考虑到项目的"高度"而容易放行。反之，如果所策划的项目缺乏一定的"高度"，或者涉及某些"真空地带"、"敏感地带"，那么失败的可能性就非常大。

2) 可持续发展原则

可持续发展原则又称生命力原则。一个会展项目从策划到最后落实，需要投入大量的人力、物力和财力，而且第一届会展活动往往能够实现经济效益持平或微利就相当不错。一般来说，会展活动的前三四届属于培育期，而真正成为品牌并取得明显的经济效益，需要经过一个较长时期，且需付出诸多的心血。因此，在策划会展项目前必须考虑好所选项目的生命力，力争实现会展活动的可持续性发展。

3) 专业化原则

随着市场经济的日渐繁荣、社会分工越来越细，专业性会展活动越来越受欢迎，而综合性会展则逐渐失去其优越性。因此，策划会展项目一定要讲求专业性。需要注意的是，会展的专业化是相对的，在提倡"专业化"会展策划的同时，不能完全忽略综合性的发展潜力。

4) 因地制宜原则

会展项目的策划运作，一定要考虑产业状况、综合环境状况、经济文化状况等多方面因素，以便降低相应的风险。会展活动举办地的产业基础仅是因地制宜原则的一个考虑因素。如果一个地区缺乏良好的产业基础，但是其商业流通和综合环境好，照样可以成为会展活动的举办地。

5) 量力而行原则

在确定会展活动的规模时，会展活动的举办方应该量力而行。如果举办方的能力有限，需要学会与有关单位合作，以便提高会展活动的综合水平，并进一步将会展活动品牌化。

2.1.2 会展策划的方法

会展策划的方法主要分为四大类,即思维闪电策划法、排除策划法、群体策划法及系统分析策划法,而每大类又包括若干个具体方法。

1. 思维闪电策划法

思维闪电是指人们在文化、科学、技术等的研究中,在特定环境或气氛下,以个人或群体知识、经验、判断为基点,通过亲身的感受和直观的体验而闪现出的智慧之光,即一种创造性的思路。事实上,思维闪电就是通常所说的灵感,它可以很全面地揭示事物或问题的本质,并让人有一种突然间的假设性的觉察和敏感。而灵感实际上是因思想集中、情绪高涨而突发表现出来的一种创意。因此,思维闪电策划法也可被称为创意策划法。这种方法比较适合于对会展主题思想进行创新。掌握创意策划技术需要运用各种思维方法对创意的基本要素进行分类、罗列、排除、归纳,进行创造性的思维活动,最终确立一种创意。思维闪电策划法主要包括 KJ 法、纸牌法、侧面思考法、游戏创意策划法及直觉创意策划法。

1) KJ 法

KJ 法是日本著名创意策划大师川喜田二郎先生发明的方法。KJ 法可以将本来众多与会展策划相关的个别资料或要素,加以整理而成易懂的体系的方法。KJ 法可以帮助会展策划者产生多种会展的创意,并能一目了然地看出问题的关键所在,对实施计划的探讨及评价非常方便。

2) 纸牌法

纸牌法是由日本新力公司的小林茂先生命名的,这个方法是 KJ 法的变形。"纸牌法"是事先分配好数张卡片,请参加人员在每一张上写一个创意。然后决定一名主持人,主持人将各成员的卡片全部收集,再以洗纸牌的方法,将卡片均匀混合,再将卡片分给每一位成员,使每人获得的卡片数目也大致相同。最后各成员和主持人一起对卡片上的资料进行整理和归类,使其成为和 KJ 法一样的体系。纸牌法不但是收集创意的创意法,而且是策划参与者利用纸牌法探究会展活动的过程。

3) 侧面思考法

侧面思考法是由心理兼生理学家狄巴诺创造的。这种方法强调找出富有创意的会展策划方案的关键在于刻意去追求其他替代方案,以便拥有不同的选择机会。在这种思维模式下,一个创意组织要能够诱发每个人的创造力,提出了三个侧面思考的原则,即改进思考方式、摆脱习惯性的思考及透过想像做非惯性的思考。

4) 游戏创意策划法

游戏创意策划法是由德国法兰克福的巴特里研究所的创意中心提出的。其最大特点在于让参与者以游戏竞争的方式产生创意。这种竞争的参与会使参与会展策划的成员更愿意产生创意,同时也能营造一个有利于创造性思考的环境。

5) 直觉创意策划法

直觉创意策划法又称为语意直觉法。这种策划方法的过程与一般产生创意的过程正好相反。语意直觉法是先创造出一个概念,然后再根据这个概念产生创意。该方法的优点在于采用与问题相关的要素，将之组合起来以产生不同的创意观点。

6）SIL法则创意策划法

该方法也是由德国法兰克福的巴特里研究所创意中心提出的。SIL是德文"问题要素的连续整合"的字母拼写的缩写。它的特点在于不断地整合前面的创意以产生新的创意。SIL法是一种语言脑力激荡的方法，主要依赖语音的刺激产生创意。

2. 排除策划法

排除策划法是由美国学者阿诺思·特维斯基提出的。意思是将众多的备选条件、备选方案按一定顺序排列起来，通过寻找各个条件、方案存在的缺点并将其排除出序列外，来达到选择最优方案的目的的策划方法。换言之，该方法是一种在决策方案之间作出选择的方法。从规范决策理论的观点看，排除策划法的主要缺陷在于不能确定被选中的方案是否真正优于被排除掉的方案。

为了改善策划效果，在使用排除策划法时首先要注意将各个备选条件、方案按照一定的层次、顺序排列。满足不同层次策划目标的方案和条件要在相应的层次条件上进行比较和排除，不能越级或越层比较。其次，要确定科学的排除标准，以便合理地分析各个方案，并将不合适的方案排除出去。再次，应该注意排除的目的是为了更好地创新。凡是被排除出去的方案，肯定是因为其本身存在的缺点或问题。通过对各个方案的缺点和不足的考察，会展策划的过程中可以避免相关问题的产生，并提出克服问题和完善方案的措施，从而促进策划方案的创新。

3. 群体策划法

1）头脑风暴法

头脑风暴法是以一种专家会议形式，达到进行决策预测和策划方案设计的目的的方法。这种专家会议是在一种非常融洽和轻松的气氛下进行的，人们可以畅所欲言地发表自己的看法。头脑风暴法的心理基础是一种集体自由联想而获得创造性设想的方法，它可以创造知识互补、思维共振、相互激发、开拓思路的条件。因此，可收到思考流畅、思考领域扩大的效果。这种方法适用于研讨战略性决策问题，可以从中产生出新思想、新观念、新方法、新成果。这种方法的局限性是受与会者主观素质条件限制，并且需要花相当长的时间整理分析讨论内容，有时甚至由于时间过长而延误决策时机。

2）反向头脑风暴法

反向头脑风暴法，又称质疑头脑风暴法。它的做法是在召开头脑风暴法会议的基础上，召开第二个专家会议，其议题只对第一个会议提出的各种设想进行质疑性评估。它要求与会专家只对已经提出的设想、意见提出各种质疑或评论，而不允许对已提出的设想做确认性的论证。反向头脑风暴法的程序是：第一步，对已经形成的设想、意见、方案提出质疑，其重点是研究有碍设想实现的问题；第二步，把质疑和评论的各种意见归纳起来，进行全面的分析、比较和评估。在这种极其严厉的批评之中，修改各种方案，使之达到完善程度。该方法所遵循的原则与直接头脑风暴法一样，但禁止对已有的设想提出肯定意见，而鼓励提出新的可行性设想和建议。

3）精神打包策划法

精神打包策划法，是指将有关于思想、精神的产品或成果通过整合、剥离、重组、复制等一系列技术进行加工，并利用现代媒介手段使其影响迅速扩大，在社会中或某些群体范围内产生深远影响力或支配力的策划方法。

4）分脑比较创意法

分脑比较主要根据分析和综合性思考的观念而来，这些观念只是非常简单地比较左脑和右脑思考功能。左半脑掌管线性的、逻辑性的和分析性的思考过程；而右半脑则掌管直觉的、理解的和综合性思考的过程。在解剖学概念中，连接左右两个半脑的神经纤维叫 corpus callosum。这种方法将小组成员之间的联系设计成像大脑的作用和生理机能一样。它将以所谓的 corpus callosum 思考活动加以组合由创造性小组和分析小组所产生的创意。

4. 系统分析策划法

会展策划是对相关社会资源整合的过程，是一个系统工程。因此，用系统的观念去认识资源，用系统的方法去分析整合资源，用系统的功能去实现资源的优化是会展成功策划的创造性思维原理之一。运用系统分析策划法对会展活动进行策划的步骤如下。

1）确定策划目标

确定策划目标从系统整体的要求出发，提出需要解决的中心问题，确定会展策划活动必须达到与希望达到的目标。确定目标一般应满足4个条件，即目标的唯一性、具体性、标准性和综合性。目标的唯一性指的是对目标含义的理解必须是唯一确定的。对目标的表述，要求尽可能采用定量的数字语言，避免采用定性的自然语言。目标的具体性是指达到策划目标的各项措施要具体。具体性可以通过目标结构分层的办法来实现，即理清上一级总目标与下一级分目标之间的层次体系和各层次的范围。通过层层分析构成一个完整的分层目标结构体系，制定出落实各级目标的具体措施。目标的标准性是给目标规定一个达到某种程度的标准，以便了解目标实现的程度。目标的综合性，主要是针对多目标的选择而言。受到诸多因素的影响，会展策划的目标往往不止一个，并且各目标之间有时相互联系，甚至重叠，若不妥善处理，可能会主次不分或顾此失彼。因此，要求从整体的观点对多目标进行综合处理。综合处理目标的办法有两种：精简目标和合并目标。

2）拟订方案

拟订方案是指根据既定的策划目标，制订出可以实现策划目标的各种方案。在拟订策划方案时，为了保证提供科学、客观、公正而全面的策划方案，一般应遵循两个基本原则：一是提供两个以上备选方案，防止越权和代替策划；二是在多方案情况下，坚持各方案间相互排斥性原则。在实际策划中，为保证若干方案的相互排斥性，一般只要坚持同时拟订两个方案以上即可。

3）综合评估备选方案

拟订方案之后需要通过数学分析、运筹学分析、模型分析、功能模拟分析等方法，对备选方案进行比较和评估。评估策划方案常用的方法包括经验判断方法、数量化方法和模拟方法。经验判断方法，如淘汰法、排队法、归类法等，适用于策划目标多、方案多、变量多、标准不一的情况。数量化方法是用数学方法、运筹学方法等对可供选择的多个方案进行定量的分析和测算，提出数据结果，供策划者加以权衡和选择。模拟方法是通过设立模型来揭示原型的性质、特点和功能，通过结构或功能的模拟寻找出最佳的方案或对已经产生的方案作以修订或调整。

4）择优确定策划

通过上面综合分析、比较和计算，会展活动的策划者需要从诸多备选方案中，选择出最优化的方案。此外，策划人员应该本着系统局部效益与整体效益相结合、多级优化和满意性等原则，向策划委托部门提出书面策划报告。然后，决策者可以根据报告中提出的若干方案或建议权衡利弊，决定最终方案，同时委托相关部门组织实施。

5）跟踪调整方案

跟踪调整方案是系统策划的最后一个步骤。在实际工作中，由于策划从性质上看是预测性的活动，在实施方案时难免会遇到在策划时所无法预见的问题，所以策划委托部门一般还要求策划人员协助，继续跟踪方案执行情况，以便及时发现问题，修改或补充原方案，使方案的实施结果能始终朝着策划的目标前进并最终实现策划目标。

2.2 会展的主题策划

2.2.1 会展的主题策划概述

1. 会展主题的概念

对于什么是会展主题，学术界至今没有明确定义。通常，会展主题包括两层含义。首先，会展主题是会展的指导思想、宗旨、目的要求等最凝练的概括与表述，是贯穿于整个会展过程所反映的经济、政治、文化等社会生活内容的中心思想和核心理念。其次，它是会展的主办者传达给参展商和公众的一个明确的信息，同时也是社会了解展会的首要方面。会展的名称通常体现其主题。如2004年青岛国际专业灯光、音响、舞台设备与技术展，既反映了展出的具体产品，也说明了会展活动的时间、地点和相关产业。而2010年上海世博会，除说明了会展活动的时间、地点以外，也反映了其规模。

会展主题策划是提炼会展主题并围绕主题策划会展活动的过程。可见，对会展主题的策划贯穿于整个会展策划之中，并统帅着整个会展策划的创意、构成、方案、形象等各个要素。在进行会展的主题策划时需要运用多种思维方式、结合宏观形式的变化、发掘会展举办者的自身优势、并注重资源的整合。成功的主题策划可以通过会展主题信息的传递，刺激并约束参与者的行为，使他们能够依循策划者的信息去完成。

在进行会展主题策划时需要避免三种倾向。第一种是同一化倾向，即所确定的主题与别的会展活动主题类似，使公众混淆不清。第二种是扩散化倾向，即主题太多，而多主题往往意味着没有主题。第三种是共有化倾向，即策划主题没有鲜明个性，同一主题有时为一个策划服务，有时为另一个策划服务。

2. 会展主题策划的原则及方法

1）会展主题策划的原则

（1）统一性原则。主题统一性要求一切会展都必须体现"主题"的价值观，具有共同的属性。实现主题的统一，必须有所取舍和选择。换言之，任何对表达主题无意义，甚至有害于主题表达的材料，再精彩也要舍弃。

(2) 整体性原则。会展的各要素和参与单位，都统一在主题之下，构成一个有机的整体。在这个有机整体中，每一个组成部分都有一定程度的自主性，并受到主题的控制。

(3) 时效性原则。会展的主题要与国际、国内时局的发展紧密结合，才能吸引观众的眼球。所以，会展的主题思想应该反映宏观形势的变化和人们思想观念的转变。

2) 会展主题策划的方法

(1) 借用法。即借用熟知的名人名言、警句和现实生活中一些闪光的语言作为会展活动的主题。

(2) 归纳提炼法。就是通过对会展的指导思想、目的要求、宗旨的归纳总结提炼出主题的方法。

(3) 加工提炼法。就是利用一些修辞知识优化主题的方法，使活动主题鲜明、动听、深刻，而且有一定内涵。

3. 会展主题策划的要点

1) 掌握会展时间和空间的变化

杰出的会展策划需要对时间和空间的变化进行筹划，并根据形势的变化寻找最佳的办展时机。在时间的策划中普遍存在两种倾向。一种是一些会展尽力与其他会展的时间错开，尤其是当竞争对手是一些知名的大会展时，更要避其锋芒。另一种是"扎堆效应"，即对于当前比较热门的主题会展，接着消费者热情高涨的时机，举办相同主题的会展，会产生很好的效益。在会展主题策划时一定要避免在同一时间、同一城市举办相同主题的会展的恶劣情况，以免造成重复办展、无序竞争、恶性竞争等问题。

2) 使用适当的谋略和多种思维模式

在会展主题策划中，使用适当的谋略往往可以出奇制胜。所谓谋略，是指会展的主题策划者应该具有奇特的构思，并敢于求新、出奇，制造悬念，以便炮制出神秘化、戏剧化、情节化的主题。此外，还可以紧密围绕会展主题，举办一些吸引人的主题活动，提高会展的效果。谋略使用的前提是密切关注消费者的需求，通过会展活动向广大消费者展示新产品并提供新的消费信息，从而培养和引导消费者的需求。

此外，会展的主题策划和策划者的思维模式有着直接的因果关系。换言之，有什么样的思维模式，就有什么样的策划方法。综合把握宏观思维与微观思维、顺向思维与逆向思维、求同思维与求异思维、平面思维与立体思维、动态思维与关联思维等思维模式，对提高会展主题策划者的水平，并把握会展业的变化特点和发展趋势具有很大的帮助。

2.2.2 会展主题策划的程序

1. 环境分析

1) 结合宏观形势的变化

会展主题的策划就是谋求一种有利的形势，并综合利用政治、经济、文化及国际等各方面的有利因素，使所策划会展项目的地位、规模和成效得到提高。宏观形势在不断变化，因此会展主题的策划要在形势的不断改变中，顺应时机，寻求、建立、发挥、保持和强化优势。

2）突出会展举办者的竞争优势

全球每年有很多展会举办，如果要在激烈的市场竞争中站稳脚跟，需要在主题策划时努力挖掘和正确评估自身的竞争优势。因此，在会展主题策划中，策划者除了具备策划的理论和相关的信息外，还必须对会展举办者的优、劣势有一个清醒的认识，然后扬长避短。通常从这个角度出发，策划者在策划会展活动的主题时需要注意两个方面。一方面，要突出会展举办城市的特色；另一方面，要明确自身的办展目标和资源。

3）注重资源整合

会展策划者在策划新的会展项目时，必须注重更新资源观念，以便深入认识现有的会展资源。这样，才能在充分利用、挖掘其资源优势的基础上，推动会展资源的优化组合。目前，我国的会展项目呈现日益专业化的趋势。然而专家指出，会展越专业化其观众数量就越少。因此，成功的主题策划需要在满足会展专业化发展的同时，注意研究各专业展会间的内在联系，以便将相关的会展主题进行整合，并结合自身优势，创造出新的主题。

2. 市场调研分析

在几个可供选择的会展主题大致确定后，需要针对相关主题进行市场调研，以便从几个备选主题中确定一个最优方案。市场调研大致要经过三个步骤，即明确调研目的、制订实施计划、整理资料并提出调研报告。明确调研目的是进行会展市场调研必须首先解决的问题。明确调研目的主要是指搞清楚为什么要进行此项调研，通过调研要了解哪些问题，以及调研结果的具体用途。而制订实施计划是整个市场调研过程中最复杂的阶段，其主要包括：选择调研项目和调研方法、确定调研人员、安排调研费用等内容。通过市场调研分析，找出特定会展活动的问题所在，便于确定具有市场前景的会展主题。

3. 初步筛选新的会展主题

所谓新的会展主题，并非特指从未有人办过的会展项目，而是指举办方没有办过的会展，或是举办方所在城市或地区尚未办过的会展。在选择新的会展主题时，策划者应当考虑的主要因素有主题的容量、会展举办的时机、会展举办方的能力及专家意见。会展主题的容量是指某个特定新主题的市场容量。换言之，在筛选新的会展主题时，策划者需要分析，之所以没有人办过相关主题的会展活动，是因为该主题暂时被人忽略，还是没有市场或市场过于狭小。此外，策划者还要分析该主题的展会市场是否成熟，以便在合适的时机退出合适主题的会展活动，并降低由时机不当而造成的风险。还有，策划者需要综合分析主办单位现有资源和潜在资源，是否有能力开发该展会项目。为了进一步降低风险，策划者有必要向行业协会专家、政府主管部门官员等专家咨询。如果多数专家并不看好的新会展主题，则应慎重行事。

4. 老会展主题的理念选择

除了筛选新的会展主题，策划者也可以为老会展项目寻找新理念、开拓新市场。在选定一个合适的展会新理念，策划者需要特别关注从上届会展活动至今，会展行业最大的变化及新的行业焦点，以便理清行业发展方向并制造出具有吸引力的行业焦点。此外，策划者还需要不断向往届会展活动及国内外同类会展活动借鉴学习成功经验，并向有关专家咨询。需要强调的是尽管进入21世纪以来，会展理念更新的速度明显加快，但在多数情况下，并非每届会展活动都要更新理念。此外，会展的理念应当简洁并具有一定的前瞻性。

5. 整理资料并提出报告

市场调研获得的原始资料，大多数是分散的、凌乱的，不能直接用于会展主题的策划。因此必须对资料进行整理加工，使之真实、准确、完整、统一。对资料的分析，应注重计算各类资料的百分率，以便策划者对调研结果产生清楚的概念。而最终提出的调研报告一般应包括序言和主体部分。序言主要说明调研的目的、调查过程及采用的方法。主体部分包括情况分析，以及由相关分析作出的结论和提出建议。如果有必要，可以把详细的统计图表和调研资料作为附件。

阅读材料 2-1

北京申办 2008 年奥运会整体形象策划设计揭秘

国际奥运会宪章明确载明：奥林匹克主义是一种"生活哲学"。但是，自意大利文艺复兴以来，西方文明基本主宰了世界的规则。2008年奥运会，北京之所以能以奥运历史上最高票数获得主办权在很大程度上取决于成功的整体形象策划设计。中国企业形象策划设计委员会作为民间思想库有幸受北京奥申委委托召集海内外专家，承担了北京申办2008年奥运会整体形象战略的研讨和设计，不仅诞生了"新北京、新奥运"的理念和为人称道的标徽，更为重要的是形成了一套北京申奥科学的思想方法和工作方法。

一、北京申奥形象战略的思想方法："大设计观"定乾坤

形象战略是北京申奥的开局和核心战略，它是一个复杂的、开放的系统，是一个决策管理过程。它涉及城市的经济学、设计学、文化学、规划学、建筑学、生态环境学、人文社会学、管理学、美学、传播学等既多头又专业的经验、知识和信息。北京申奥形象战略的思想方法是原创性的"大设计观"。

过去人们常常错误地把"设计"仅仅理解为平面设计和造型设计等技术层面的事情。其实从管理层面讲"设计是对政治、经济、文化、环境的总体规划"。西方文化认为宇宙是由单体组成的，工业化更是加速了这种分割的力量，"大设计观"则继承中国传统文化中"天人合一，生命一体"的思想，强调从总体上把握事物发展进程。认为城市形象与品牌管理是一项系统工程，战略、文化、策略、管理、创意、设计、视觉化，是递进的，不可分割的，系统运作的，人们常常把各学科、各行业、各工作范畴割裂是错误的。

在"大设计观"的思想指导下，智囊团的专家们制定的基本对策是："增强实力，营造环境，努力工作"。国际公关策略是"以柔克刚，知雄守雌，守正出奇，水滴石穿，以弱胜强"的东方谋略，为北京申奥提供了一套行之有效的思想方法，使北京自始至终在各申奥城市中处于领先地位。

二、北京申奥形象战略的工作方法："文化设计"找准北京申奥突破口

"文化设计"是北京申奥形象战略的基本工作方法。"文化设计就是整合文化资源，对北京文化的核心价值精心再设计"。纵观世界各成功举办奥运会的城市，无一不是把

自己国家和城市独特的文化资源经过整合、设计、运作成为一个知名的品牌，展现在世界面前，并得到全世界的认同。例如，通过2000年奥运会的申办，悉尼把自己最核心的文化价值经过精心设计，提出了"绿色奥运"和"环保奥运"的理念；其标志突出其多元文化的内涵，这些正好符合21世纪人类的时代潮流，成为世界主流文化。因此，悉尼奥运会不仅成为全体澳大利亚人民的盛大节日，而且也成为历史上最成功的奥运会之一。

在北京申奥进行文化设计时，专家们首先分析了北京申奥的优势和劣势，并且总结了北京上次申奥失败的教训。通过研究专家们发现，"文化"既是北京申奥的瓶颈，又是突破口。当前，国际社会基本上是西方的标准占主导地位，奥运会同样是西方文化占主流。由于中国与西方国家在历史文化背景、政治制度、价值观、种族、经济发展水平方面存在差异，所以中国虽然有五千年的历史，是文化大国，但不是文化强国；北京是历史文化名城，但世界对她并不了解。这样，如何进行跨文化的沟通与传播成为北京申奥成败关键所在。解开这一"死结"，申奥的思路就清晰了。

三、北京申奥形象战略的品牌管理：给世界一个选择北京的理由

正是吸取了1993年的教训，在着手制定北京申办2008年奥运会的理念时，最先被专家们确立为原则的东西就是：要强调与世界接轨，让北京成为全新的世界品牌。北京提出的申奥理念，要能得到全世界人民的认可。总之，要给世界一个选择北京的理由。有了这样的方向，专家们就开始从自己的角度提出申奥理念。这个过程被形象地称为"加减法"。加法是指放开思维，畅所欲言，仁者见仁，智者见智；减法是指在形成一定数量的候选方案后，把发散性的思维收回来，用排除法对已有的方案进行筛选。在筛选的过程中，又有一些标准逐渐成为共识，比如北京的申奥理念不能是"自我本位"的理念，就像1993年申奥的理念那样，也不能是"强势理念"，比如以泱泱大国自夸，也不能是"弱势理念"，好比过分谦虚和低调；北京的申奥理念既要反映北京的文化精髓，又要有跨文化的传播，从视觉与听觉方面都符合国际惯例。

"新北京，新奥运"的口号就是这么被提出来的，它不属于某个人，因为在激烈的讨论中，有人提到了新北京，有人提到了新奥运，实际上"新北京，新奥运"是一个集体智慧的结晶。为了与国际接轨，制定申奥理念采用的是先定英文再定中文的办法。当国际奥委会执委何振梁先生看到"New Beijing, New Olympic"这个表述时，建议改成："New Beijing, Great Olympic"，因为"New Olympic"这个英文表述，容易让外国人产生误解，认为我们把以前的奥运会都归为"旧奥运"，而great本身就有崭新的、特别棒的意思，"New Beijing, Great Olympic"，英文意思要更好一些。

理念是一面旗帜。"新北京，新奥运"六字一定下来，往后的事情就"一顺百顺"。为了体现"新北京，新奥运"的"新"字，这个理念又被分解为三个层面：绿色奥运、科技奥运、人文奥运。前两个理念在上届奥运会上已经被提出来了，而"人文奥运"是北京的原创，它表达了这样的含义：北京举办这次奥运要体现全人类的精神，对于国际社会关注的中国人权问题，北京也要给世界一个回答。

资料来源：杨子云. 北京申办2008年奥运会整体形象策划设计揭秘.
http://www.chinaci.org.cn/ 2008-01-31.

2.3 会展的品牌策划

现代会展经济发展的一个重要趋势,是市场份额越来越向最有价值的品牌展会集中。品牌既是展会的一面旗帜,也是展会取得竞争优势的不二法门。如何使自己的展会拥有一个好的品牌,以便让客户和市场更容易记住它,是会展品牌策划应该考虑的重要问题。

2.3.1 会展品牌策划概述

1. 会展品牌及策划的含义

会展品牌是一个会展活动与其他会展活动相区别的某种特定的标志。通常会展的品牌以某种名称、图案、识别符号以及上述因素的组合构成。深刻把握会展品牌的内在本质和发展要求,能够帮助我们更好地打造和维护品牌会展,并促进会展业的蓬勃发展。品牌展会是指具有一定规模、能反映整个会展业的发展动态和趋势,并具有较强影响力的展会。与一般展会相比较,品牌展会具有四大基本特征:较高的知名度和较大的影响力;较好的规模成效;具有一定的前瞻性和预见性;规范的服务和完善的功能。

会展品牌策划就是赋予某一个会展活动特有的品牌标识符号,如名称、图案等,对其进行市场定位,使其专业化并占领特定的细分市场。除了内容和主题的专业化,会展品牌的树立还有赖于策划和组织运作的专业化。在进行品牌策划时要注重会展活动内容的差异化、管理的流程化及形式的艺术化。

2. 会展品牌策划的作用

1) 强化会展的差异化程度

通过品牌策划,可以使某个特定会展活动在目标市场上提供一种差异化的利益,创造一种差异化的竞争优势。这种差异化程度越高,会展赢得参展商和专业观众的可能性就越大,排斥新竞争者的进入壁垒就越高,竞争优势和获利能力就越强。一个会展项目可以被竞争对手模仿,但品牌则是独一无二的。

2) 增进会展活动举办方与参展商的关系

会展的品牌作为一种无形资产,一方面有赖于展会的质量,另一方面也取决于展会的规模。品牌展会在市场中的竞争优势显著,并获得参展商对会展活动举办方的普遍信任。换言之,品牌展会是建立在参展商和观众的信任度和忠诚度基础上的。因此,成功的品牌策划必定着眼于增进会展活动举办方和参展商的关系。

3) 提高经济和社会效益

从某种角度上说,品牌就是市场。会展的品牌策划,可以帮助会展活动的举办方吸引更多的参展商和观众,从而提高其市场占有率。参加品牌会展活动,不仅意味着可以获得更好的服务、产生更好的营销和交流效果,而且可以获得一种心理满足。这就是尽管参加品牌会展活动的费用大大高于其他同类会展活动,但是仍然获得广大参与者青睐的原因。此外,品牌展会可以激发员工的自豪感和积极性,为会展活动举办企业创造更好的效益。而知名品牌展会也可以为会展活动举办方开展网络化经营、特许经营、输出管理扫清道路,并有效实现会展活动的增值。最后,需要强调的是在全球化、国际化的趋势下，会展品牌策划还可以增强会展项目的国际竞争力，促进区域性会展业的发展。

2.3.2 会展品牌策划的程序和要点

1. 会展品牌策划的程序

同会展的主题策划相似，会展品牌策划需要策划者在准确地调查分析会展项目所处环境的基础上，有效地利用各种资源，运用各种方法与手段，对一个会展项目的品牌进行全面的方案设计，并制订方案实施的具体措施。通常，会展品牌策划的程序由7个步骤组成。

1）确立品牌策划目标

在会展的品牌策划中，首先要确定整个会展策划的目标所在。即根据会展活动举办方的经营状况、经营目标来确定对某个特定的会展项目进行哪些方面的品牌策划；并根据当前情况预测，确定这个会展品牌将在未来的市场要达到什么样的目标。

2）有关信息资料的收集和分析

会展的策划常常受客观条件的制约，尤其是受市场环境和会展活动举办方自身资源条件的影响。因此，在作会展品牌策划时要对策划背景信息进行调查，并在调查的基础上，对这些信息资料进行整理、分析。而会展品牌策划所需的市场信息分析，通常包括三方面内容，即对会展活动举办方、参展商、观众及主要竞争对手的市场信息的调查和分析。对会展活动举办方的调查和分析主要包括其经营规模以及在营销方面的优劣势等信息。对参展商及观众的调查和分析主要包括其对会展活动选择的标准、要求，以及其对品牌展会的认知。而对主要竞争对手的市场的调查和分析包括其经营方式和手段。这些调查和分析是会展品牌策划的基础和依据，只有在对市场正确分析的前提下，才能有效地进行品牌策划。

3）确定品牌策划的指导思想

策划的指导思想是会展品牌策划的核心，也是贯穿整个品牌策划的主线。只有在明确指导思想的基础上，会展的品牌策划才会有清晰而明确的定位，并使组成策划的各种因素能有机地组合在一个完整的品牌策划方案中。

4）品牌方案的设计

品牌方案的设计是一项创意性很强的活动。会展品牌方案的设计要求突出鲜明的个性，同时还要具有活力、感染力、亲和力。会展品牌方案的设计包括品牌命名、形象设计、品牌的营销组合策略设计、品牌宣传方案设计与品牌推广方案设计等内容。

5）预算费用

预算费用是会展品牌策划中必不可少的部分。在品牌策划活动中，会展活动举办方要按具体活动情况及其有关规定来确定一定的费用，如广告费、设计费等。为了使费用的投入得到更大的效果，必须严格按照预算费用，安排会展品牌方案的设计。

6）品牌设计方案调整

初步方案确定之后，策划者还需要针对备选品牌策划方案进行广泛地沟通与交流，并根据所听取的意见和建议，对原先方案的不合理处作出修改，以确保所作品牌策划方案的可靠性和可行性。

7）方案的实施

会展品牌方案的实施，是指把设计方案付之于行动。如果没有实施运作，那么再好的设计方案也无法付诸实现。在方案的实施中，品牌策划者和相关管理人员应加强控制，及时采取措施予以解决问题，并根据反馈情况适当调整策划方案。

2. 会展品牌策划的要素

由国外的成功经验可知，成功会展品牌策划的要点如下。

1）取得权威协会和行业代表的坚定支持

在国际上政府一般不干预企业办展，会展的成功与否，多取决于整个行业和企业对其的认可。会展举办者若能得到权威行业协会和业内主要代表的支持和合作，无疑就增加了该品牌的商誉和可信度，从而为该会展品牌带来巨大的宣传效果和影响力。

2）代表行业的发展方向

代表行业发展方向是会展品牌策划的重点。能代表行业发展方向的会展活动就会有明确的目标市场和客户，并更好地吸引参展商和观众的参与。

3）提供专业化的服务

专业化的会展服务要求会展活动举办方能够提供高效、周到的服务。基于专业化服务角度的会展品牌策划应该从市场调研、主题方向、寻求合作、广告宣传、招展手段、观众组织、活动安排、现场气氛营造等方面着手。此外，专业化的服务还包括会展活动举办方对外文件、信函的格式化、标准化等细节，以及从业员工的严谨处事态度的培养。

4）配合强势的媒体宣传

新闻媒体宣传是塑造品牌会展的一个重要环节。频繁的新闻报道和适当的"炒作"能促进展会宣传、提高会展品牌的知名度，从而增加会展项目的吸引力。因此，在进行会展品牌策划时，可以适当地考虑寻求新闻媒体的支持和合作。

5）获得 UFI 的资格认可

国际博览会联盟（UFI）对申请加入其协会的展览项目和其主办单位有着严格的要求及详细的审查程序。由于有了这套较为成熟的资质评估制度，UFI 资格认可和 UFI 使用标记就成了名牌展会的重要标志。

6）坚持长期的品牌战略

培养一个品牌展会并不容易，必须要有长远眼光，要敢于投资并承担风险，还要精心经营。因此，在进行会展品牌策划时要注重确立长远的品牌发展战略，从短期的价格竞争转向谋取附加值、谋取无形资产的长期竞争，用先进的品牌营销策略与品牌管理技术抢占会展市场的制高点。

2.4 会展宣传与广告策划

会展宣传推广与会展招商有密切关系，它是会展策划的重要内容，对提升会展的知名度和美誉度都有很大作用。在进行会展宣传策划时要注意，宣传内容必须从客户的利益和兴趣出发，力争具有较强的针对性和吸引力。

2.4.1 会展的宣传推广策划

1. 会展宣传推广策划的类型

在会展筹备的不同阶段，会展宣传推广的目的和重点不同。因此，可以按照不同的目的，将会展的宣传策划分为5种类型。

1）竞争型宣传推广

此类宣传推广的主要目的是与竞争对手展开竞争或进行防御。因此，在宣传推广策划时宜拟订与竞争对手针锋相对的措施，是一种针对性很强的宣传推广活动。这种宣传推广多在本展会受到竞争对手的威胁，或者本展会意欲与其他展会展开竞争时使用。

2）促销型宣传推广

此类宣传推广的主要目的是为了在短期内推动会展的销售或者招揽更多的客户。因此，宣传推广策划的重点是潜在客户关心的主要问题。这种宣传推广多在会展招商时使用。

3）显露型宣传推广

此类宣传推广以迅速提高会展的知名度为主要目的，宣传推广的重点是会展的名称、办展的时间和地点等信息。这种宣传推广多在会展创立的初期实施，或是在会展已经有了一定的名气后作为对客户进行定期"提醒"之用。因此，所宣传的信息最好简单明了，便于记忆。

4）形象型宣传推广

此类宣传推广的主要目的是扩大会展的社会影响，建立会展的良好形象。宣传推广的重点是追求目标受众对所策划的会展活动的定位及形象的认同，并通过积极与他们进行信息和情感沟通，增加其对会展的忠诚度和信任。这种宣传推广可以在会展筹备的任何阶段实施。

5）认知型宣传推广

此类宣传推广主要目的是使受众全面深入地了解会展，并增加其对所策划的会展活动的认知度，宣传推广的重点是会展的特点、优势等内容。这种宣传推广多在业内相关人士对本会展已经有了一些初步了解之后，做出进一步的招商时实施。

2. 会展宣传推广策划的步骤

由于需要宣传推广的内容较多，在进行会展的宣传推广策划时，必须全面系统地制订策划方案，以满足会展筹备工作的需要。通常，会展宣传推广策划包括6个步骤：

1）确定目标

确定目标就是要明确通过会展宣传推广策划所希望达到的目标，如招展、招商或树立会展品牌形象等。只有搞清楚宣传推广策划的目标和任务以后，会展宣传推广策划的实施才有意义；否则，会展的宣传推广工作就会无的放矢。需要注意的是，会展的宣传推广目标具有一定的阶段性，而在会展筹备的不同阶段其主要任务也有所差别。例如，在会展筹备前期宣传推广策划的目标偏重于招展，而后期则偏重于招商。

2）进行宣传推广资金的预算

在确定宣传推广的目标之后，需要确定为了达到该目标所需要的资金预算。在实际操作中，会展宣传推广预算可以先按宣传推广渠道的不同来分别制定，然后再将各渠道的预算汇总成会展宣传推广的总预算。从国际普遍做法来看，会展活动举办方一般会将会展预期收入的10%～20%拿出来作为会展宣传的资金投入。

3）策划宣传推广的信息

宣传推广信息策划目的在于确定会展的宣传推广需要向外界传递怎样的信息，如会展的理念、优势和特点及VI形象等。不管会展向外界宣传推广的是怎样的信息，都必须保证信息的真实可靠。此外，会展宣传推广的信息要具有自己的特色，不能与别的同类会展雷同，这样才不会被其他类似的信息所淹没。

4）策划宣传推广的资料

现在的会展几乎没有不印发宣传推广材料的。可见，行之有效的会展宣传推广活动，需要通过精心策划的宣传推广资料制造宣传攻势。随着同业竞争的日趋激烈和会展规格的不断提升，各参会厂商在宣传推广材料的印制上煞费苦心。宣传推广资料的素材主要包括专题报道、展前预览、新产品报道、参观指南、展期新闻、展会回顾等。

5）策划宣传推广的渠道

为了提高宣传推广的效果，在进行策划时需要考虑拓宽宣传推广渠道，通过电视、报纸、户外广告、网络、数据业务平台等各种渠道，及时地发布真实和丰富的会展信息。

6）评估宣传推广的效果

对宣传推广效果的评估，归纳起来有两种标准，即量化标准和反馈标准。量化标准就是通过统计的方法，对宣传推广资料的发放、宣传的场次及受众的人次等用数字反映出来；而反馈标准是指通过收集宣传推广对象的反馈信息，采取综合评估的方法来验证宣传推广的实际效果。

2.4.2 会展的广告策划

1. 会展的广告媒体类型

1）专业媒介

会展行业的专业广告媒体主要包括杂志、报纸及网站。国内会展的杂志有《中国会展》、《中国展会》、《中国展览联盟》、《中外会展》、《第一会展》等；报纸有《会展快报》、《长三角会展报》、《中国经营报：会展版》等；而网站有"中国展览网"（www.chinaexhibit.net）、"中展网"（http://www.ccnf.com）、"中国展会网"（http://www.sinoec.com.cn）、"中国会议网"（http://www.chinameeting.com）、"会议网"（http://www.meetingschina.com）、中国会展论坛（http://www.2010show.cn）及展览热线（http://www.exposhow.net）等。

与各专业媒体进行的主要合作方式有以展位交换广告、以广告交换广告及付费购买广告，并且尽可能多投软新闻。此外，对于关系好的媒体，可以共享客户资源和数据库；而对于实力强的媒体，可以使其代理组织观众，甚至是组织参展商。需要注意的是，在进行广告策划时要详细列出与媒体合作的内容清单，如《软新闻投放媒体一览表》、《软新闻一览表》等，以便对广告宣传及相关工作进行监控。

2）大众、主流媒体

大众、主流媒体主要包括电视、广播、主流报纸、网站及企业黄页等。与不同的媒体合作的方式有所区别。对电视、广播等媒体而言，应该以硬广告为主，软新闻为辅；而对于报纸、网站等媒体而言，应该以软新闻为主，硬广告为辅。因为与硬广告相比，软新闻能更好地提高会展的美誉度。全国企业黄页只能刊登硬广告和企业信息。因此，广告的策划应该尽量制造出会展的亮点，以便引起各类媒体的主动关注，并制造软新闻。通常可以通过组织媒体记者进行产业新闻报道和行业人物专访来制造软新闻。此外，还可以通过召开行业高峰论坛，邀请业内专家、学者、行业领袖就行业发展趋势、近期热点话题、最新科研成果等进行研讨，并以新闻发布会的形式将这类信息传递给记者和媒体的信息采编人员，由他们挖掘题材，从侧面宣传展览会。

3）会展材料与户外广告

会展材料与户外广告通常由会展活动举办方自行制作，它们可以作为会展活动组织者与其他媒体合作的交换资源。会展材料主要包括招商资料、会务资料及会展网站。招商资料主要包括邀请函、传真件、调查问卷、征询表、信封、招商人员名片、门票等，其中邀请函包括预告性的简单邀请函和内容完整的正式邀请函。会务资料主要包括会刊、参展指南、观展指南、采访指南、资料袋等，以及《会展快报》、《展会成果通报》等宣传材料。

户外广告的投放地点是在人流量较大的公共场所，如机场、车站、码头、商业街道和广场、专业市场、市内主要街道与展馆周围等。而具体的户外广告形式有路牌、墙体、灯箱、易拉宝、海报、彩虹门、升空气球、气模柱、大型布幔、条幅、彩旗、吉祥物、灯杆POP、电子显示屏等。

4）主办、承办、协办和支持单位

这类媒体主要包括主办、承办、协办和支持单位的内部发文、内部通讯、杂志报纸、自办刊物、网站及其所派发的会展资料。在与这类媒体进行合作时，会展活动的举办方通常需要与之签订合作协议，并支付一定的挂名费用。此外，举办方还要加强与合作部门的沟通协调，并及时提出具体的宣传推广要求。

5）其他组织

其他组织是指除了前4种以外，可以作为会展广告媒体的组织。这些组织包括中国驻国外的大使馆、外国驻中国的大使馆和各大城市的领事馆，以及各级外经贸、贸促会、台办、侨办部门政府组织。此外，还有国内外商业性协会、大型采购代理商、经销商、进出口公司、贸易公司、批发零售商等贸易性组织。另外，展览咨询机构、其他跨地区的会展活动组织机构或营销代理、同类大型展会和参展商等均可作为会展广告宣传的合作伙伴。

在与政府组织合作进行广告宣传时，通常需要由政府出面进行协调，争取获得他们的支持。对于贸易性组织或商人，可在贸易类媒体加强宣传攻势，吸引他们的注意力。对于展览咨询机构、跨地区会展活动组织机构和同类大型展会，则可以在广告宣传时进行差异性资源整合，相互帮助组织会展活动或使其成为招商代理，其主要方式为交换网站链接、会刊广告、展会现场帮发资料或在展会期间召开新闻发布会等。在与参展商合作时，可通过发放门票邀请客户等形式进行会展活动的宣传推广。

2. 会展广告宣传需要注意的问题

1) 广告内容必须真实

当今社会，会展活动的种类繁多，而且新的会展主题层出不穷。多数消费者在了解会展主题，以及参加会展活动时需要借助于广告的帮助。为了提高消费者的信任度和美誉度，会展活动举办者在进行广告策划时，必须保证信息的真实可信性，并自觉保护消费者利益。只有这样，才能增强广告的劝说效果，并发挥广告的积极作用。

2) 必须重视广告定位

会展的广告定位就是在进行会展的广告策划时，通过突出会展活动中符合消费者心理需求的鲜明特点，塑造会展活动的品牌形象，并确定其在竞争中的方位。正如美国广告大师大卫·奥格威指出的："一个产品如同一个人，人需要有一定的形象，这个产品也应该有自己的形象。"可见，在广告大战愈演愈烈的今天，正确的广告定位对提高会展项目的竞争力至关重要。

3) 广告预算必须科学

广告的促销效果是显著的，但费用也是很高的。因此，在进行会展的广告策划时，必须科学合理地安排广告预算。这样可以避免因为广告投入过多，而影响到会展活动的可持续发展，甚至导致会展经营的困难。

阅读材料 2-2

一个人举办的奥运会如何精彩

以前举办奥运会纷纷亏钱，第 23 届奥运会在美国洛杉矶举行，但美国政府和洛杉矶市政府鉴于前车之鉴，出台声明不出一分钱，举办方只好征调民间力量，最终富商尤伯罗斯承办了奥运会，结果却获得近百亿资金，盈利 2.5 亿美元，创造了一个神话。

此次尤伯罗斯成功策划经营奥运的一个要点在于控制电视转播权。他没有同意其员工定的 1.52 亿美元，而是游说 ABC 和 NBC，挑起竞争，让他们竞标，并由此获得 2.8 亿美元的收入。然后，他挑动大企业竞争，只接受赞助单位 30 家，一个行业一家，底线 400 万美元，赞助者可获得本届奥运会某项商品专卖权，此项收入获得 3.85 亿美元。其中，饮料业百事和可口可乐竞争激烈。因为百事在 1980 年冬季奥运会取得赞助权，出尽风头，市场份额猛增，可口可乐这回没有大意，1 260 万美元竞标成功。影像业柯达仗着老大地位讨价还价，结果没想到，尤伯罗斯从来不把眼光局限在本国市场，他看到日本企业一直窥视美国市场，于是就赴日接洽谈判，结果日本富士抓住机会，以 700 万美元杀进来，此举使得全世界人都知道了富士，抢占了柯达大量份额。失去大好机会的柯达老总怒了，将其广告部主任革职。汽车业挑起通用和丰田的火拼。总之，尤伯罗斯最善于利用中国的"鹬蚌相争，渔翁得利"的理论和套路，而且屡试不爽。

此外，尤伯罗斯还成功地利用火炬点燃接力来盈利。以前都只有名人才有机会参与。他这回重新制定游戏规则，1 公里 3 000 美元，任何人都可参与，而非只是名人才能参与，民众将之当作难得的机会，热情参与，而且大量亲朋观看，带来更为轰动的效应。此项筹集 3 000 万美元。最好的传播是消费者和体验者的主动传播，最好的广告就是不需你任何成本和努力的自发传播。他策划的这次火炬接力活动获得了很好的民间自发传播的效应,并且随着参与和关注人数的增多,得到了媒体的广泛宣传。而所出售的各种纪念品和纪念币也带来了不菲的收入。总之,尤伯罗斯的奥运策划体现了共赢和资源整合在会展策划中的重要作用。

资料来源:荣振环. 中国营销咨询网,http://www.51cmc.com,2007-07-27.

本章小结

会展策划是对于会展活动的全过程作预先的设计和规划,以便将会展目标具体化并形成决策的过程。在进行会展策划时需要综合考虑5个要素并遵循5项原则。5个要素包括名称、内容、地点、时间和组织机构;而5项原则包括合法原则、可持续发展原则、专业化原则、因地制宜原则及量力而行原则。此外,会展策划的方法主要分为四大类,即思维闪电策划法、排除策划法、群体策划法及系统分析策划法。

会展主题的策划贯穿于整个会展策划之中,并统帅着整个会展策划的创意、构成、方案、形象等各个要素。会展主题策划的原则包括统一性、整体性、和时效性,而常用的主题策划方法有借用法、归纳提炼法和加工提炼法。在明确主题的基础上,会展的品牌策划有助于强化会展的差异化程度、增进会展活动举办方与参展商的关系,并且提高其经济和社会效益。品牌策划的要素包括:取得权威协会和行业代表的坚强支持;代表行业的发展方向;提供专业化的服务;配合强势的媒体宣传;获得UFI的资格认可;坚持长期的品牌战略。

会展的宣传推广与广告策划,对提升会展的知名度和美誉度都有很大作用。在会展筹备的不同阶段,会展宣传推广的目的和重点不同。整个宣传推广过程包括:确定目标和预算;分别策划宣传推广的信息、资料和渠道;评估宣传推广的效果。会展的广告媒体包括5种类型,即专业媒介,大众、主流媒体,会展材料与户外广告,主办、承办、协办和支持单位,其他组织。

练习题

1. 名词解释

会展策划 思维闪电策划法 排除策划法 群体策划法 系统分析策划法 纸牌法 KJ法 侧面思考法 游戏创意策划法 直觉创意策划法 SIL法则创意策划法 头脑风暴法 反向头脑风暴法 精神打包策划法 分脑比较创意法 会展主题 品牌会展

2. 思考题

(1) 简述会展策划的内涵及要素。
(2) 简述会展策划的功能及原则。
(3) 会展策划的方法及其适用条件各是什么?
(4) 会展主题策划的特点与方法各是什么?
(5) 试论述会展主题策划的程序及要点。

(6) 简述会展品牌的内涵及要素。

(7) 试论述会展品牌策划的必要性及策略。

(8) 简述会展宣传推广的类型和步骤。

(9) 论述会展的主体策划。

(10) 论述会展的品牌策划。

(11) 试论述会展广告宣传的媒介及其合作方式。

参考文献

[1] 镇剑虹，吴信菊. 会展策划与实务. 上海：上海交通大学出版社，2005.

[2] 赵玲. 会展策划. 北京：电子工业出版社，2007.

[3] 许传宏. 会展策划. 上海：复旦大学出版社，2005.

[4] 程爱学. 会展全程策划宝典. 北京：北京大学出版社，2008.

[5] 周彬. 会展策划与实务. 上海：立信会计出版社，2006.

[6] 杨子云. 北京申办 2008 年奥运会整体形象策划设计揭秘. 中国企业形象管理网，http://www.chinaci.org.cn，2008-01-31.

第 3 章 会展的营销管理

本章导读

随着会展业的发展与市场竞争的日益激烈,会展营销的研究和实践逐渐引起各方面的广泛重视。通过对本章的学习,可理解会展营销的内涵及其主体,掌握会议营销及展览营销的主要操作过程,并了解会展营销发展的新理念。

3.1 会展的营销概述

3.1.1 会展营销的含义

市场营销(Marketing)来源于英文"市场(Market)"一词。菲利浦·科特勒在其《营销管理:分析、计划、执行和控制》一书中提出,市场营销是指个人或集体通过创造、提供出售,并同别人交换产品和价值,以获得其所需所欲之物的一种社会和管理的过程。这一定义包含需要、欲望、需求、产品、价值、成本等一系列核心概念。

市场营销活动发展至今,已经历经了 5 种营销观念的指导,即生产观念、产品观念、推销观念、市场营销观念和社会市场营销观念。这 5 种观念在不同的历史时期都曾对市场营销活动的发展起到了巨大的推动作用。

会展营销是运用市场营销学的各种理论、原理解决会展业问题的过程,是市场营销理论在会展业的具体应用。会展营销是营销和会展的交叉学科,兼有两门学科的特点,其基本理论框架是两者的结合。广义的会展营销是指会议、展览、节事活动和奖励旅游的营销,狭义的会展营销仅包括会议和展览两部分的营销。本章将重点阐述会议及展览营销。

会展营销的起步相对较晚,是随着会展业的发展而逐步创立的。近年来,会展业对经济的巨大拉动作用逐步显现。据麦肯锡统计,2000 年全美会展业总体经济效益达到了 579 亿美元,会展直接收入对相关产业的拉动系数达到了 1∶9。同时会展活动的运作本身也带来了巨大的经济效益和社会效益。在此大环境之下,会展市场的竞争日益激烈。于是理论研究界及业界都开始重视会展营销的研究,并将研究成果付诸会展经营实践中。尤其是近年来美洲和亚洲会展企业的迅速崛起打破了欧洲会展业一枝独秀的局面，会展企业之间的竞争日益全球化，也使得会展营销的复杂程度大大加深。与国际会展业的发展相比，我国会展业起步相对较晚，自改革开放之后才逐步发展起来。会展业的发展带动了会展营销的发展和变化。因此，会展企业也开始重视营销工作，逐步树立了正确的营销观念，并日益重视对于展会需求的研究。

3.1.2 会展营销的主体

会展营销的主体是指会议及展览运作过程中的主要参与者，包括会展活动的举办方、参展商和观众三类。会展活动的举办方主要负责展会的发起、执行及展前、展中、展后各种相关事务的处理；参展商通过与组织者订立合同或协议，在特定的时间及地点展示产品或服务的客户；观众通过购买组织者出售的门票或注册入场参观。

1. 会展活动的举办方

在国外成熟的会展系统中，会展活动的举办方通常都是专营会展业务并以营利为目的的机构和部门，即会展公司。但目前我国的会展组织者有专营、兼营和代理三种形式。除了会展公司之外，政府部门、各级贸易促进机构和行业协会都经常作为会展活动的举办方而出现。然而从国际会展经济发展的实践看，随着展会之间竞争的激烈化，越来越多的政府部门及行业协会把自己的展会卖给了专业展览公司，或者行业协会和专业展览公司合资组成股份公司，行业协会只保留一定量的股份，展会的经营权或全部或部分交给展览公司。

目前在我国展览界，市场进入准则仍沿用资格审定制度，凡从事境内对外经济技术展览会（简称"来华展"），或出境举办经济贸易展览会（简称"出境展"）业务，都必须获得政府有关部门批准的办展资格，否则不能进入展览市场。

2. 参展商

参展商又被称为参展客户，是指参加会展活动的企事业单位、团体及个体。对于企业而言，参加会展的目的通常为展示或推销其产品，树立品牌形象，提高企业知名度。参展商是会展营销的主要服务对象。为了确保参展效果，参展商应明确参展目的，并详细阅读展会组织者提供的参展商手册，以避免不必要的麻烦，提高参展效率。另外，要做好展位布置、参展员工的培训及展会后的参展效果评估工作。

3. 观众

展会观众包括普通观众和专业观众。何谓展会的专业观众，在中华人民共和国商业行业标准 SB/T 10358—2002《专业性展览会等级的划分及评定》中对"专业观众 professional visitor"作了如下的陈述：从事专业性展览会上所展示产品的设计、开发、生产、销售、服务的观众，以及用户观众。❶ 专业观众的数量和质量关系到展会能否成功举办。在广交会上展馆经营部曾对展览公司作过一次问卷调查显示，60%以上的被调查者认为展会成功的标志主要是专业观众质量和实际效果。另外，在美国进行的一项调查表明，展会参观者中有70%是计划购买1个或更多产品的，有75%的人一定会买1个或更多产品，15个人中有14个表示所参观的展会影响了他们的采购决定。

---

❶ 这里所指的产品可以是有形的产品（如机械零件），也可以是无形的产品（如软件、服务等）。

平均而言，展会可以影响83%的观众的采购决定，而这83%的人是有权决定采购、采购什么或是向采购部门进行推荐。因此展会组织者往往把招商工作当作组展工作的重中之重。

3.1.3 会展营销的作用

对于不同的营销对象，会展营销的作用有所差别。具体而言，表现为以下几个方面。

1. 对于会展活动举办方而言

成功的会展营销活动可以有力地塑造会展品牌形象，提高品牌知名度和美誉度。在会展业竞争日益激烈的今天，单纯依靠提高服务质量已经不能满足打造高品质展会的要求。要想展会品牌为广大参展商和观众所熟悉和接受，除了提高服务质量还必须有高水平的会展营销活动相配合，才能达到事半功倍的效果。另外，会展营销还能够为组织者带来巨大的经济效益。会展业是一种高收入、高盈利的行业。在国外会展业发达的国家，会展活动举办方的利润一般超过25%，有的甚至高达50%。

2. 对参展商而言

会展营销活动可以为参展商提供关于展会的有用信息，使参展商了解展会的概念及目的。展会组织者一般通过宣传、广告及销售渠道，将展会的信息传递给企业，以推广自己的展会。目前国内相同题材的展会"撞车"现象时有发生，大量同类型的展会往往令参展商无所适从，不知如何选择。而成功的会展营销活动则可以提供相关信息，以供参展商作出决策。

3. 对观众而言

会展营销活动是观众了解并选择参加展会的一个最重要的窗口。例如，展览公司招徕观众的常用办法是发邀请函给相关专业领域内的人士，或刊登广告吸引普通观众。因此，会展企业应特别重视展前营销活动的开展。在参展前通过登广告、新闻发布会、直接邮递等营销手段更有利于吸引高质量的观众前去参观。

3.2 会议的营销

所谓会议，是指人们聚集起来，围绕一定的主题，进行研究、讨论及信息交流的活动。本节将从价格、分销、促销的角度阐述会议营销的内容。

3.2.1 会议产品的定价

在会议产品的营销中，价格决策同样是非常重要的问题，因为价格关系到会议的收益状况。价格决策与产品决策、促销决策、分销决策等其他营销决策相比，是营销组合决策中最具有灵活性的一项。营销人员可以在短时间内迅速地制定、调整或变更会议产品的价格。当然，在市场竞争激烈或政府限价等情况下，价格变动也是难以进行的。价格策略必须与其他营销组合决策相结合来开展。例如，定价体现着会议产品的定位，因此产品决策影响定价决策。高端会议通常会制定一个较高的价格以符合其产品形象和象征意义。

1. 会议产品定价的影响因素

1）成本

成本为会议产品设置了下限。会议产品的成本包括固定成本和变动成本。固定成本主要包括：会场租赁费，设施租赁费、会场布置的支出、行政管理费及保险费等。变动成本是指因与会人数的变动而变动的成本，如餐饮、住宿、娱乐及会议装备费等。固定成本的金额通常大于变动成本。当然，成本当中有很大一部分费用是可以通过严格的管理来实现支出的降低。

在会展企业经营过程中，其成本状况受市场变化的影响较大。例如，当出现通货膨胀时各项成本都会相应提高。这就需要会展企业管理人员及时调整价格策略，以有效地适应市场环境的变化。

2）市场需求

市场需求为会议产品成本设置了上限。产品定价应得到市场的认可才能最终实现企业的利润目标。如果定价太高，会令与会者感觉质价不符；如果定价太低又会令企业损失获利的机会。因此，会展企业必须调查消费者的支付能力以及他们对价格与价值的认知。最终决定会议产品价格是否适当的还是消费者。与其他营销决策相同，价格决策也必须是以顾客为导向的。消费者一般会评估会展企业的环境状况、所提供服务的内容及功能，然后再结合产品价格，进而判断他们的购买是否物有所值。当然，不同细分市场对产品的评价是不一样的。营销人员一定要向其目标市场提供他们需要的产品属性（如国际性会议通常需要翻译人员、同声传译设备等），然后制定让目标顾客感觉物有所值的价格。菲利浦·科特勒认为，顾客所感知到的价值是品牌形象、产品属性及价格的函数。

3）市场环境

市场环境因素是影响定价的又一重要因素。竞争状况、通货膨胀、消费理念的变化等都会对会议产品的定价产生相应影响。

2. 会议产品定价策略

1）数量折扣

数量折扣是指对大量购买会议产品的顾客给予的特殊价格。这种策略可能在某段时间内采用，也可能是全年实行。数量折扣包括单项服务的数量和服务种类的数量。前者如会议室使用数量或时间，后者是指客户购买的服务达到一定数量时给予的折扣。数量折扣可以是一次性给予客户的，也可以是累计给予的。例如，某公司的会议一直在某酒店举行，则酒店根据该公司光顾的次数予以折扣。

2）季节折扣

会议市场具有明显的淡旺季特点。旺季会议资源供不应求，高度紧张；淡季资源闲置浪费。这主要是由两个原因造成的。第一，很多会议的召开具有一定规律性，如每年六七月份及年底的时候，大多数公司都会召开年中及年终总结会。会议举办时间比较接近，造成资源供不应求。第二，很多会议举办场所，如酒店、邮轮、主题公园等，不单承接会议也会接待旅游者或其他类型的客人。如果旅游旺季和会议旺季重叠，则会造成供需矛盾加剧。因此企业可以采用淡旺季差别定价的方法调节需求。

总之，无论是数量折扣还是季节折扣都必须确定折扣的起点，即消费者购买的数量或金额达到多少才能够享受到折扣。起点的确定比较关键，它应该既使得会展企业有一定盈利，同时又能够刺激消费者购买。另外，使用折扣定价法还应注意折扣档次的划分及各档次折扣率的确定。此外，还应注意适中的原则，同时体现各档次之间的区别。

3）捆绑定价法

捆绑定价法是指将几种会议服务组合在一起出售给客户，该价格应低于几种服务分别出售的价格之和。例如，将会议室、客房、餐饮、联系旅游等服务组合出售给客户。捆绑定价法的优势是可以带动一些销量较低的产品的出售，而客户也可以拿到较为满意的价格。

捆绑定价法可以帮助企业促销一些顾客原本不想购买的产品，但捆绑的价格必须要低到足以说服消费者购买，从而给顾客一种物超所值的感觉。

4）歧视定价法

歧视定价法是指对市场进行细分，并根据细分市场的价格弹性特点来区别定价。例如，可以根据企业支付能力的差别、会议项目的种类差别等对不同企业索要不同价格。使用歧视定价法需要注意的是：歧视定价要符合国家相关法律、法规的规定；低价购买者不存在转卖产品或服务的机会；细分市场规模足够大，采用歧视定价法之后企业有利可图。

3.2.2 会议产品的分销

会议产品的分销是指直接或间接向目标市场销售会议产品的过程。由于分销渠道的选择会直接影响消费者购买会议产品的方便性，因此对会议的营销会产生重要的影响。会议产品的分销渠道主要有以下几种类型。

1. 直销渠道

利用邮寄、电话或人员等接触手段直接与现有或潜在顾客进行沟通。其中，邮寄是成本最低的方法。但是为了做到准确无误，会展企业必须自己建立和维护客户数据库，对客户名录进行收集、整理、细分和定期审核。当然，数据库维护工作也可以外包给专业机构进行。在互联网日益普及的今天，电子邮件已经代替传统邮寄成为一种最主要的邮寄工具。虽然邮寄具有方便、快捷、成本低廉等特点，但它还必须与电话配合使用，以便随时与客户保持联络。

2. 行业协会

很多会议都是由其行业协会主办的，因此行业协会是会议产品的分销应充分利用的重要渠道。利用行业协会的关系网进行销售，往往针对性较强，具有事半功倍的效果。近年来，会展业的发展出现了经营专业化的趋势。随着展会之间竞争的激烈化，越来越多的行业协会把自己的展会卖给了专业展览公司，或者和专业展览公司合资组成股份有限公司，行业协会只保留一定量的股份，展会的经营权或全部或部分交付展览公司。例如，闻名法国的法国男装展（SBHM）原属于法国男装行业协会拥有，由于经营不善出现巨额赤字，最近已将其全部股份卖给了一家专业展览公司。

3. 当地旅游行政管理部门

目前，很多会展业发达的国家，一般将会议业和旅游业归口在会议旅游局或观光局下进行统一管理，观光局或旅游局也负有营销职能。因此，会议产品的销售可以与当地旅游行政管理部门合作进行。

4. 中介机构

可以利用专业会议组织（Professional Conference Organizer，PCO）和目的地管理公司（Destination Management Company，DMC）等中介机构的关系网络帮助会议产品的销售。专业会议组织者一般是小型公司，是负责起草申办、策划、组织、协调、安排和接待国际会议和大型活动的专业公司。目的地管理公司为客户提供以某座城市为目的地所需的一切服务，如策划组织安排国内外会议、展览、奖励旅游以及其延伸的观光旅游，或者策划组织安排国内外专业学术论坛、峰会、培训等活动。这类公司在国外已经发展得相当成熟，是会展产业的重要组成部分。目前，国内的目的地管理公司也有了一定的发展。2004年7月国内首家目的地管理公司——京闽东线目的地管理公司在厦门成立。

阅读材料 3-1

PCO（专业会议组织者）的价值[1]

每年都要举行几百万次的会议，而其中绝大多数都得到了专业会议组织者（Professional Conference Organizer，PCO）的支持。尽管如此，许多人还会有这样的问题：PCO对会议有什么贡献？对于与PCO签订合同的客户来说，能够得到什么样的额外好处呢？

让我们来看一下PCO的工作任务和能力——方法管理、注重细节、无可挑剔的对待客户的态度、面向商业的方法等——这些是每个向客户提供服务的人所必须具备的要求。然而，对于承办会议来说，它仍然不过是一张用铅笔绘制的草图，在上面仍需要添加组织好会议的丰富细节。这些技能是每个想要承办会议的人的基本出发点，尽管由此能够在最后取得圆满的效果，但是，仍然需要更具有与众不同的操作、组织和决策上的水准。

尽管一个业余的会议组织者也能深谋远虑，但PCO能够处心积虑，千方百计地构思如何实际地将会议办好。他们随时"等待召唤"，指引客户和会议脱离风险——避免会议地点不令人满意、避免会议预算漏洞百出、避免会议议程冗长不堪。PCO起着咨询者、劝告者，有时是决策者的作用，如果信心十足的客户在计划开始时忽视和低估依靠他们的作用，将只能自取其咎。

利用PCO的某种优点，已经在文献中报道得很多了，与PCO一起开发市场常常会被嗤之以鼻。而列举种种允诺，以保证为潜在客户做出无可挑剔的服务，并指出在非PCO组织的会议中的"百慕大三角"，也司空见惯。但是，无论这些劝说和警告结果怎么样，它们均来自PCO的正、反两方面的经验。对于会议，需要有十二分的细心，关

---

[1] 资料来源：Tony Rogers. 扬瑟，孙巍，郭金，译. http://www.meetingschina.com/dispNews.aspx?id=57, 2008-08-25.

注全部细节，并需要使用分析一切潜在问题的方法。只有做到这一切，才能真正把会议办好。

PCO常常许诺可以解除由于办会所带来的压力。ABOCI（英国专业会议组织者协会）的一句格言——"利用PCO，可以睡得稳"，就足以说明这个问题。打算组织会议的大多数客户并不是专家。这并不是说，他们组织会议的能力有限，而是说，如果他们不能做到有效的策划、合理的管理和正确的处理问题，则必将浪费较多的时间和精力放在会议的组织上。有些客户发现，举办会议的压力，只不过是因为由他们的同行和专家在会议结束之后怎样做出评价所造成的。ABPCO的看法是，如果利用PCO的经验和已建立的体系，就不会有不眠之夜了。ABPCO的会员客户似乎都持这种看法。

PCO不仅解除了给客户造成的压力，而且还能够从某些专业技巧上弥补客户的经验不足。而这些技巧对会议顺利进行（如预算的产生和控制）都是至关重要的。即便是举办一次100人的小会议，客户组织也可能要花费大量的财力，抑或被保险公司收取巨大的保险金。应该在早期做出切实可行的预算模型，以重视某些极为重大的要素。例如，能够得到足够的赞助费用吗？登记开会的人数目标是多少？会议地点能够接受吗？抑或能否根据预算更改会议议程？预算常常是一个业余组织者的祸根。由于隐含失败的结果，所以随之而来的责任也十分重大。正是常常由于这个问题，才使客户从PCO的参与之中获得最大的慰藉。

会议乃是一种商业行为，这种情况常常被客户所忽视。尽管对于客户来说，该活动是出于教育的目的，但是，财务人员却将会议看成是一个长长的账单，需要列出全部的成本，并尽可能地采用洽谈方式，经常地（而不是定期地）观看使会议取得成功的至关重要的每笔账目。当客户缺乏谈判的信心时，会议管理公司中的PCO就派上了用场。因为会议一般都要盈利，所以，为了给所在组织谋取利益，许多的组织都野心勃勃召开会议，甚至召开一系列的会议，手把手进行言传身教。这一步骤似乎合情合理，但常常由于过度乐观、由于缺少商业策划和基本的商业战略而使计划遭受搁浅。而许多的PCO，他们为相同的客户承办过许多会议，并积累了多年的经验。其结果是，他们能够用逐年增长和发展的眼光看待会议。这种经验，对于将着手举办一系列会议的客户来说，可谓是无价之宝，有助于制定合适的目标。

PCO还能放大客户产品的市场价值。一个好的PCO能够创造赞助的机会，开发活动的市场。PCO比客户更具有商业特征，能够采取一种客观的看法，看待客户与赞助人的相互利益。一个刚刚接受一项新计划的PCO，常常采取客观的态度、利用相关关系网和以前的办会经验，寻找新的财政资助。总之，一个好的PCO能够劝告、管理、判断、控制、洽谈、导向、处理、缓冲和联络，平衡上述各种工作——使会议让客户感到自豪，让与会人员感到兴奋，让赞助商感到值得，让某组织在财务上的投资感到成功，同时缓解个人的责任压力和保护会议管理公司的利益。

3.2.3 会议产品的促销

1. 广告

为了吸引与会者，提高会议知名度，会展企业通常在会前制作一些广告进行会议的宣传与推广。会议广告的主要类型有印刷品广告、电视广告、互联网广告、户外广告（灯箱、路牌广告）等。会议广告应该与会议主题密切相关、深刻体现会议主题，否则就不能对会议进行有效的宣传与推广。例如，2005年12月在香港举办世界贸易组织第六次部长级会议之前，特区政府制作的"平价橙"广告宣传片就遭到了很多来港谈判的世贸专家的批评。他们认为广告"肤浅"，并且"世贸不只是买便宜东西那么简单"。

2. 公共关系

公共关系是指会展企业通过各种有利的公开展示，树立良好企业形象，控制和阻止不利的谣言、传闻和事件等手段来建立与公众之间的良好关系的活动。会展企业开展公共关系活动的主要形式是新闻宣传，通过这种形式向公众传播会议信息，与之建立良好关系。一般而言，公共关系对消费者而言，可信度较高。

3. 人员推销

人员推销也是会议产品促销的重要手段之一。会展企业应定期派专人走访客户，向其详细介绍和展示自己的会议设施及组织能力。如果有必要的话，可以尽量邀请一些重要客户到会议场所进行实地参观。人员推销可以与客户建立友好密切的关系，通常效果较好，但是也有不足之处。例如，成本高昂、培养优秀的销售人员比较困难、建立一支高素质的销售队伍绝非一朝一夕的事、这种促销方式不能接触到全部的潜在客户等。因此，人员推销要与其他促销方式结合使用，加强宣传效果。

4. 会议宣传资料的制作

宣传资料的设计和制作是一门艺术。曾有专家指出，会议营销是从宣传资料的封皮开始的。宣传资料的种类繁多，常见的会议宣传资料有宣传单、折页、小册子、信件、VCD以及其他专门为会议推广而设计的印刷品。若按照一对一营销的原理，会议宣传资料的内容应该因对象而变化。但在实际运作时，为了降低设计和制作成本，会议主办者往往统一使用一种会议宣传材料。

1) 会议宣传资料的功能

（1）得到受众是否参加会议的确认信息，这是会议宣传资料最基本的功能。宣传资料中通常附有一个注册表或回执，潜在顾客如需参加会议则可以通过填写注册表或回执来反馈。

（2）吸引潜在与会者。宣传资料是顾客了解会议的重要方式。它可以很好地消除顾客的陌生感，并通过推介会议的特色，吸引潜在顾客积极报名参加会议。

（3）提供有关会议的信息。潜在顾客只有充分了解会议相关信息，才能决定是否参加会议。例如，会议举办的时间、地点、流程、会议级别等，这些信息都有助于消费者作出决策。

（4）提供联络方式及旅行信息。宣传资料上要注明主办方联系方式，以方便与会者联络。另外，宣传资料上一般还会提供关于会议举办城市及周边地区的旅行信息，因为会议期间或会议结束后，与会者可能在会议目的地及周边地区进行参观游览。

2) 设计会议宣传资料应注意的几个关键问题

（1）长度。宣传资料的长度取决于两点。首先是受众需要信息量多少，其次是宣传资料的发放顺序。一般来说，第一份宣传资料尽可能简短，但后来的资料应稍长一些。

因为第一份资料引起了受众的兴趣之后,他们希望获得更详细的信息。

(2)语法。撰写宣传资料时应尽量使用现在时态及主动语气。

(3)专业术语。宣传资料中应尽可能少使用专业术语,因为过多的专业词汇会降低潜在与会者阅读的兴趣。

(4)信息的排放顺序。宣传资料中包含很多信息,这些信息应该按照一定的顺序来组织。从关于会议的最初信息开始,到必要信息,最后则是注册表或回执等反馈信息。

3)会议宣传资料的设计标准

各种类型的会议具有不同的主题与目标市场,因此宣传资料也五花八门,不断翻新。但是尽管如此,宣传资料的设计仍有一些通用的标准可循。

(1)用语简单明了。宣传资料中的用语应简单明了,因为冗长的句子或段落会使得读者阅读吃力,进而失去耐心。

(2)应该有强烈的颜色反差。宣传资料中应使用反差较为强烈的颜色,尤其是背景颜色与字体颜色尤应遵循这一标准。反之,如果深色背景上搭配同色系的浅色字体,这种组合也许从审美角度看无可厚非,但却会使得读者阅读吃力。

(3)对空白区域妥善处理。当宣传资料中容纳了所有信息之后可能还会存在一定的空白区域,对于这些区域要妥善处理。空白区域如果不多的话,可以对其进行战略性排列,这样还可以减轻读者阅读过程中的视觉疲劳;如果空白区域比较多,那么可以对其中的一些区域用图片或照片来代替。值得注意的是,所使用的图片或照片应该是与会议本身相关联的,如著名发言人的照片、会议举办地点的照片等,这样可以增强读者对会议的了解及信心。

(4)宣传资料中图片、照片等的使用要以不侵犯知识产权为前提。

(5)联系方式等关键信息应放在醒目位置,不需要读者费力查找。

(6)字体大小适宜,方便读者阅读。

(7)印刷之前认真校对。宣传资料印刷之前应让设计者之外的人进行校对,检查有无错别字,以及措辞是否得当,能否打动读者。

(8)最好在正式印刷之前出一份宣传册的清样,以便再次检查有无错误;同时还可以对宣传资料整体的吸引力状况进行评估。

3.3 展览的营销

3.3.1 展览产品的定价

展览产品的价格包含4个组成部分,即展览产品的成本、展览经营费用开支、税金及企业利润。

1. 影响展览产品定价的因素

1)营销目标

营销目标对于会展企业的价格决策有很大的影响,而展览公司的主要营销目标包括以下4个方面。

（1）生存。一些经营状况不佳的展览公司往往为了在竞争激烈的市场中生存下去而制定较低的价格。在短期之内，生存比盈利更为重要。然而，有的营销专家曾经建议，用价格求生存的策略要适当节制使用。因为很多强有力的竞争者更愿意使用营销技巧而不是降价去赢得顾客。在这种竞争环境之中，价格对消费者的吸引力可能不如想像中明显。

（2）当前利润最大化。很多展览公司的定价都是旨在追求当前的最大利润。他们会估计不同价格水平下的需求和成本，然后选择一个能带来最大当前利润的价格。他们追求的是当前的最大利润产出，而不是长期的业绩。以当前利润最大化作为营销目标存在着很多限制，因为要使用这一策略企业在市场中应处于绝对领先的地位，而且能够精确地计算出自己的需求函数和成本函数。绝对领先并非任何企业都能达到，而成本和需求函数的精确计算也绝非易事。因此，现实中很少企业采用当前利润最大化作为其营销目标。

（3）市场份额领先。有些展览公司为了占领更大的市场份额而放弃短期收益，制定一个较低的价格。他们认为，拥有越大的市场份额成本方面就越有优势，从长期看也能获得较高利润。较高的市场份额还有两个直接的好处：一是有利于提高销售量，二是有利于提高投资收益率。另外，市场份额领先的企业通常在竞争中处于优势地位，其营销策略的制定与实施更具有主动性，同时也可以对其竞争对手产生影响。

（4）产品质量领先。还有会展公司以向顾客提供高水平的服务为营销目标，同时因为提供的服务质量较高而制定与之相匹配的高价。曾有研究表明，当消费者缺乏关于产品或服务的专业知识时，价格往往成为他们判断产品或服务质量的最重要的依据。因此，高价也有利于形成并巩固产品或服务高质量的形象。

2）竞争情况

目前展览市场竞争日益激烈，相同或相近题材的展会很多，还时有撞车现象。因此，企业在定价时要考虑市场竞争状况，研究竞争对手的市场定价。竞争者的价格及他们对本企业的定价策略所能作出的反应也是定价时需要考虑的因素之一。企业可以把竞争者的产品及价格的信息作为制定自己产品价格的基点。

3）产品生命周期

当一类展览产品刚刚进入市场且竞争者很少的时候，定价选择面较宽，可以采用高价策略在短期内获取较多利润，也可以采用低价策略尽快占领市场。当市场发展到一定阶段，产生了很多同类型的展会时，展览公司可能面临降价或维持行业平均利润水平；当此类展览开始萎缩时，展览公司要么彻底放弃，要么对展会进行重新定位，以适应市场需求。

2. 常见的定价方法

1）以成本为基础的定价法

（1）成本加成定价法（Cost Plus Pricing）。成本加成定价法是一种最简单的定价方法，即在产品成本的基础上加一个标准加价百分比。其计算公式为：

$$价格 = 成本 \times (1 + 加成率)$$

成本加成定价法是一种被展览公司普遍采用的定价方法。首先，它简单易行，便于操作，因为企业通常对自己的成本状况了如指掌；其次，很多展览公司都使用这种方法，价格类似，从而弱化了价格竞争。但是成本加成定价法也有其缺陷，因为这种方法只注重成本和预期利润而忽视了需求与竞争状况。因此，在市场环境有较大波动或成本变动较大的情况下，成本加成定价法难以适用。

（2）目标利润定价法（Target Profit Pricing）。目标利润定价法旨在通过适当的利润来回报投资成本。这种方法通过预测总成本、预期销量并确定目标利润，最终制定价格。其计算公式为：

$$价格 = \frac{总成本 + 目标利润}{预期销量}$$

目标利润定价法其实是盈亏平衡分析的延伸。盈亏平衡分析是根据盈亏平衡点公式计算出平衡点的展位价格，这是恰好收益等于成本的价格，即保本价格。不同的预期销量对应着不同的盈亏平衡价格。展览公司可以根据这一标准，结合企业预期盈利情况选择适当定价。盈亏平衡点的计算公式为：

$$盈亏平衡点 = \frac{固定成本}{售价 - 变动成本}$$

目标利润定价法简单易行，但这种方法以预期销量来计算价格，忽视了价格对销量的直接影响。

2）以产品价值为基础的定价法

目前，很多展览公司是根据顾客对产品价值的感知来定价的。他们根据顾客对产品价值的认知而不是产品成本来定价。这种定价方法认为，消费者在购买产品或服务之前，往往结合广告、宣传等各种外部信息和自身的理解，对产品或服务的价值产生个人感知。如果最终产品或服务的价格符合或低于消费者的感知价值，那么他们会接受这一价格，进而可能购买产品；反之，如果产品或服务的价格超过消费者的感知价值，则他们不会购买。因此，会展企业应利用产品设计、促销等方法建立起顾客心目中的感知价值，并确定一个恰当的价格来匹配这种价值。

3）以竞争为基础的定价

以竞争为基础的定价法是根据竞争对手的价格来定价的方法，对成本和顾客需求考虑很少。很多企业认为行业集体一致采用的价格体现了集体智慧，能够带来良好收益，同时他们认为这种方法可以尽量避免价格战。当然，如果某个企业的产品或服务与其他企业有显著区别，也可以不完全按照竞争者产品价格来定价，可高于或低于行业平均水平。

3. 常见的定价策略

1）新开发的展会定价策略

（1）声望定价法。高端展会可以采用高价策略进入市场，高价能够巩固展会的品牌形象。在这种情况下，低价反而会改变既定的市场定位，从而不能吸引目标市场的顾客。

（2）市场撇脂定价法。市场撇脂定价法就是在新的会展产品投入市场时，制定远远高于产品成本的价格。采用市场撇脂定价法的条件是：展会符合目标市场需求，参展商愿意购买；市场上同类展会较少，竞争压力比较小；最后，顾客对价格不敏感，愿意支付高价来购买。撇脂定价法可以使企业迅速收回投资并积累资金，同时由于最初价位较高，也为以后的降价留有余地。但是，如果市场进入限制较少，可能会出现竞争对手由于利润吸引而大量涌入的情况。最终本企业可能被迫大幅降价，从而引发品牌形象受损等不良后果。因此，会展企业应通过专利、商标等方法阻止竞争对手的加入，维持长期利润。

(3) 市场渗透定价法。市场渗透定价法和市场撇脂定价法相反，这种策略是采用低价的方法迅速而有效地渗透到市场中去，吸引消费者并赢得市场份额。采用市场渗透定价法时，在展会产品刚刚投入市场的初期，其价格甚至可能低于成本。但随着销量的提高，市场份额的增大，企业能够达到规模效益，从而获得长期利润。采用这种策略的条件是：消费者对价格高度敏感，存在规模经济性，并且低价策略有助于增强企业竞争力。

2) 价格调整策略

(1) 数量折扣。数量折扣是指办展机构为了鼓励参展商大面积购买展位而给予的折扣。

(2) 季节折扣。季节折扣是根据展会的季节性，对淡季参展的展商给予的折扣。

(3) 现金折扣。现金折扣是指会展企业为了鼓励参展商等客户在一定期限内早日还款而给予顾客的折扣优惠。现金折扣一般表示为"$2/10, 1/20, n/30$"。$2/10$ 表示如果客户在 10 天内偿付货款，给予 2% 的折扣；$1/20$ 表示如果客户在 20 天内偿付货款，给予 1% 的折扣；$n/30$ 表示若客户在 30 天内付款，则应付全价，无折扣。

(4) 歧视定价法。歧视定价法是指根据不同细分市场的价格弹性特点来区别定价。例如，对来自西部地区的展商实行价格优惠，鼓励他们参展。

3) 心理定价策略

心理定价策略要求企业在制定价格时不应只做经济上的分析，而更应注意消费者心理上对价格的反应。心理定价策略常见的有整数定价法、尾数定价法和习惯定价法。

(1) 整数定价法。整数定价法是指企业把商品的价格定为整数，没有尾数。这种舍零凑整的策略实质上是利用了消费者按质论价的心理、方便心理与自尊心理。一般来说，整数定价策略适用于那些名牌优质商品。因为消费者往往缺乏关于产品的专业知识，所以只能将价格作为判别产品质量、性能的依据。同时，在众多尾数定价的商品中，整数能给人一种方便、简洁的印象。

(2) 尾数定价法。尾数定价法是指企业在给商品定价时保留尾数而不取整数的方法。这种定价策略可以使消费者在心理上产生一种商品价格便宜的感觉。因为消费者常常会因为忽略了价格的尾数而简化价格信息。所以，如果价格为 1 990 元/平方米的展位价格上涨至 2 000 元/平方米，虽然价格只增加了 10 元钱，但是消费者却会感觉展位费从一千多元涨到了两千多元，需求的变化可能会很显著。反之，如果价格是 1 980 元/平方米的展位价格上涨至 1 990 元/平方米，对需求不会有太大影响，因为由于取整的作用，在消费者感觉中价格始终是一千多元。

(3) 习惯定价法。某些商品在消费者心目中已经形成了一个习惯价格，消费者认可并接受这一价格，而不愿意再发生价格变动的情况。价格上涨，消费者会产生抵触情绪；价格下降，消费者会认为服务的数量或质量发生了变化。因此，办展机构一旦确定了展会价格且得到参展商的广泛接受,那么就不要轻易改变;否则可能会引发参展商不满,影响展会的长远发展。

4)促销定价策略

促销定价策略是指企业在促销期间调整产品价格,使其低于平时的正常价格甚至是低于成本水平。在促销期结束之后,价格又恢复到正常水平。对办展机构而言,可以采用赠送优惠券或返还现金的形式对参展商进行优惠。促销定价策略可以刺激消费者更多地购买产品,但是也容易令消费者对产品或服务的质量、档次产生怀疑。因此这种促销方式不能经常使用,如果太过频繁,可能会使参展商产生侥幸心理,在降价前绝不购买。最终在损害办展机构经济利益的同时,也降低了展会的品牌形象,对其长远发展不利。

3.3.2 展览产品的分销

展览产品的分销渠道是指办展机构通过各种直接和间接的方式,将展览产品转移到最终消费者(参展商)手中的整个流通结构。展览分销渠道有直接渠道和间接渠道两种。目前,大多数办展机构选用的分销渠道都不止一种,特别是规模较大的办展机构一般都采用多渠道分销策略,即直接渠道和间接渠道同时使用。

1. 直接渠道

直接渠道是指办展机构通过销售人员与客户直接接触或通过邮件、电话等形式,与参展商进行沟通,从而达到销售目的。直接渠道由于是办展机构依靠自身的力量进行销售,省去了支付给代理商的佣金,因而具有成本低廉的优势。近年来由于互联网技术的发展,办展机构与企业可以在线进行沟通、协商、付款等工作,更是大大节约了成本。另外,直接渠道可以使得办展机构对价格、促销等所有营销因素进行强有力的控制,排除了代理商的某些不良行为的干扰,令价格和服务质量方面的控制更为可靠和有效。使用直接分销渠道意味着办展机构必须要建立一个完整而有效的数据库。数据库的完整性是指数据库中应该包含了大部分潜在目标顾客的资料;数据库的有效性是指数据库中的数据应该是真实可靠的。办展机构应注意对数据的维护与更新。

2. 间接渠道

间接渠道是指办展机构通过各地区的代理商来向企业销售展位,主办单位以佣金的方式向代理商支付报酬。由于代理商对各地参展商的偏好有较深的了解,因此间接渠道可以提高展位销售的效率和专业化水平。尤其是展会要进行海外招展时,一定要与海外代理机构合作宣传与销售。因为虽然使用互联网也可以进行海外招展,并且可能更加方便快捷、成本低廉,但是海外代理机构可以与参展商直接接触,将展会信息形象地告知他们,这样可以有效提高参展商购买的可能性。

3.3.3 展览产品的促销

展览产品的促销是展会营销工作的重要内容,是吸引目标客户的主要手段。促销贯穿了展会的始终,在展前、展中、展后都要做。展览促销的方法主要包括广告、人员推销、营业推广和公共关系等。

1. 广告

广告是一种宣传面很广但也较昂贵的促销手段。它的覆盖范围理论上可以达到所有顾客及潜在顾客，能够加强直接联络的效果。广告的类型根据所选媒体的不同可以分为电视、广播、杂志、报纸及户外广告等。在这几种广告中，电视广告成本较高，其他几种相对低廉。对会展企业而言，选择会展专业杂志刊登广告也是一个理想的选择。目前，随着会展业在我国的蓬勃发展，很多会展专业杂志也不断出现，如《中国会展》、《中外会展》、《会展财富》等。在这类杂志上做广告的好处是广告的针对性比较强，由于读者较为专业化，因此大大提高了广告的效用。

当然，选择何种广告取决于展会实际需要及预算。广告的效果与花费多少并非完全成正比，选择合适的媒体才是降低成本、提高广告效果的最佳选择。广告通常应该在展会开幕前半年左右开始播放，播放的时间间隔要事先安排好，以便吸引更多的参展商和参观者。在广告播出后，企业还应该进行广告效果的评价。广告效果主要包括两方面：一方面是销售效果，即广告播出前后销售额或销售量的变化；另一方面是沟通效果，它反映了消费者通过广告对产品或服务的知晓、了解和偏好的变化上。

阅读材料 3-2

CNN 播出上海世博会宣传片　　上海世博会推介广告亮相纽约[1]

上海世博会组织者在加大国内推介力度的同时，不断采用各种方式，提高上海世博会在国际社会的知晓度。从 2008 年 6 月 17 日起，上海世博局与美国有线电视新闻网（CNN）合作，在其欧洲频道播出上海世博会宣传片。短短一周内，上海世博会宣传片滚动播出共计 72 次，给欧洲各国观众留下深刻印象。上海浦东华丽的天际线、江南女子的甜美笑容，伴随着悠扬清美的音乐，和上海世博会的会徽、口号一起，让远在欧洲的人们感受到上海世博会的气息。下半年，上海世博局将继续与 CNN 等主要海外媒体开展合作，逐步加强上海世博会的海外推介工作。

6 月 18 日，上海世博会推介广告在美国纽约亮相。中国国家旅游局和上海市旅委共同策划组织了 170 辆双层旅游观光巴士和公交车，在纽约进行为期 2 个月的流动宣

---

[1] 资料来源：世博网，http://www.expo2010china.com，2008-07-28.

传。高5米、长11米的双层旅游观光车车体一边喷绘着外滩流光溢彩的繁荣夜景、陆家嘴阳光下大气磅礴的风姿、世博会会徽及"上海欢迎您——2010世博会"的英文字样等图案，另一边则是北京奥运会的宣传广告。这些旅游观光车穿梭于曼哈顿主要旅游景点：时代广场、帝国大厦、中央公园、第五大道、百老汇大街、华尔街等，每天早晨8点至晚上11点沿固定线路行驶，长达15小时，每天行程100多公里，平均每天每辆车有800~1 000人次乘坐。车体上的巨幅广告随着观光车穿梭行驶于拥挤、繁华的曼哈顿闹市，不仅成为夏季纽约街头的亮点，也吸引了数以百万计的行人的注目。

2. 人员推销

人员推销可能是一种最有效的促销方式，它具有针对性强、反馈及时、双向沟通等优点。在竞争激烈的市场上，广告可以引发顾客的注意、兴趣，了解关于产品或服务的信息，但不一定能使顾客真正发生购买行为。而人员推销能够有针对性地消除顾客疑虑，最终达成销售。广告是一种单向的交流，而人员推销是一种双向的、与目标顾客进行的个别交流。因此，人员推销比广告更为有效。办展机构的销售人员通过电话联系及登门拜访与主要的目标顾客接触，告之展出情况邀请其参展。另外，办展机构要在平时做好销售队伍的培训工作。这种方式虽然有效但也有缺陷。首先是成本高昂，培训一个优秀的推销员需要花费较高的成本；其次，可能有一些重要的潜在客户的名单是办展机构没有得到的。因此，企业应该把人员推销与其他促销方式相结合使用。

3. 公共关系

公共关系与广告不同，它一般并不直接介绍企业产品，而是以塑造企业形象为主，使公众形成对于企业及其品牌的良好印象，从而推动商品的销售。这种促销方式虽然见效较慢，但是与广告相比其效果更加稳固持久。办展机构可以利用与新闻界的关系、企业内外的各种沟通活动和特别事件（开幕式、慈善活动等）为展会宣传，同时也可以达到塑造办展机构形象的目的。公共关系这种促销方式成本比较低廉，不像广告一样，通常需要大笔的预算支持。但是，只要实施得当，与广告一样可以达到提高展会知名度、增加销售量等优点。

4. 营业推广

营业推广是一种以促进产品、服务的销售为目的的短期激励行为。办展机构可以利用折扣、赠品、费用补贴等营业推广的形式来达到短期促销的目的。办展机构利用营业推广可以得到迅速而强烈的反应，但这种效果是短期的，对于建立消费者长期的品牌偏好几乎没有任何效果。

3.4　会展营销新理念

3.4.1　绿色营销

目前，环境问题已经成为一个全球性的问题。资源短缺、环境污染、生态环境的恶化等问题使得人们越来越关注人与自然的和谐发展。在这一背景下，20世纪80年代市场营销学家提出了绿色营销的理念。绿色营销是指会展企业以环境保护为经营指导思想,以绿色文化为价值观念,以消费者的绿色消费为中心和出发点的营销观念、营销方式和营销策略。绿色营销要求会展企业在经营中贯彻自身利益、消费者利益和环境利益相结合的原则。

会展行业作为全球范围内的朝阳产业也应该顺应环境保护的趋势,以绿色营销理念指导企业的生产经营活动。在会展企业经营的各个环节都应贯彻绿色理念,为参展商和观众提供节能、环保的会展项目和服务。具体来讲,会展绿色营销可以从以下几个方面着手。

(1) 场馆的绿色设计。会展场馆的选址、建筑材料的选择及内部功能分区都应体现环保特色,并遵守有关管理部门对此制定的相应规范。

(2) 宣传绿色理念。会展城市在组织整体促销或展会主办机构对外宣传时,都应强调自身的生态特色和绿色理念,以迎合参展商和大众的环保需求心理。2007年2月3日联合国气候变化大会在印度尼西亚巴厘岛举行时,印度尼西亚政府就专门为大会配备了使用天然气的小型公共汽车和出租车,以减少二氧化碳的排放。

(3) 强化绿色意识。展会主办机构及参展商应更注重节能环保及废物处理。例如,可以号召参展商利用环保材料搭建展台,这样的材料虽然造价相对高些但可以重复利用,既节约了成本还净化了空气,也增强了企业的宣传效果。

阅读材料 3-3

瞄准节能减排商机 电梯展大打"绿色"牌

4月的廊坊,绿意盎然,世界规模最大的电梯专业展览会就在这里举行,此届展览的规模和参展商在数量上不但比上届增长23%,而且多数产品和厂商都大吹"绿色"风。各参展商高举"节能、环保"旗帜推出大批创新型产品,成为电梯展中一个最大的亮点。超高速大容量电梯、带有能源再生系统的乘客电梯、能够自动识别轿厢内异常行为的安全系统、天桥式自动扶梯等纷纷在展会上亮相,把世界电梯的产品技术提升到一个更高的境界。据了解,目前国内电梯保有量已经超过80多万台,但是节能电梯还占不到5%。因此,电梯企业推出更节能、更环保的产品非常迫切。

例如,三菱精心地把展台设计成绿叶的形状。在绿叶衬托下的三菱以"绿色的三菱、绿色的世界"的口号继续履行着行业先锋者的承诺,把更节能、更环保、更快速的电梯推向全球用户。技术创新一直是三菱电梯拓展市场的基石。据了解,三菱此次在电梯展推出的两项技术在节能方面成绩显著,一是可变速电梯技术,二是能量回馈技术。与以往电梯相比,采用可变速电梯技术,可以最大提速1.6倍,减少等待时间达12%,从而提高电梯的运行效率。而能量回馈技术可以节约电耗20%。这是一项充分利用电机在发电机状态所产生的电力技术。通常在电梯空载上行和满载下行时会产生许多能量。若不及时处理,会浪费许多电能。此外,三菱采用了基于矢量控制的双PWM变压变频调速技术,将势能转化为电能,并将所产生的直流电通过多重整流,转变为绿色环保与电网电压相吻合的电能,回馈给电网,提供给小区及楼宇的其他电器使用。根据一台1 350 kg,2.5 m/s,20层左右电梯实测数据,传统的电梯一周耗电826 kW·h,能量回馈型电梯一周耗电625 kW·h。除去两种类型电梯共同有的待机控制用功耗,能量回馈型电梯实际节能约30%。

此外，西子奥的斯一直坚持以"绿色引领未来"为企业理念，致力于向全社会提供"节能、环保、绿色、安全"的电扶梯产品和服务，并推进节能产品在社会的广泛应用，为各种用途的建筑物提供"全过程绿色化的垂直交通解决方案"。2006年底，西子奥的斯成功地将能源再生技术应用于中低速电梯。简单来说，能源再生技术使得电梯在轻载上行、重载下行的过程中将势能转换为清洁电能，返回电网，供同建筑中其他用电设备使用。

4月1日，修订后的《中华人民共和国节约能源法》已经正式施行，电梯节能将进入法制化时代。电梯企业将面临着新的机遇和挑战，电梯配件生产厂商也将承受不小的压力，他们必须以最快的速度跟上电梯设计师们的想像。耗铜的电缆和会产生污染的荧光灯在未来电梯中将有可能不复存在，未来的电梯还可以自己"发电"。

3.4.2 网络营销

网络营销是一种新型的营销方式，它是随着互联网技术的发展而产生的营销形式。网络营销是连接传统营销、引领和改造传统营销的一种可取形式和有效方法。它可以帮助会展企业开辟更为广阔的市场，获取效益的增长。因此，会展企业应充分利用网络营销提高效率、降低成本、实现资源的优化配置。

1. 网络营销的功能

1）建立和推广网站

会展企业建立自己的网站可以推广企业品牌及产品，增强客户信心，树立良好的企业形象。另外，目前通过网络搜集信息是很多顾客制定购买决策时一种非常重要的信息搜寻方式。会展企业可以通过自己的网站发布有价值的信息，吸引用户浏览；同时会展企业也可以利用网站做广告。网络广告是一种比较有效且成本低廉的促销方式。

2）销售促进

大部分网络营销方法都与直接或间接促进会展活动的销售有关。事实上，网络营销是会展企业开拓市场的重要手段。除了通过网络进行信息发布和广告宣传，网络特有的搜索和信息传播功能，有利于会展企业通过网络更好地与客户进行沟通。此外，网络营销还是会展企业销售渠道在网上的延伸，而网上销售渠道建设也不限于网站本身，还包括建立在综合电子商务平台上的网上展会。

3）网上调研

通过在线调查表或电子邮件等方式，会展企业可以完成网上市场调研。相对传统市场调研，网上调研具有高效率、低成本的特点。因此，网上调研成为会展网络营销的主要职能之一。通过网上调研，会展企业可以掌握市场态势和竞争对手的情况，增强自身的竞争力。

4）客户关系管理

良好的顾客关系是网络营销取得成效的必要条件，通过网站的交互性、顾客参与等方式，会展企业在开展为顾客服务的同时，也增进了与顾客之间的关系。此外，会展企业可以更好地利用网络为客户服务，并弥补传统营销方式的不足。例如，可以提供网上报名参展、付款、网上安排参展商住宿、旅行等服务。网络可以提高服务的效率,并且降低服务的成本。

2. 网络营销的常用方法

1) 搜索引擎注册与排名

搜索引擎仍然是人们发现新网站的基本方法。因此,在主要的搜索引擎上注册并获得最理想的排名,是会展企业网站设计过程中就要考虑的问题之一。网站正式发布后尽快提交到主要的搜索引擎,是网络营销的基本任务。现在的搜索引擎优化(SEOT-MTW)就是其最有效的方法之一。

2) 交换链接

交换链接或称互惠链接,是具有一定互补优势的网站之间的简单合作形式,即分别在自己的网站上放置对方网站的 Logo 或网站名称并设置对方网站的超级链接,使用户可以从合作网站中发现自己的网站,达到互相推广的目的。交换链接的作用主要表现在获得访问量、增加用户浏览时的印象、在搜索引擎排名中增加优势、通过合作网站的推荐增加访问者的可信度等。更重要的是,交换链接的意义已经超出了是否可以增加访问量,比直接效果更重要的在于会展企业获得的业内的认知和认可。

3) 信息发布

信息发布既是网络营销的基本职能,又是一种实用的操作手段。通过互联网,会展企业的工作人员不仅可以浏览到大量商业信息,同时还可以自己发布信息。最重要的是,将有价值的信息及时发布在自己的网站上,以充分发挥网站的功能。

4) 许可 E-mail 营销

基于用户许可的 E-mail 营销比传统的推广方式或未经许可的 E-mail 营销具有明显的优势,如可以减少广告对用户的滋扰、增加潜在客户定位的准确度、增强与客户的关系、提高品牌忠诚度等。开展 E-mail 营销的前提是拥有潜在用户的 E-mail 地址,这些地址可以是会展企业从用户、潜在用户资料中自行收集整理,也可以利用第三方的潜在用户资源。

5) 邮件列表

邮件列表实际上也是一种 E-mail 营销形式,邮件列表也是基于用户许可的原则,用户自愿加入、自由退出。稍微不同的是,E-mail 营销直接向用户发送促销信息,而邮件列表是通过为用户提供有价值的信息,在邮件内容中加入适量促销信息,从而实现营销的目的。邮件列表的主要价值表现在 4 个方面:作为会展企业的促销工具,方便和用户交流,获得赞助或者出售广告空间,收费信息服务。邮件列表的表现形式很多,常见的有新闻邮件、各种电子刊物及重要事件提醒服务等。

6) 个性化营销

个性化营销的主要内容包括:会展企业的客户定制自己感兴趣的信息内容,选择自己喜欢的网页设计形式,根据自己的需要设置信息的接收方式和接受时间等。个性化服务在改善顾客关系、培养顾客忠诚及增加网上销售方面具有明显的效果。据研究,为了获得某些个性化服务,在个人信息可以得到保护的情况下,用户才愿意提供有限的个人信息,这正是开展个性化营销的前提保证。

本章小结

随着市场竞争的日益激烈，会展营销的研究和实践对促进会展业的发展至关重要。会展营销的主体包括会展活动的举办方、参展商和观众三类。对于不同的营销对象，会展营销的作用有所差别。成功的会展营销活动不但可以有力地塑造会展品牌形象，提高品牌知名度和美誉度；而且可以为参展商提供关于展会的有用信息，使参展商了解展会的概念及目的。此外，会展营销活动也是观众了解并选择参加展会的一个最重要的窗口。

价格关系到会议的收益，因此是会议营销的要点。会议产品定价的影响因素包括成本、市场需求和市场环境。会议产品定价策略包括数量折扣、季节折扣、捆绑定价和歧视定价。而会议产品的分销渠道包括直销渠道、行业协会、当地旅游行政管理部门及中介机构。影响展览产品定价的因素包括营销目标、竞争情况和产品生命周期。常见的定价方法包括以成本为基础的定价法、以产品价值为基础的定价法及以竞争为基础的定价；而常见的定价策略包括新开发的展会定价策略、价格调整策略、心理定价策略及促销定价策略。展览产品的分销大都采用多渠道分销策略，即直接渠道和间接渠道同时使用，而会展产品的促销方式有广告、公共关系、人员推销和会议宣传资料的制作。

会展营销新理念包括绿色营销和网络营销。绿色营销是指会展企业以环境保护为经营指导思想，以绿色文化为价值观念，以消费者的绿色消费为中心和出发点的营销观念、营销方式和营销策略。在进行绿色营销时需要注重场馆的绿色设计、宣传绿色理念及强化绿色意识。而作为一种新型的营销方式，网络营销的功能是建立和推广网站、销售促进、网上调研和客户关系管理。网络营销的常用方法有搜索引擎注册与排名、交换链接、信息发布、许可 E-mail 营销、邮件列表及个性化营销。

1. **名词解释**

   会展营销　会展绿色营销　会展网络营销　个性化营销　捆绑定价　歧视定价

2. **思考题**

   (1) 简述会展营销的主体。
   (2) 简述会展营销的作用。
   (3) 简述会议产品的定价策略。
   (4) 简述会议产品的促销策略。
   (5) 论述展览产品的设计流程。
   (6) 论述影响展览产品定价的因素。

(7) 论述会展营销发展过程中出现的新理念。

参考文献

[1] 龚维刚. 会展实务. 上海：华东师范大学出版社，2007.

[2] 胡平. 会展营销. 上海：复旦大学出版社，2007.

[3] 毛金凤，韩福文. 会展营销. 北京：机械工业出版社，2007.

[4] 刘松萍. 会展营销与策划. 北京：首都经济贸易大学出版社，2006.

[5] 聂德虎，朱佳林. 会议组织艺术. 武汉：华中理工大学出版社，1998.

[6] 科特勒. 旅游市场营销. 谢彦君，译. 大连：东北财经大学出版社，2006.

[7] 林南枝. 旅游市场学. 天津：南开大学出版社，2005.

第 4 章 会展物流管理

本章导读

会展物流管理对整个会展活动的成功组织和举办至关重要。作为现代物流行业的一个重要分支,会展物流管理是指相关物品从参展商处到会展场馆,然后再返回到参展商或直接流向展品购买者处的整个物理运动过程。通过本章的学习,可以掌握会展物流及物流管理的概念、特征和模式,以及会展物流活动的功能要素。此外,本章讲述了会展物流的信息管理系统及其技术,并且简单介绍了会展的国际物流业务和进出口管理。

4.1 会展物流管理概述

4.1.1 会展物流管理的概念和含义

1. 物流管理的概念

广义的物流泛指物体的流通。这里的"物体",不仅包括实物商品,也包括资金、信息、文化观念等。狭义的流通(Logistics)仅指商品流通,即商品从供给方向需求方的转移,这种转移既要通过运输或搬运来解决空间位置的变化,又要通过储存保管来调节双方在时间、节奏方面的差别。通常物流管理中讨论的主要是狭义的流通,包括商品的运输、保管、搬运、包装、流通加工及信息活动等。

物流在不同地区其定义有一定的区别。1981 年,日本综合研究所编著的《物流手册》对"物流"的表述是:"物质资料从供给者向需要者的物理性移动,是创造时间性、场所性价值的经济活动。从物流的范畴来看,物流包括包装、装卸、保管、库存管理、流通加工、运输、配送等诸种活动。"1986 年,美国物流协会对物流的定义是:"以适合于顾客的要求为目的,对原材料、在制品、制成品及其关联的信息,从生产地点到消费地点之间的流通与保管,达到成本-效率的最佳效果而进行计划、执行、控制。"而我国《物流术语》中物流的定义是:"以最小的总费用,按用户要求,将物质资料从供给地向需要地转移的过程。其中物质资料包括原材料、半成品、产成品、商品等,而其主要过程包括运输、储存、包装、装卸、流通加工、信息处理等活动。而物流管理是指以最低的物流成本达到用户所满意的服务水平,对物流活动进行的计划、组织、协调与控制。"

2. 会展物流管理的含义

目前，国内对于会展物流的定义主要有两种观点。一种观点认为，会展物流"是为满足参展商展品展览的特殊需要，将展品等特殊商品及时准确地从参展商所在国（地）转移到参展目的地，展览结束后再将展品从展览地运回的过程，以及在此过程中所需要的信息流动"。而另一种观点认为会展物流"是指展销产品从参展商经由会展中转流向购买者的物理运动过程，它是展销活动供、需双方以外的第三方组织者所提供的一种具有后勤保障功能的服务，由会展组织者在综合会展现场多个供需对应体的信息要求后，统一指挥、统一安排、统一协调的会展物资流通体系"。

尽管对会展物流的诠释不同，会展物流的本质是指与会展相关的物品在空间和时间上的移动。而这种移动通常是参展物品与其他辅助用品从参展商处至会展场馆，然后再返回至参展商或直接流向展品购买者处的物理运动过程。区别于其他物流，会展的物流不涉及原料采购与产品的生产，而主要是指与会展相关物品的运输。通常这种运输是需要通过物流服务商来完成的。虽然会展的物流体系的供应链较短，但是其线路较复杂，因此对物流服务的专业性、服务性和管理水平的要求较高。此外，会展物流的供应链模式相对于其他物流供应链具有一定的创新性。所谓供应链模式的创新性，体现在会展仓储配送中心与不同参展商及会展场馆之间的信息是多向流通的，在会展活动开始后，它与会展现场之间信息共享，便于快速反应和精确地提货配送。换言之，会展仓储配送中心具有一定的区域公共性特质。

而会展的物流管理泛指对会展相关物品的时间与空间流动的管理。具体地说，会展的物流管理是参展商所在地与会展活动所在地之间，对会展材料设备与会展物品的高效率、低成本流动和储存而进行的一整套规划、实施和控制的管理过程。会展物流管理的目标是以最少的成本和最便捷的方式解决展品在仓储、包装、装卸、搬运、国内运输，以及国际运输和进出口报关等从参展商到会展场所的各项问题，从而为会展活动的举办者和参与者提供更好的服务和效益。

4.1.2 会展物流管理的内容和特征

1. 会展物流管理的内容

从管理层次上讲，会展物流管理的内容主要包括三方面，即会展物流的战略管理、会展物流的系统设计与运营管理和会展物流的作业管理。会展物流的战略管理是就会展企业物流的发展目标、战略定位、服务水平和内容等问题作出整体规划。会展物流的系统设计与运营管理是在确定相应战略后，对物流系统、物流网络和物流设施加以设计和规划，确定物流运作方式和程序，并且对整个会展物流系统的运营进行实时监控和调整。而会展物流的作业管理的主要内容是在物流系统框架内，根据业务需求，制订物流作业计划，并且按照计划要求对物流作业活动进行现场监督和指导，并对物流作业的质量进行监控。

从具体业务上讲，会展物流管理的内容包括对会展物流活动诸功能要素的管理、对会展物流系统诸要素的管理以及对会展物流活动中具体职能的管理。会展物流活动的功能要素主要包括运输、仓储保管、配送、包装、装卸搬运、流通加工和信息处理等7个方面。会展物流系统诸要素主要包括人、财、物、设备设施、规章制度等内容。而会展物流活动中具体职能主要包括计划、质量、技术、服务、客户、营销等。

2. 会展物流管理的特征

区别于其他行业的物流的"单一输出模式"，会展物流的特点是"多元化输出模式"，即发生在短期内、同时与多个参展企业发生关联的物资流通活动。会展物流的特征可以概括如下。

1) 物流过程复杂

由于参展商数量众多，展品种类不一，各参展商的展品物流不统一，因此会展期间的物流组织与管理的复杂性高。在明确了会展主题、功能与层次等方面的定位以及确定了参展商名单后，会展主办方就要尽快与参展企业取得联系，核定其参展产品的申报单，协助其进行相应的物流管理。因为会展物流过程的复杂性，所以在会展物流体系的规划与运行过程中必须注意科学决策，根据需要对其进行优化调整。

2) 对专业化水平要求高

对专业化水平要求高，是指会展的物流服务必须保证将与参展活动相关的物品以安全、快捷、准确的方式运送到会展举办场所。安全是指物品不能丢失，而且在运输过程中其外观与内在品质不能受到损坏。除了安全以外，物品必须在确保运送质量并且满足经济原则的前提下，被适时地送到准确的地点，以便在展会正式开始之前有足够的时间完成展位的设计与布置。因为通常参展时间具有严格的限制，运输迟滞、供货不及时，会给会展活动造成重大的损失。此外，在发货、运货、提货等各项业务中，必须保证货单相符，在运送过程中不得发生错乱、丢失等事故。

3) 信息化管理要求高

会展物流的信息化包括对展品代码和数据库的建立、运输网络合理化、销售网络合理化、物流中心管理电子化、电子商务和物品条形码技术的应用等。因为，会展的物流过程复杂而且对安全、迅速和准确性的要求高，所以对信息化管理水平要求较高。为了加强物流的信息化管理，会展主办方同各参展企业的有关人员必须不断对各种物流信息进行实时监控，并根据反馈信息及时调整物流过程中的具体行动措施。在构建会展物流体系中，还应注意借助先进的信息技术手段，形成完备的信息网络，从而提高效率。

4) 特殊的逆向物流特征

通常的物流一般都是单向的，即物体从供给方向需求方的转移。一般的逆向物流更多的是针对"返回"供应链渠道中的产品或者材料而定义的，所以逆向物流主要是指处理损坏、不符合顾客要求的退回商品、季节性库存、残值处理、产品召回等，同时还包括废物回收、危险材料的处理、过期设备的处理和资产的回收。区别于一般的逆向物流，会展的逆向物流是指参展物品在会展活动结束后重新由会展举办方返回参展商的流动。可见，会展的物流既包括参展物品由参展商向会展举办场所的流动，也包括在展会结束后再由会展举办场所返回参展商处的流动。因为有别于一般的逆向物流，所以会展的物流具有特殊的逆向物流特征。需要注意的是，参展物品返回参展商的物流过程和参展品流向会展活动举办场所的过程基本相同，其程序一样复杂。

4.1.3 会展物流管理的过程和模式

1. 会展物流管理的过程

按照会展物流管理进行的顺序可以将会展物流的过程分为三个阶段,即展前规划阶段、物流管理具体实施阶段和展后评价阶段。

1) 展前规划阶段

展前物流规划阶段的管理对实现会展物流的具体目标、保证物流管理的具体实施至关重要。展前的物流规划可以分为三个步骤。首先,要确定所要达到的目标,以及为实现这个目标所进行的各项工作的先后次序。其次,要分析研究在会展物流目标实现的过程中,可能发生的各种影响,尤其是不利因素,并确定对这些不利因素的对策。最后,要提出贯彻和指导实现物流目标的人力、物力、财力的具体措施。

2) 具体实施阶段

会展物流计划确定以后,要把物流计划付诸实施。因此,这个阶段在会展物流各阶段的管理中有突出地位。会展物流的实施管理就是对正在进行的各项物流活动进行管理,包括对会展物流活动的组织和指挥,对会展物流活动的监督和检查,以及对会展物流活动的调节等活动。

3) 展后评价阶段

展后物流的评价是对会展物流实施后的结果与原计划的物流目标进行对照、分析过程,可分为专门性评价和综合性评价。专门性评价是对会展物流活动中某一方面或具体活动作出的分析,如仓储中的货物吞吐数量完成情况、运输中的吨公里完成情况等。而综合性评价是对某一管理部门或机构物流管理水平的全面分析,如仓库的全员劳动生产率、运输部门的运输成本等。

2. 会展物流管理的模式

我国的会展物流管理发展时间不长,管理水平较低。鉴于会展组织者的理念与水平或者会展的规模与性质等因素的限制,传统的会展物流管理模式依然在国内被广泛使用。传统的会展物流管理模式具有两个主要的弱点:成本较高,服务水平较低;信息不畅,反应滞后。成本较高,服务水平较低表现在各参展商的展品物流需要自己寻找其物流服务商以完成展品从参展商处至展览场馆的运输、储存、保管、装卸等作业,以及展览结束后的回运等工作。因为单一的参展商展品物流量较少,难以争取到较好的价格,单位物流成本较高,参展商也难以获得全面有效的服务。而信息不畅,反应滞后主要表现在缺乏有效的物流信息管理系统,无法实现会展主办方、参展商、展馆方、物流服务商及时的信息共享,因此整个物流系统反应滞后。此外,鉴于各参展商都有自己的物流供应商,整个会展活动信息的流动发生在众多的物流供应商、展览主办方、场馆方之间,线路繁杂,沟通过程中经常会出现信息流通受阻现象,从而导致展品在场馆外滞留,并影响搭建、布置展台的时间。

针对传统会展物流管理模式的问题,现代会展物流管理模式可以通过指定会展唯一的高水平物流供应商,来降低服务成本、保证服务质量。此外,现代物流管理模式还强调加强会展举办方、参展商和物流服务商之间的信息沟通和合作。这就要求参展商需要将展品的种类、数量、起运时间、需要办理的手续、展位布置时间等信息及时与物流服务商进行沟通。而物流服务商收集到所有参展商的物流信息后，需要根据各参展商的不同要求，兼顾安全、快捷、经济等原则，与各参展商共同制订最佳的物流方案。

与传统的会展物流管理模式相比，现代会展物流管理模式具有物流供应链成本较低、服务水平高及信息交流通畅等特点。因为会展举办方指定唯一的物流服务商，完成整个会展的物流活动，所以可以通过规模效应，大大降低会展的物流成本。而所指定的物流服务商一般规模较大、网络分布广、具有丰富的经验和很高的服务水平，能够高效、顺利地完成所有会展的物流活动。此外，由于指定了唯一的物流服务商，物流信息交流主要在参展商与物流商之间直接进行，缩短了信息渠道的长度。专业性的物流服务商熟悉物流各环节，在收集到所有参展商的展品物流信息后，可以统筹安排，协调一致，使各参展商的展品进场、布置等按顺序交错进行，从而避免展品滞留、等待、拥挤等现象的发生，提高工作效率。

尽管随着物流理念的发展和物流信息技术的进步，越来越多的会展企业开始沿用现代会展物流管理模式；但是我国的会展物流管理现在还处在初级阶段，其特征是传统的会展物流管理模式和现代物流管理模式并存，且在一定时期内仍将以传统的会展物流管理模式为主导。

4.2 会展物流的管理

会展的成功举办有赖于各个会展物流活动参与者的密切合作。参与者包括会展举办方、参展商、物流服务商、展馆方、展位设计服务商等。本节所谈论的是对会展物流活动的功能要素主要包括运输、仓储保管、包装和装卸搬运的管理。

4.2.1 运输

1. 会展运输的功能

作为会展物流的关键功能之一，运输是解决参展物品空间移动的主要手段。同其他物流的运输一样，会展的运输具有两项主要功能，即运送功能和储存功能。运送功能说明，会展运输的主要目的就是要以最低的时间、财务和环境资源成本，将参展物品从参展商处转移到会展活动地点，然后再运回参展商处，并且要在运送的过程中保证参展物品的安全。而储存功能是指在仓库有限的情况下，暂时将运输工具作为对参展物品临时储存的场所。需要注意的是，运用会展运输的储存功能的成本相当高。因此，只有在综合考虑装卸成本、固定设施的有限的储存能力以及营销机会、交付时间的约束等条件的基础上，从总成本的角度来看将运输工具用于存储才可能是正确的。可见，在进行运输决策时，会展物流服务商必须同时满足会展举办方和参展商的相关要求，从而更好地保证会展物流的服务质量。

2. 会展运输的组织模式和指导原理

1) 会展运输的组织模式

会展运输的组织模式主要有 4 种：参展商自行负责展品运输、参展商自选物流服务商进行展品运输、展览主办方指定会展物流服务商、参展商通过邮寄或快递的方式运输。如前所述，现代会展的物流管理模式通常是参展商使用会展主办方指定的物流服务商。因为在通常情况下，由会展主办方指定的物流服务商大多是具有会展物流经验、综合实力较强、知名度较高、能够全权代理展会的国内、国际展品物流服务的大型物流企业。与这样的物流供应商合作，会展物流的服务质量、安全性有一定保障。如果企业自己联系物流服务商，最好找正规企业；否则，若将会展物流业务交予缺少经验的物流公司难免会有一些意外状况发生，并造成不必要的损失。

2）会展运输的基本原理

规模经济和距离经济是指导会展运输的两项基本原理。规模经济的原理是指随着运输规模的扩大，运输的成本会逐步下降。因为，运输规模越大，单位重量的固定成本就越低。规模经济也是现代会展物流管理模式中会展举办方选定单一物流服务商的一个主要原因。距离经济是指每单位距离的运输成本随距离的增加而减少。换言之，运输距离越长，运费率越低。可见，距离经济的合理性类似于规模经济。尤其是，运输工具装卸所发生的相对固定的费用必须分摊到每单位距离的变动费用。距离越长，单位距离固定费用分摊得越少，每公里支付的总费用也相应降低。这两个原理是评估各种运输战略方案或营运业务时的重点考虑因素。由规模经济和距离经济原理可见会展的运输的规模越大和距离越长，越有利于降低运输成本。

3. 运输方式

在选择会展运输方式时，必须综合考虑客户所需求的运输服务和运输成本。根据所使用的交通工具，会展的运输主要包括铁路运输、公路运输、水路运输和航空运输。会展企业既可使用单一的运输方式，也可使用由几种不同运输方式组合而成的联合运输方式。

1）铁路运输

铁路运输是陆地长距离运输的主要方式。铁路运输的优点包括不受天气的影响；稳定安全；由于受时刻表的约束，定时性好；由于运输距离经济的作用，中长距离的运费低廉；多节车厢可以进行大批量运输。此外，铁路网络分布广泛，方便会展物品以相对较低的费用运输到世界各地。铁路运输在会展运输中起到非常重要的作用，然而这种运输方式也存在着一定的不足之处，其中包括利用铁路进行短距离货运，运费昂贵；而且货车编组、转轨需要时间长。此外，铁路运输只限于固定的线路，并在固定的车站停留。与公路运输相比，铁路运输不能采取门对门的服务，不能随处停车，货物滞留时间过长，所以铁路不适宜紧急运输。

2）公路运输

公路运输不仅可以直接运入或运出参展物品，而且也是车站、港口和机场集散的重要手段，因此在会展物流作业中起着骨干作用。与其他运输方式相比，公路运输可以提供门对门服务和快捷的运送，并且具有速度较快、可靠性高和对参展品损伤较小的优点。此外，公路运输具有很大的灵活性，可以在各种类型的公路上进行运输，不像铁路那样要受到铁轨和站点的限制，所以公路比其他运输方式的市场覆盖面都要高。而在各种运输方式中，公路运输的固定成本很低。这是因为，运输企业并不需要拥有公路。然而其变动成本相对较高，因为公路的建设和维修费用经常是以税和收费站的形式向承运人征收的。公路运输的特点使得其特别适合于短距离高价值的参展品的运输。另外，由于递送的灵活性，公路运输在中间产品和轻工产品的运输方面也有较大的竞争优势。

3）水路运输

水路运输是最古老的运输方式。水路运输通常又分为海洋运输和内河运输。水路运输具有运费低、节能、能够运输数量巨大的货物等优点，因此适用于运输低价值的参展物品。除了利用水路运输本身所具有的优点，物流服务商还可以利用其中转储存的功能。但是水路运输的港口设施费用高、运输速度慢、易受天气的影响，所以难以保证运输时间。近年来，随着铁路和公路运输成本的增加，水路运输的市场份额有所增长，大批的产品运输逐渐从铁路和公路转移到成本更低的水路运输上了。水路运输更是国际货物运输的主要方式。今后，水路运输仍将继续成为会展物流可利用的方式，但要注意将其整合进整个会展的物流系统中，与其他运输方式相结合使用。

4）航空运输

航空运输既是最新的也是利用程度最低的运输方式，其主要的特点是运输速度快、成本高。因为空运的成本高，所以通常用来运输高价值参展物品或时间要求比成本更为重要的展品。此外，如果综合权衡高成本和高速度，可以考虑通过提高运输速度而减少或排除物流设计中的其他要素，如库存。传统上，大多数城市间的航空货运都是利用定期的客运航班，这种做法虽然是经济的，但它降低了航空货运能力和灵活性。此外，航空运输能力受到飞机仓容的限制。因此，航空运输只适宜远距离、体积小的参展物品的运输。

5）联合运输

联合运输是指根据某个提单的要求采用两种或两种以上的运输方式实现参展物品在参展商和会展活动举办场所之间的运输。其中常用的有：陆空（Train - Air，T.A.）或者陆空陆（Train - Air - Truck，T.A.T.）、海空联运方式；陆海联运；集装箱运输；陆桥运输及国际多式联运。集装箱运输，是指将一定数量的单件货物装入集装箱内，以集装箱作为一个运送单位所进行的运输。陆桥运输，是指以大陆上铁路或公路运输系统为中间桥梁，把大陆两端的海洋连接起来的运输方式，从形式上看，是海—陆—海的连贯运输，一般以集装箱为媒介。而国际多式联运，是指按照多式联运合同，以至少两种不同的运输方式，由多式联运经营人将货物从一境内接管货物的地点运至另一境内指定交付货物的地点的一种运输方式。

国际性会展通常采用国际多式联运的方式，以集装箱为运输单元，将不同的运输方式有机地组合在一起，构成连续的、综合性的一体化货物运输。这种运输方式不但有利于简化托运、结算及理赔手续，节省人力、物力和有关费用，而且可以缩短货物运输时间，减少库存，降低货损货差事故，提高货运质量。此外，国际多式联运的方式还可以降低运输成本，节省各种支出，并且提高运输管理水平，实现运输合理化。

4. 各种运输方式的评估

会展运输方式的选择，要综合考虑参展商和会展举办方需要，以及会展运输企业的实际情况。一般认为运输费和运输时间是最为重要的因素。此外，还需要注意的是运输服务与运输成本之间，运输成本与其他物流成本之间的"背反效益"。例如，若要降低仓储费用而频繁地使用飞机，运输成本就会增加。所以在选择运输方式时，应当以总成本作为依据,而不仅仅考虑运输成本。

在考察会展运输方式时,通常从10个方面着手,即运费的高低、运输时间的长短、可以运输的次数(频率)、运能的大小、运输货物的安全性、运输参展物品时间的准确性、运输参展物品的适用性、能适合多种运输需要的伸缩性、与其他运输方式衔接的灵活性、提供运送参展物品所在位置信息的可能性。

5. 运输管理

运输对会展物流成本产生重大影响,因此运输管理对提高会展的物流效率至关重要。会展运输的管理包括选择合适的运输公司、与运输公司就运输费率进行谈判、运出货物后对货物进行跟踪、当发生问题时向运输服务商进行索赔等。

1) 评估运输商

收集有关运输商的信息,并以此为基础选择合适的运输商,有助于改善运输服务或获得更低的运输费,是会展物流管理的一项重要任务。所收集的信息中不仅包括对目前的运输商的绩效评估,也包括对运输供需发展趋势的判断。例如,在一定时间内对某运输公司运输所需的汽车、铁路车皮的数目进行跟踪,对在未来的一两年内这些运输设备的需求情况进行预测,然后了解整个运输市场的供需情况及发展趋势。收集相关信息可加强供需了解,使会展组织者在谈判中掌握主动权。

2) 费率谈判

运输洽谈往往都以流行的费率为基本起点。对于任何既定的参展物品来说,会展举办方和参展商可以在符合服务要求的前提下,通过费率谈判获得尽可能低的费率。费率谈判是建立在对足够的信息进行了解的基础上的,因此会展运输管理的另一项重要任务就是设法收集铁路、航空、汽车等各种运输方式所流行的运输价格,以供谈判时参考。而有效谈判的关键,是双方寻求达成"双赢"的协议,即达成运输商与参展公司的双赢。然而,需要注意的是,对运输作业来说有可能是最低的成本,并不一定是会展物流作业的最低成本。因此,会展的运输费率谈判必须综合考虑整体物流费用。

3) 跟踪和处理

跟踪和处理是会展运输管理的两个主要任务。跟踪是对会展物品损失或延迟递送进行检查的程序。对于分布广阔的运输网络来说,在装运合同的履行过程中发生延误或递送错误是经常发生的事。为了避免这种问题,运输管理时需要借助计算机来协助处理运输过程中的装运作业。现在,通过使用条形码、在线货运信息系统和卫星通信等信息技术可以大大方便运输的跟踪和处理活动。条形码可提供快速和无差错的信息传输,有助于在中途站点用卡车进行装运。在线货运信息系统可以使参展商或会展举办方直接登录运输商的计算机,以确定货物运输的情况。此外,卫星跟踪系统使运输商有能力监督车辆运输,识别潜在问题,与顾客共同决定可接受的解决方案。

4) 索赔管理

当运输服务没有满足会展运输事先所确定的标准时,参展公司可以提出索赔的要求。为了成功地进行索赔,必须对运费清单进行审核。这是因为运输费率很复杂,容易发生误差。根据运费清单审核有两种类型:一种是在支付运费清单之前,用于确定收费是否恰当的事前审核;另一种是在支付运费清单之后,用于确定收费是否恰当的事后审核。审核工作既可以利用外部的专业化的审计公司来进行,也可以由本公司内部人员来进行。由于雇用专家来担任审计工作，外部审计一般要比使用内部人员进行审计更有效。而外部审计的费用通常是按照多收运费而得到抵偿的收入百分比来计付的。但这种方法有可能会造成泄秘现象，因为在运费清单上记载着有价值的营销和顾客方面的信息。在现实中，通常需要根据运费清单的价值，同时使用内部审计和外部审计。而对于可能具有较大补偿额的运费清单，通常采取的是内部审计。

运输管理还包括负责制订设备计划。因为，运输作业上所出现的严重瓶颈状况，有可能是起因于没有注意到运输商的设备使用状况而引起的。例如，在需要时设备可能正在服务或闲置。为此，编制适当的时间表需要仔细地制订装载计划、设备使用计划及驾驶员工作时间表等。此外，运输管理还必须计划、协调和监督设备的维修和保养。此外，运输管理人员还应该寻找可供选择的方法，以便充分利用运输服务来降低整个会展物流的总成本。

阅读材料 4-1

专业运输让会展走得更快[1]

在中国，展览是一个公认的朝阳产业。既然是朝阳，就不会像如日中天那样左右逢源，游刃有余，总有一些不尽如人意的地方，展览运输就是这样。运输之于展览就如粮草之于军队。俗话说："兵马未动，粮草先行。"后勤保障对于任何行业都是至关重要的。在展览运输中，根据形式的不同分为国内展品运输和国外展品运输，本地参展运输和异地运输。一般来说，本地参展的运输环节较少，比较好解决，但异地参展中的运输问题则往往是最让组织者头疼的问题。

在异地参展这一大的概念下，还可分为三大类：异地参加一次性展览、巡回展和出国展。

异地参加一次性展览运输中，国内不同城市涉及长途运输可分为铁路货运和公路货运，它们各有优势和缺陷。铁路货运一般采用集装箱运输，根据展品不同，一般采用 1 吨、6 吨、10 吨、20 吨箱。铁路运输的好处在于展馆一般都可以接收集装箱，运到指定的存放地，可以省却很多转运的麻烦。缺点在于费用比较高昂，周期比较长，对前期工作的准备造成了很大的压力。一般参展商由于参展次数有限，对整体流程的把握不是很到位，所以容易造成运输不能按时到达的现象。由于高速公路的日益发达，公路运输开始显示出越来越强劲的趋势，运输时间逐渐缩短，灵活性大大强于铁路货运，价格也较低，但公路货运有很难克服的致命伤：一是道路情况的好坏与展品的损坏费有直接关系；二是中途转车无法监控，丢失东西时有发生；三是意外情况发生的概率大大高于铁路运输，所以公路货运对包装的要求要大大高于铁路。

巡回展是一类特殊的展览，由于要转战各地，能否按时保质地运到是最关键的问题，至于运费倒成为其次的问题。一般为了保险，都要通过不同的途径向同一地点发送两套。出国展运输是手续最为繁多的一类，涉及很多部门，而且情况各不相同。出国展首先是要通过海关，相应地要准备报关手续。如果包装材料属于动植物检疫范围内的，还要按相关的动植物检疫规定进行消毒防腐处理。由于环节多，周期长，在时间的把握

---

[1] 资料来源：金羊网，2004-06-10.

上更为困难，可考虑找境外专业展览运输商来承运，他们有丰富的经验和多种运输方式，一般都可以按时运到。

这三类运输在国内都还没有真正形成一个行业，操作极为不规范，信誉也没有建立起来。这里面有大量的商业机会，如果能制定一些法规来规范这个行业，有效地管理起来，无论从经济效益、社会效益来讲都是非常可观的。"兵贵神速"，展览也是一个时间概念很强的行业，如何快速地反应，跟上展览的节奏是交通运输部门应该研究的问题。最好有展览运输这样一个专门的协会，组合资源，专门为展览服务，或许可以令展览这个行业走得更快一些。

4.2.2 仓储

仓储和运输是会展物流系统的两大主要功能要素。会展的仓储可以定义为利用仓库存放、储存参展物品的行为。简而言之，会展的仓储就是在特定的场所储存参展物品的行为。会展的仓储管理就是对仓库及仓库内的参展物品所进行的管理，是仓储机构为了充分利用所具有的仓储资源提供高效的仓储服务所进行的计划、组织、控制和协调过程。

仓库是参展物品从参展商到会展活动举办场所并回到参展商的整个物流活动的中转站。特别是对国际会展活动而言，仓储的作用更为明显。因为参展物品在进入和离开会展活动举办国之前，必须办理相关的进出口手续，而手续办理过程中参展物品需要在货运代理人的仓库由海关监管或直接储存在海关的免税仓库中。参展物品储存的时间可能会随不同的运输方式而不同，因为海关对使用不同运输方式的物品的处理能力有一定的区别。

1. 仓储管理的原则

1) 高效率的原则

提高会展仓储的效率是仓储管理的首要原则。会展仓储的效率可以通过仓容利用率、货物周转率、进出库时间、装卸车时间等指标加以衡量。高效率的会展仓储表现为参展物品的快进、快出、多储存、保管好。高效率的实现有赖于准确的核算、科学的组织及妥善地安排场所和空间、机械设备与人员合理配合，还有部门与部门、人员与人员、设备与设备、人员与设备之间的默契配合。此外，高效率还需要有效管理过程的保证，其中包括现场的组织、督促、标准化、制度化的操作管理，严格的质量责任制的约束。现场作业混乱、操作随意、作业质量差甚至出现作业事故显然违背高效率的原则。

2) 高效益的原则

通过经营收入最大化和经营成本最小化实现经济效益最大化是会展仓储的一项基本原则。因为只有经济效益的最大化才能够保证仓储企业的生存和发展。然而随着人们环保意识的增加和对企业社会责任感要求的提高，仓储企业在追求经济效益的同时还应该注重履行环境和社会义务，以便实现可持续性发展。

3) 高水平服务的原则

会展仓储管理的基本目标是提高仓储的服务水平。高水平的服务首先需要准确地定位，即如何提供服务、改善服务，以及提高服务质量。然而仓储的服务水平通常与仓储经营成本有着密切的相关性,且互相对立。换言之,会展仓储服务好,成本就高,收费也高。因此,会展仓储服务管理就是在降低成本以及保持和提高服务水平之间寻求平衡。

2. 仓储管理的主要内容

现代会展仓储管理的内容包括会展仓储系统的布局设计和会展仓储作业的操作管理两个部分。

1) 会展仓储系统的布局设计

会展仓储系统的布局是会展仓储管理的核心。布局设计所解决的问题是要把一个复杂纷乱的物流系统通过枢纽的布局设计改造成为干线运输和区域配送相结合的模式。而整个仓储系统的枢纽是以仓库为基地的配送中心。因此,系统布局的关键在于配送中心的选择和设计。

2) 会展仓储作业的操作管理

仓储作业的操作是会展仓储最基础的部分。仓储作业过程可以分为物品的流动过程和信息的流动过程。物品的流动过程是指参展物品从库外流向库内,在库内作合理停留后再流向库外的过程,其内容包括货物入库、保管、出库等三个阶段。信息的流动过程则是指所保管的参展物品的信息流动,它是借助于一系列的信息文件来实现的。这些文件包括各种货物单据、凭证、台账、报表、资料等。它们在仓库作业各阶段的传递过程中逐渐形成了信息流。信息流一方面伴随着物流而产生,另一方面又保证和调节着物流的数量、方向、速度和目标,使之按一定的目标和规则运动。

会展仓储的基本作业过程可分为三个阶段,即参展物品入库阶段、参展物品保管阶段和参展物品出库阶段。参展物品入库只是物品在整个物流供应链上的短暂停留,而准确的验货和及时的收货能够加强此环节的效率。仓库入库的具体作业包括核对入库凭证、参展物品的入库验收及记账登记等三个步骤。参展物品保管阶段的管理目标是安全地、经济地保持好参展物品原有的质量水平和使用价值,防止由于不合理的保管措施所引起的磨损和变质或者流失等现象,其主要步骤包括参展品的堆码、养护和盘点。而在出库阶段,仓库管理员需要根据提货清单,在保证货物原先的质量和价值的情况下,对参展物品进行搬运和简易包装,然后发货,其步骤包括核对出库凭证、配货出库和记账清点。

4.2.3 包装

参展物品包装是指在会展物流过程中按一定技术方法并采用一定的容器、材料及辅助物等对参展物品加以保护和储存的总称。除了包装的容器外,包装的技术与过程同样对会展的物流有着重要的影响。会展物流包装是工业包装,目的是提高物流效率。而参展物品的包装可以根据包装的层次将包装分为内包装和外包装。内包装是指参展物品的内层包装,在流通过程中主要起保护物品、方便使用和促进销售的作用;外包装是指商品的外部包装,在流通过程中主要起保护物品、方便运输的作用。

1. 包装的功能

1) 保护参展物品

参展物品的包装必须能够保护并避免其在移动和储存过程中发生损伤。保护的程度由运输条件及物品价值来决定。包装受损常起因于运输、搬运等物流作业。为了防止物品破损变形,其包装必须能承受在装卸、运输、保管等过程中的各种冲击、振动、颠簸、挤压、摩擦等外力的作用,形成对外力的防护。通常物品价值越高,包装的成本越高。因为路途遥远,国际运输对包装强度的要求相对较高,所以包装成本普遍高于国内运输或短途运输。

此外,参展品的储存环境也是造成参展物品损坏的一个主要原因。在储存中首先要防止物品发生化学变化。为防止物品受潮、发霉、变质、生锈等化学变化,参展物品包装必须在一定程度上起到阻隔水分、潮气、光线及空气中各种有害气体的作用,避免外界不良因素的影响。其次,还要防止有害生物对其的影响。例如,鼠、虫及其他有害生物对多数参展物品有很大的破坏性。此外,如果包装封闭不严,会给细菌、虫类造成侵入之机,导致变质、腐败,特别是对食品的危害性更大。

2) 提高物流的效率

一个良好的会展物流系统必须能在收货、储存、取货、出运的各个环节中跟踪参展物品,以便减少操作的差错并监控雇员的生产率。参展物品包装的另一个重要功能是对其在整个物流系统中的位置加以跟踪。在整个会展物流的过程中,参展物品要经过各个流出查验过程。而查验通常是利用便携式条形码扫描机对包装上的 RF 信息识别和传递。此外,包装传递信息的最后一个方面就是包装上的指示标志。指示中包括对专门物品装卸提出的装卸要求或注意事项,如物品的性质、堆放、开启、运输等的方法。如果是危险品,指示中还应提醒人们在作业活动时应当加以注意。

2. 包装材料

包装材料与包装功能存在着不可分割的联系。因为包装本身的重量也作为参展物品的重量一起加算运费的,所以现代参展物品所采用的包装材料主要是向轻材质化转换。目前,常用的包装材料有纸、塑料、木材、金属、玻璃等。从各个国家包装材料生产总值比较看,使用最广泛的是纸及各种纸制品,其次是木材和塑料材料。

1) 纸及纸制品

常用的包装纸类制品包括以下几种。

(1) 牛皮纸。可用作铺衬、内装和外装,可制成纸袋,还用作瓦楞纸面层,有较高强度和耐磨性,柔韧性也好,有一定的抗水性。

(2) 板纸。主要有三种。一是以稻草及其他植物纤维为原料的档次较低的草板纸,又称只板纸;二是以多层结构而面层用漂白纸浆制的高档白板纸;三是密度较高的箱板纸。草板纸用作包装衬垫物及不讲究外观效果的包装匣、盒。白板纸用于价值较高商品的内装及中、小包装外装。箱板纸用于强度要求较高的纸箱、纸盒、纸桶。

(3) 瓦楞纸板。瓦楞纸板是纸质包装材料中最重要的一种,由两层纸板和芯层瓦楞芯黏合而成。主要特点是和相同厚度其他纸制品相比,重量轻,强度性能好,有很好抗震性及缓冲性,其生产成本也较低,面层又有一定装饰和促销作用。

2) 塑料及塑料制品

常用的塑料包装材料有以下几种。

(1) 聚乙烯。在包装中,聚乙烯主要用于制造塑料薄膜,也用于制造瓶、桶及包装箱、盒,其中尤以高压聚乙烯薄膜使用广泛。很适合参展的蔬菜、水果的包装保鲜,也用于工业品个装、内装。发泡后的半硬质泡沫塑料用于包装防震。

(2) 聚丙烯。其特点是无毒，没有增塑剂的污染及溶出，可制成薄膜、瓶、盖及用薄膜扁丝编成包装袋，用于食品、药品包装及制作各种外装包装袋。集装袋等大型袋也采用聚丙烯材料为基层材料。

(3) 聚苯乙烯。主要用作盒、罐、盘等包装容器和热缩性薄膜包装材料。发泡后的聚苯泡沫塑料用作包装衬垫及内装防震材料。

(4) 聚氯乙烯。可制成瓶、盒、箱及超膜，用于小包装袋或制成周转塑料箱，也可发泡制成硬质泡沫塑料。

(5) 钙塑材料。大量填充材料钙塑制成，可以成为木材、纸板的代用材料，可用于制造钙塑瓦楞纸板、钙塑包装桶、包装盒等。

3) 木材及木制品

木材是应用广泛的传统包装材料，主要使用板材制作各种包装箱。

4) 金属

用于包装的主要的金属材料包括以下几种。

(1) 镀锡薄板。俗称"马口铁"，除有一般钢板的优点外，还有很强的耐腐蚀件，主要用于制造高档罐容器。

(2) 铝合金。以铝为主要元素的各种铝合金，分别可制作铝箔、饮料罐、薄板、铝板及型材，可制成各种包装物，如航空集装箱。铝合金的特点是隔绝水、汽及一般腐蚀性物质能力，强度重量比大，因而包装材料轻、无效包装较少，无毒、外观性能好，易装饰美化。

5) 玻璃、陶瓷

玻璃、陶瓷的主要特点是有很强的耐腐蚀性能，强度较高，主要用于食品、饮料、酒类、药品等参展物品的包装。

3. 包装技术

1) 防震包装技术

防震包装又称缓冲包装，在各种包装方法中占有重要的地位。因为参展物品从参展商到会展活动举办场所要经过一系列的运输、保管、堆码和装卸过程，都会受到外力作用，并可能发生机械性损坏。为了防止参展物品遭受损坏，就要设法减小外力的影响，所谓防震包装，就是指为减缓内装物受到冲击和振动，保护其免受损坏所采取的一定防护措施的包装。防震包装主要有以下三种方法：全面防震包装方法、部分防震包装方法和悬浮式防震包装方法。全面防震包装方法是指内装物和外包装之间全部用防震材料填满进行防震的包装方法。部分防震包装方法是指对于整体性好的展品和有内装容器的展品，仅在展品或内包装的拐角或局部地方使用防震材料进行衬垫即可，其所用包装材料主要有泡沫塑料防震垫、充气型塑料薄膜防震垫和橡胶弹簧等。而悬浮式防震包装方法是对于某些贵重易损的物品，为了有效地保证在流通过程中不被损坏，外包装容器比较坚固，然后用绳、带、弹簧等将被装物悬吊在包装容器内，在物流中无论处于什么操作环节，内装物都被稳定悬吊而不与包装容器发生碰撞，从而减少损坏。

2) 防破损包装技术

缓冲包装有较强的防破损能力，因而它是防破损包装技术中有效的一类。此外，还可以采取捆扎及裹紧技术、集装技术及选择高强保护材料等防破损保护技术。捆扎及裹紧技术的作用，是使杂货、散货形成一个牢固整体，以增加整体性，便于处理及防止散堆来减少货损。集装技术是利用集装，减少与货体的接触，从而防止破损。选择高强保护材料是通过外包装材料的高强度来防止内装物受外力作用的破损。

3）防锈包装技术

适用于参展物品的防锈包装技术有防锈油防锈蚀包装技术和气相防锈包装技术。防锈油防锈蚀包装技术是指将金属涂封防止参展物品锈蚀的。用防锈油封装金属制品，要求油层要有一定厚度，油层的连续性好，涂层完整。不同类型的防锈油要采用不同的方法进行涂复。而气相防锈包装技术就是用气相缓蚀剂（挥发性级蚀剂），在密封包装容器中对金属制品进行防锈处理的技术。气相缓蚀剂是一种能冻僵或完全停止金属在侵蚀性介质中的破坏过程的物质，它在常温下即具有挥发性。它在密封包装容器中，在很短的时间内挥发或升华出的缓蚀气体就能充满整个包装容器内的每个角落和缝隙，同时吸附在金属制品的表面上，从而起到抑制大气对金属锈蚀的作用。

4）防霉腐包装技术

在运送食品和其他有机碳水化合物等参展物品时，潮湿等适宜霉菌生长繁殖的环境，可使之由于生长霉菌而腐烂、发霉、变质。因此，在包装时要采取特别防护措施防止其霉变。而包装防霉烂变质的措施，通常是采用冷冻包装、真空包装或高温灭菌方法。冷冻包装的原理是减慢细菌活动和化学变化的过程，以延长储存期，但不能完全消除食品的变质。高温灭菌法可消灭引起食品腐烂的微生物，可在包装过程中用高温处理防霉。有些经过干燥处理的食品包装，应防止水汽浸入以防霉腐，可选择防水汽和气密性好的包装材料，采取真空和充气包装。

5）防虫包装技术

防虫包装技术，常用的是驱虫剂，即在包装中放入有一定毒性和臭味的药物，利用药物在包装中挥发的气体杀灭和驱除各种害虫。也可采用真空包装、充气包装、脱氧包装等技术，使害虫无生存环境，从而防止虫害。

4.2.4 搬运

搬运是指在会展物流过程中，为运输、保管和配送的需要而对参展物品进行的装卸、搬运、堆垛、取货、理货等作业。搬运活动的基本动作包括装车（船、机）、卸车（船、机）、堆垛、入库、出库以及连接上述各项活动而作的短程输送。用于衔接会展物流活动的各个环节，搬运是会展物流系统的构成要素之一。换言之，在任何其他物流活动互相过渡时，都是以搬运来衔接的。因此，装卸搬运往往成为整个会展物流系统的"瓶颈"，是会展物流各功能之间能否形成有机联系和紧密衔接的关键。

1. 搬运作业

搬运的基本作业可分为以下三大类。

1）堆垛、拆垛作业

堆垛、拆垛作业包括堆垛、拆垛、高垛、高垛取货作业。堆垛作业是把参展物品从预先放置的场所，移动到卡车之类的装运设备或运输中心的固定设备的指定位置，再按照要求的位置和形态放置货物的作业。而拆垛作业是堆垛作业的逆作业。高垛作业是指在运输中心等固定设施的入库作业中，堆垛高度在 2 米以上的作业。高垛取货作业是高垛作业的逆作业。

2) 分拣、配货作业

分拣作业是在堆垛、拆垛作业的前后或在配货作业之前发生的作业，把参展物品按品种、出入先后、分拣分类，再分别放到规定位置的作业。配货作业是向卡车等输送设备装货作业前和从仓库等保管设施出库装卸前发生的作业。它是把参展物品从所规定的位置，按品种、下一步作业种类、发货对象所进行的拆垛、堆放作业。

3) 搬送作业

搬送作业是为了进行上述各类作业而发生的、以进行这些作业为主要目的的移动作业，包括水平、垂直、斜行搬送以及几种组合的搬送。

2. 搬运系统

搬运系统的具体选用主要取决于参展物品的运输流程，以及所需设备的类型与数量。会展物流的基本搬运系统有三种，即人工搬运系统、机械搬运系统、自动化搬运系统。

1) 人工搬运系统

人工搬运系统是利用人工来移动参展物品，因此人工搬运系统是劳动密集型的系统。人工搬运系统使用的典型设备有手推车、货架、箱子、传输带等。人工搬运系统的劳动太密集，容易导致参展物品移动及仓容空间利用的低效率，所以目前使用人工搬运系统的公司大都已经开始向使用机械化系统转型了。

2) 机械搬运系统

机械搬运系统是最普遍的系统。通过使用机械设备移动参展物品，减轻了劳动密集的状况。叉车是机械搬运系统中的主要设备。机械系统搬运使用的其他设备还包括托盘、储存货架、可移动的传输设备等。机械设备最大的优点就是自动化，而且能够充分利用仓容。目前，许多公司把机械搬运系统综合在一个自动单元里，以便进一步提高系统的自动化程度。

3) 自动化搬运系统

在理想的环境中，自动化搬运系统是最佳选择。然而，使用自动化搬运系统还存在一些问题。首先，初期投资巨大；其次，自动化搬运系统要求特定类型的设施；第三，如果系统发生故障，将发生重大问题，但如果系统固定了，就不能再做大的调整了；第四，并不是所有的公司都需要自动化搬运系统。因此，如果对参展物品的通过速度要求不是很高，就没有必要一定使用自动化搬运系统。

3. 搬运设备

搬运机械是物流系统中使用数量最多、频度最大的机械设备。目前，主要搬运机械包括以下几种。

1) 装卸搬运车辆

装卸搬运车辆依靠机械本身的运行和装卸机构的功能，实现参展物品的水平搬运和装卸。装卸搬运车辆主要有叉车（叉车装卸机）、搬运车、牵引车和挂车等。

2) 输送机械

输送机械是指一种在一定的输送线路上，可以将参展物品从装载起点到卸载终点以恒定的或变化的速度进行输送，形成连续或脉动物流的机械。

3）起重机械

起重机械是指靠人力或动力使货物做上下、左右、前后等间歇、周期性运动的转载机械，主要用于起重、运输、装卸、机器安装等作业。

4）散装装卸机械

散装装卸机械是指具有装卸和运输两种功能的机械，主要以装卸散装货物为主，如装卸机、卸载机、翻车机等。

在选择会展物流的搬运机械时应该充分考虑5个方面的因素，即参展物品的特性、环境特性、作业的特性、作业速率及经济效益。其中，参展物品的特性是指参展物品本身和包装的特性；环境特性是指作业场地、建筑物的构造、设置的配置、地面的承受力等环境因素；作业速率因素是指根据参展物品的物流速度、进出量要求确定是高速作业还是平速作业，是连续作业还是间歇作业，以考虑选择合适的机械。

4. 搬运合理化的原则

1）降低搬运作业次数

会展物流过程中，物品的损坏发生的主要环节是搬运环节，而在整个物流过程中，装卸搬运作业又是反复进行的，从发生的次数来讲，超过任何其他活动。所以，过多的装卸次数必然导致损失的增加。此外，搬运的费用较高，所以每增加一次装卸，费用就会有较大比例的增加。装卸搬运又会大大阻缓整个物流的速度。为此，应该通过合理的规划布局设计，安排作业计划，采用合理的作业方式，实现物品装卸搬运次数最小化。

2）使距离（或时间）最小化

搬运距离的长短与搬运作业量大小和作业效率是联系在一起的。在参展物品存放位置的布局、车辆停放位置、入出库作业程序等设计上应该充分考虑货物移动距离的长短，以货物移动距离最小化为设计原则。

3）提高搬运的系统化

搬运的系统化是指将各个装卸搬运活动作为一个有机的整体实施系统化管理。综合运用系统理论的观点，可以提高装卸搬运活动之间的协调性，增强搬运系统的柔性，从而提高搬运效率，以便更好地适应多样化、快速化的会展物流需求。搬运的系统化的提高还表现为在组织搬运作业时，能够灵活运用各种装卸搬运工具和设备，使前面一道作业要为后道作业着想。例如，如果卸下来的货物零散地码放在地上，在搬运时就要一个一个搬运或重新码放在托盘上，因此增加了装卸次数，降低了搬运效率。如果卸货时直接将货物堆码在托盘上，或者运输过程中就是以托盘为一个包装单位，那么，就可以直接利用叉车进行装卸或搬运作业，实现装卸搬运作业的省力化和效率化。

4）实现规模搬运和参展物品的单元化

搬运机械的能力达到一定规模，才会有最优效果。追求规模效益的方法，主要是通过各种集装实现间断搬运时一次操作的最合理量，从而使单位搬运成本降低。而参展物品的单元化是指将参展物品集中成一个单位进行装卸搬运。单元化是实现合理搬运的重要手段。通过单元化不仅可以提高作业效率，而且还可以防止货物损坏和丢失。此外，单元化也使数量的确认变得更加容易。

4.3 会展物流信息管理

4.3.1 会展物流信息概述

1. 会展物流信息的概念

会展物流信息是指与会展物流活动相关的所有信息,是反映会展物流各种活动内容的知识、资料、图像、数据、文件的总称。物流信息是会展物流系统的功能性要素。在一定程度上可以说物流信息是会展物流系统整体的神经系统,负责保证整个系统的正常运作。物流信息经过收集、加工、处理后,会成为物流系统决策的依据,对整个物流活动起着运筹、指挥和协调的作用。如果信息失误,则运筹、指挥和协调活动就会失误;如果信息系统出现故障,整个会展物流活动则可能陷入瘫痪状态。

2. 会展物流信息的特点

一般的信息具有事实性、等级性、可压缩性、扩散性、传输性、分享性、增值性、转换性的属性。会展的物流信息除了具备一般信息的基本属性以外,还具有自动化和智能化、网络化及再生化等特点。

1) 自动化和智能化

会展物流的自动化设施非常多,如条形码、射频自动识别系统、自动分拣系统、自动存取系统、自动导车及货物自动跟踪系统等。这些被广泛运用的自动化设备所采集和处理的信息能被转化成用于会展物流管理的信息。与人工输入的信息比较,自动化设备采集的信息更准确、更及时、更便于监督和控制。

会展物流管理过程中有大量运筹与决策的工作,如库存水平的确定、运输或搬运路径的选择、自动仓库中出入库库位的选择等,需要智能化管理的支持。因此,物流管理的智能化是会展物流信息发展的新趋势。然而,会展物流信息的智能化是一个技术难题,为了提高物流管理的智能化水平,必须运用专家系统、机器人等相关技术。

2) 网络化

随着会展物流活动中的计算机网络系统的建立和电子商务的发展,会展物流信息的处理逐渐呈现出网络化的特点。现在,物流服务商、参展单位和会展活动举办方的主要商务活动均可通过网络实现。例如,物流服务商可以通过网络处理订单,并跟踪参展物品在物流系统的位置。

3) 再生化

会展物流信息在物流管理过程中可以被不断地扩充和再生。整个物流过程中的数据经过整理、分析、加工得到的信息,可以经过联想、推理、演绎得出一些有用的结论,从而产生二次信息。同时,通过对物流信息的分析,将历史信息与现状结合起来,可以预测未来的会展物流动向,产生出三次信息。不断利用物流信息的再生性,可以帮助会展物流管理者提高物流管理的效率和管理的决策水平。

4.3.2 会展的物流信息系统

1. 会展物流信息系统的概念

会展的物流信息系统是指利用计算机硬件、软件、网络通信设备及其他设备,进行会展物流信息的收集、传输、加工、储存、更新和维护,以支持物流管理人员和基层工作人员进行物流管理和运作的人机系统。除了及时反映参展物品在会展物流系统中的情况以外,物流信息系统可以使整个会展的物流系统高效、无误地运转。因此,会展的信息系统可以说是整个会展物流系统的中枢神经,对整体物流过程至关重要。

会展物流信息系统的目的是对物流运作的管理和决策提供信息支持。因此,其必须具备处理大量物流数据和信息的能力,以及各种分析物流数据的分析方法,从而方便管理者根据各种数学和管理工程模型得出相关的结论。此外,会展物流信息应该是模块化集成系统。模块化集成系统是指设计会展信息系统的一个基本方法就是根据功能的不同,将一个大系统分成相互独立的若干子系统。而各个子系统分别遵循统一的标准进行功能模块的开发,最后再按照一定的规范进行集成,以便将物流信息系统相互连接的各个物流环节联结在一起,为会展的物流进行集成化的信息处理工作提供平台。随着信息技术的发展,现代会展物流信息系统正在朝网络化和智能化发展。另外,在设计和建立会展物流的信息系统时,应该注意其模块式结构的适应性和易用性。所谓适应性,是指系统的设计和结构可以根据会展物流系统及其环境而变化。

2. 会展物流信息系统的特性

1)开放性

开放性是指会展物流的信息系统可以对物流服务商内部和整个物流系统各环节的外部企业进行一定程度的开放。这样不仅可以实现物流企业管理的一体化和资源的共享,还可以与企业外部物流各个环节进行有效的数据交换。全球经济的一体化还要求系统必须考虑与国际通行的标准接轨,如 EDI 标准。此外,会展物流信息系统还需要具有一定的可扩展性。

2)动态灵活性

会展物流的信息系统反映的数据应是动态的,可随着物流情况的变化而变化,通常可以支持供应商、客户、公司员工等用户的在线查询。这就需要公司内部与外部数据及时、顺畅地通信。此外,现在社会的经济和技术发展很快,因此会展物流的信息系统在设计和建设时需要具备一定的灵活性,也就是说信息系统的功能可以随着物流服务商的发展而发展。这样就要求在建设物流信息系统时,应充分考虑企业未来的管理及业务发展的需求,以便在原系统有的基础上建立更高层次的管理模块。

3)安全性

安全性是会展物流信息系统应该具备的首要条件。为了提高整个系统的安全性,在设计和建立会展物流系统时应该从内部安全和外部安全两方面着手。提高内部安全的措施包括:根据实际需要赋予不同部门不同人的适当操作权限;设置操作人员进入系统的密码,对操作人员的操作进行记录规定,操作人员只能在授权范围内进入系统等方法。这些措施可以避免没有权限的人看到或修改企业资料,从而造成数据资料不稳定和商业机密泄露。会展物流信息系统所遇到的外部安全性问题主要是在系统连接互联网后，可能面临的病毒、黑客或未经授权的非法用户攻击而导致的系统瘫痪。此外，系统也可能要遭受外来的非法用户入侵窃取公司的机密。因此，为了提高系统的外部安全性，要考虑采取加密、监视、防火墙等措施，使系统具备足够的安全性，以防止这些外来侵入。

4）协同性

协同物流是会展物流的一种发展趋势，也是对现代会展物流信息系统的要求。会展信息系统的协同性主要表现为三个方面。首先，系统可以与客户的 ERP 系统或库存管理系统实现连接，从而产生信息系统和参展商及会展活动举办方信息协同效益。其次，是会展物流服务商企业内部的信息协同效益，即信息系统应该方便操作人员将与参展物品有关的数据输入系统，同时财务部门可以制作结账单、报表，进行记账、控制处理。再次，就是物流信息系统与社会各部门的协同效益。即通过网络与银行、海关、税务等部门实现信息即时传输；与银行联网，可以实现网上支付和网上结算，还可查询企业的资金信息；与海关联网，可以实现网上报关、报税。

此外，会展物流信息系统应该具有两种基本能力，即支持远程处理的能力，以及检测、预警、纠错能力。由于会展物流涉及的范围广，参展商和会展的举办方往往在不同的地区或国家，所以会展物流信息系统应支持远程的业务查询、输入、人机对话等处理。另外，为了保证数据的准确性和稳定性，会展物流信息系统应在每个模块中设置检测程序，对输入的数据进行检测。这样可以把一些无用的数据排斥在外，提醒并避免操作人员输入错误信息。

4.3.3　会展物流的信息技术

1. 条形码

1）条形码概述

条形码简称条码，是由一组黑白相间、粗细不同的条状符号组成的。条形码隐含着数字信息、字母信息、标志信息、符号信息，可以用来表示参展物品的名称、产地、种类等。条形码的条纹由若干黑色的"条"和白色的"空"单元所组成，其中，黑色条对光的反射率低而白色的空对光的反射率高，再加上条与空的宽度不同，就能使扫描光线产生不同的反射接收效果，在光电转换设备上转换成不同的电脉冲，形成了可以传输的电子信息。由于光的运动速度极快，所以可以准确无误地对运动中的条形码予以识别。

目前，国际广泛使用的条形码种类有：EAN 和 UPC 码；Code39 码、Codebar 码及 ITF25 码等。其中，EAN 和 UPC 码是商品条形码，用于在世界范围内唯一标识一种商品，在超市中最常见的就是这种条形码。而 Code39 码可表示数字和字母，在管理领域应用最广。Codebar 码多用于医疗、图书领域。在会展物流管理中最常用的是 ITF25 码。ITF25 码的条形码长度没有限定，但是其数字资料必须为偶数位，允许双向扫描。ITF25 码在物流管理中应用较多，主要用于包装、运输、国际航空系统的机票顺序编号等。

2）条形码技术在会展物流中的运用

条形码技术不仅在国际范围内为参展物品提供了一套完整的代码标识体系，而且为会展物理管理的各个环节提供了一种通用的语言符号。作为成本最低的自动识别技术，条形码技术被用来在会展物流系统内实现对参展物品的物流跟踪。自动识别技术（AIDC）主要解决的问题是参展物品与信息之间的匹配关系，使参展物品在运输、仓储过程中，可以即时地反映到信息网络环境中，使操作者能够迅速了解物流的全部过程，尤其是在途中的情况，提高物流过程的作业效率及货物数量的准确性。

在会展物流的仓储管理中，条形码技术被广泛用于采集参展物品的单件信息，处理采集数据，建立仓库的入库、出库、移库、盘库及每件物品的库存位置等数据。而所采集的信息不但可以用来建立仓库运输信息，直接处理实际运输差错，而且可以根据采集单件信息及时发现出入库的货物单件差错（入库重号、出库无货），并且提供差错处理，从而使仓库操作的完成更加准确，并根据货物单件库存为仓库货物出库提供库位信息，使仓库货物库存更加准确。可见，基于条形码技术的会展仓储管理可以使各项仓储操作的效率和准确率大幅度提高。

此外，条形码技术可以提高铁路运输、航空运输等参展物品运输过程中的货物分拣效率并减少人工操作的误差，使大批量的货物需要在很短的时间内准确无误地装到指定的车厢或航班，然后送到不同的目的地。基于条形码技术的分拣操作非常简便，只要将预先打印好的条形码标签贴在发送的参展物品上，并在每个分拣点装一台条形码扫描器，不同的参展物品就可以自动分拣到不同的运输机上。

2. 电子数据交换

1）电子数据交换的概念

EDI（Electronic Data Interchange），即电子数据交换，是指按照同一规定的一套通用标准格式，将标准的经济信息，通过通信网络传输，在交易伙伴的电子计算机系统之间进行数据交换和自动处理。使用 EDI 能有效地减少交易过程中的纸面单证。EDI 所完成的工作包括两部分：一是用计算机处理对外传送的各种单据和票证；二是借助通信网络将这些单据和票证传递给对方。EDI 系统包含 EDI 软件、硬件、通信网络及数据标准化三个要素，可以划分为报文生成和处理模块、格式转换模块、通信模块、联系模块等部分。

2）会展物流的 EDI

会展物流的 EDI 是指参展商、会展活动举办方及其他相关的单位之间，通过 EDI 系统进行物流数据交换，并以此为基础，实施物流作业活动的方法。会展物流 EDI 的参与单位有参展商、会展物流服务企业、会展活动举办方、实际运送货物的交通运输企业、协助单位和其他物流相关单位。如政府有关部门、金融公司等均可算作协助单位，而仓库业者、专业报关业公司等均可算作其他物流相关单位。会展物流 EDI 的框架结构如图 4-1 所示。

除了大量降低会展物流各种业务活动的用纸量，EDI 技术的运用降低了整个会展物流系统的成本。由于单证在参展商、物流服务商及会展举办方的传递是完全自动的，所以不再需要重复输入、传真和电话通知等重复性的工作。在直接降低成本的同时，EDI 技术还通过提高物流系统的工作效率、大幅度减少由于人工操作的错误来降低物流系统

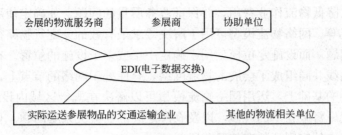

图4-1 会展物流EDI的框架结构

的成本。此外,将EDI技术与会展物流的仓储管理系统、订单处理系统等物流信息管理系统集成使用之后,可以实现会展物流单证的快速交换和自动处理,并且提高整个系统对客户需求的反映速度和服务水平。因此,具有EDI的能力正在成为会展物流信息系统的先决条件。

3. 射频技术

1）射频技术概述

射频技术（Radio Frequency，RF）的基本原理是电磁理论。射频技术的原理是采用射频技术,对标签进行电磁波射频扫描,读取数据,掌握信息。射频系统的优点是不局限于视线,识别距离比光学系统远,同时射频识别卡可智能化,具有读写能力,并可携带大量数据,难以伪造。射频及标签系统的操作特点是对静止的或运动的标签均可进行非接触识别。

2）射频技术在会展物流中的应用

射频技术主要应用于实现对参展物品在会展物流系统内的跟踪,以及运载工具和货架识别等要求非接触性数据采集和交换的场合。由于具有可读写能力,RF标签对于需要频繁改变数据内容的场合尤为适用。RF接收转发装置通常被安装在运输线的一些检查点上（如门柱上、桥墩旁等）,以及仓库、车站、码头、机场等关键地点。接收装置收到RF标签信息后,连同接收地的位置信息上传给运输调度中心,送入会展物流的信息数据库中。目前,RF技术开始运用到我国会展的物流管理中。例如,一些高速公路的收费站口,使用RF可以不停车收费,目前铁路系统也开始使用RF记录货车车厢编号。

4. GIS技术

1）GIS技术概述

地理信息系统（Geographical Information System，GIS），是20世纪60年代开始迅速发展起来的地理学研究新成果。该技术以地理空间数据为基础,采用地理模型分析方法,适时地提供多种空间的和动态的地理信息,是一种为地理研究和地理决策服务的计算机技术系统。GIS的基本功能是将表格型数据转换为地理图形显示,然后对显示结果浏览、操纵和分析。GIS系统显示范围可以从洲际地图到非常详细的街区地图,显示包括人口、销售情况、运输线路及其他内容对象。

2）GIS技术在会展物流中的应用

GIS可应用于会展物流的分析,其原理主要是指利用GIS强大的地理数据功能来完善物流分析技术。完整的GIS物流分析软件集成了车辆路线模型、最短路径模型、网络物流模型和设施定位模型等。车辆路线模型通常用于解决一个起始点、多个终点的参展物品运输中,降低物流作业费用,并保证服务质量的问题,如确定使用多少辆车,每辆车的行驶路线等。网络物流模型可用于解决寻求最有效的分配货物路径问题,也就是物流网点布局问题。而设施定位模型用于确定一个或多个设施的位置。在会展物流系统中,仓库和运输线共同组成了会展的物流网络,仓库处于网络的节点上,节点决定着线路。在实际需要的基础上,运用网络物流模型可以解决在既定区域内设立多少个仓库,每个仓库的位置,每个仓库的规模,以及仓库之间的物流关系等问题。目前,国内 GIS 技术在会展物流中的应用还处在初级阶段。

5. GPS 技术

1) GPS 系统的组成

全球定位系统(Global Positioning System,GPS)是美国从 20 世纪 70 年代开始研制的。该系统于 1994 年全面建成,是具有在海、陆、空进行全方位实时三维导航与定位能力的新一代卫星导航与定位系统。随着全球定位系统的不断改进,硬、软件的不断完善,应用领域正在不断地开拓。GPS 系统主要包括空间卫星系统、地面监控系统和信号接收系统三大部分。

2) GPS 系统在会展物流中的应用

随着科技的发展,全球卫星定位系统开始被广泛地运用到会展物流的各个环节。车辆导航是全球卫星定位系统应用的主要领域之一。例如,GPS 系统可以用于汽车自定位和跟踪调度,明确运输参展物品在整个物流运输过程中的位置。而 GPS 系统也可以用于内河及远洋船队最佳航程和安全航线的测定、航向的实时监测调度,特别是对国际会展远洋运输的船舶进行导航。GPS 系统的运用对于改善会展物流的航运条件并提高航运能力至关重要。目前,我国铁路开发的基于 GPS 的计算机管理信息系统,可以通过 GPS 和计算机网络实时收集全路列车、机车、车辆、集装箱及所运货物的动态信息,实现列车、货物追踪管理。只要知道货车的车种、车型、车号,就可以立即从近 10 万千米的铁路网上流动着的几十万辆货车中找到该列货车。此外,该系统还可提供这列货车现在何处运行或停在何处,以及所有的车载货物发货等信息。这项技术的运用,可以使铁路部门大大提高路网及其运营的透明度,并为会展物流提供更高质量的服务。

4.4 会展的国际物流

4.4.1 会展的国际物流系统的组成

同会展的国内物流系统相同,会展的国际物流系统由商品的运输、储存、装卸搬运、包装及信息子系统组成。其中,运输和储存子系统是国际物流系统的主要组成部分。

1. 运输子系统

参展物品的国际运输是国际会展物流系统的核心。会展的国际运输具有路线长、环节多、涉及面广、手续繁杂、风险性大、世界性强、内外运两段性和联合运输等特点。

所谓内外运输两段，是指参展品运输的国内运输段和国际运输段。参展物品的国内货物运输（包括进口国、出口国）段，是指参展物品由参展商所在地运送到出运港（车站、机场）的国内运输，它是会展国际物流中不可缺少的重要环节。会展物流的国际运输段是国内货物运输段的延伸和扩展。国际段运输可以由出口国装运港直接到进口国目的港卸货，也可以采用中转经过国际转运点，再运到目的地。

2. 仓储子系统

如前所述，参展物品从参展商所在地被集中运送到装运港口，通常需要临时存放一段时间办理进出口手续和其他手续，再装运出口。在此期间，必然需要一定时间的周转储存。因此，仓储子系统和运输子系统一样均是国际会展物流的最重要的环节。

3. 搬运子系统

进出口商品的装卸与搬运作业，通常是短距离的参展物品的搬移，是仓库作业和运输作业的纽带和桥梁。提高参展物品在运输和仓储过程中的搬运服务质量，并适当地降低搬运成本，对加速国际会展物流的发展十分重要。

4. 参展物品的包装子系统

由于参展物品的国际运输距离长、运量大，需堆积存放、多次装卸，在运输过程中参展物品损伤的可能性大，因此在国际物流活动中包装非常重要。集装箱运输的出现为会展的国际物流活动提供了安全便利的包装方式。在考虑参展物品的包装设计和具体作业过程时，应把包装、储存、装卸和运输有机联系起来统筹考虑，全面规划现代国际物流系统要求的"包、储、运一体化"。即从商品一开始包装，就要考虑储存的方便、运输的快速，以加速物流、方便储运，减少物流费用等现代物流系统设计的各种要求。

5. 信息子系统

信息子系统子系统的主要功能是采集、处理和传递国际会展物流的信息情报。会展国际物流信息的主要内容包括进出口单证的作业过程、支付方式、客户资料等信息。国际物流信息系统的特征是信息量大，交换频繁；传递量大，时间性强；环节多，点多线长。所以，建立技术先进的国际物流信息系统，是促进国际会展物流发展的保障。

4.4.2 参展物品进出口管理

1. 我国参展物品进出口管理概述

随着经济的发展，国际性会展活动举办的频率日趋频繁，会展业的国际化趋势日渐明显。国际化会展的物流涵盖参展物品从一个国家的参展商处被转运到另一个国家的会展活动举办者处，然后在会展结束后从举办国回到参展商处的整个过程。其间必然要经过参展商所在国和会展活动举办方所在国的海关。显然进出口管理水平，以及报关、清关等海关的处理能力必然影响到整个会展物流系统的效率。因此，参展物品进出口管理是现代国际会展物流管理的一个重要环节。

从1998年1月1日起，我国在展览品暂准进出口方面使用通用的国际海关单证《暂准进口单证册》取代海关报关单。《暂准进口单证册》，简称为ATA单证册，包括出口、进口、复出口、复进口以及过境报关6个单页，可用此册办结两国海关之间报关手续。按规定，进出境展览品包括：在展览会中展示或示范用的货物、物品；为示范展示的机器或器具所需用的物品；展览者设置临时展台的建筑材料及装饰材料；供展览品做示范宣传用的电影片、幻灯片、录像带、录音带、说明书、广告等。而为举办技术交流会、商品展示会或类似活动而进境的货物，按展览品进行监管。

展览品属海关同意的暂时进口货物，进口时免领许可证、免交进口关税和其他税费。进口展览品自进境起到复运出境止，出口展览品自出境起到复运进境向海关核销止，都应在海关监督管理之下。而外国来华和我国出国举办展览会，根据不同性质都要经过有关主管部门的批准，一般由具有主办单位、承办单位资格的法人负责举办。一般情况下，出国（境）举办展览会由中国国际贸易促进委员会及其各地的分会、全国性进出口商会、中国外商投资企业协会负责举办。

2. 参展物品的进出口流程

通常参展物品的进出口要通过15个步骤，即：参展商将自己的展品及其相关基本信息的清单交给代理人；受托人持清单一式两份，准备报关托运，租船，订舱；制定运输单据，出口展品报关单一式三份；报关；商检及保险；装运并发出装运通知；运输提单制作，审核及交纳；运输组织持提单运输；参展商或者其代理及时通知会展活动举办者及当地代理；参展物品在会展活动举办国海关的进口；展览会闭幕后，根据原则，大部分的展品及其附属品，都要全部复运出境或者到第三国继续展览，对于转为正式进口的展览品，海关根据有关规定办理进口手续，缴纳各项税费和其他费用；组织者或其代理人向海关交验参展物品核销清单一份；代理人持核销单及出境许可证，自己运返，或者由专业运输机构托运；通知参展商或其国内代理；此外，展品最后运抵参展商所在国，由代理核销开始时运出展览的记录，如果销售部分展品或者其附属品，应缴纳出口税，放行或者到第三国继续展览。

4.4.3 国内有关进出境展品的报关

1. 来华参加展会的报关程序

国外参展商来华参加展会，会展活动主办单位应将有关主管部门批准文件事先抄送会展活动所在地海关。由主办单位或其委托的运输代表负责向海关办理报关手续，海关不单独接受其他展商个人的申报。进口展览品的报关手续主要包括以下9个步骤。

（1）举办单位应会同报关、运输代理于展览品进境前，持相关文件向海关办理备案手续。相关文件一共有6种：国家主管机关对举办展览会的批准文件；主办单位注册登记表；主办单位备案申请表；报关、运输代理委托书；海关认可的担保；其他海关认为必要的文件。

（2）展览品进口前，应向展览地海关提供展品清单一式二份。清单上应详细列明展品名称、规格、数量价值、箱号等，并按顺序编号，合订成册，清单如用英文，应译成中文对照填写。

（3）凭ATA单证册进口展览品，可免填进出口货物报关单且不用向海关提供进口税费的担保。ATA单证册项下货物如属我国法令、法规限制进出口的，应按照有关规定办理检验或批准手续，如商品检验、药品检验、动植物检疫、无线电管理等展览品进口时，展方应向入境地海关直接递交驻展览地海关签发的通知单，以及运单、装箱单等进行报关，经海关审核后，按海关监管货物转运至展览场地。

而展品运至展览场所后，展方应及时通知驻场海关，同时申报准备开箱的时间，并在海关查验时派人到场。对展览所用的印刷品和音像制品应事先交海关审查同意后，方得使用。展品中如有根据中国有关法令规定应受管制的物品，展方应事前办理批准手续后，方得使用。对我国政治、经济、文化、道德有害的以及侵犯知识产权的印刷品和音像制品，不得展出或者使用，并由海关根据情况予以没收、退运出口或者责令展出单位更改后使用。

（4）展览品展出时，未经海关批准，不得擅自移出展览会场所，其他物品按以下办理。①展方运进为展览会招待用的含酒精饮料、烟叶制品及燃料，应照章征税。②海关根据展览会的性质、参展商品的规模、观众人数等情况，在数量和总值合理的范围内，五种展品进口后不复运出境的货物，免征进口关税和进口环节税。第一种是在展出活动中能够代表国外货物的小件样品，包括原装进口的或在参展期间用进口的散装原料制成的食品或饮料（不含酒精）的样品。第二种是在展览会中专为展出的机器或器件进行操作示范所进口的并在示范过程当中被消耗或损坏的物料。第三种是展出者为修建、布置或装饰展出台而进口的一次性廉价物品，如油漆、涂料及壁纸。第四种是参展商免费提供并在展出期间专门用于向观众免费散发的与活动有关的宣传性印刷品、商业目录、说明书、价目单、广告招贴、广告日历及未装框照片等。第五种是进口供各种国际会议使用或与其有关的档案、记录、表格及其他文件。而第二、三种物品，其未使用或尚未被消耗的部分，如不复运出境，应按规定办理进口手续并照章征税。此外，第四种物品如在展览会结束后需留在国内的，主办单位或其代理人应按照我国对印刷品进口的管理规定办理进口手续并照章纳税。

（5）对进境展览品留在国内销售的，应由主办单位或有关购买单位向展出地海关办理正式进口手续。凡出售给外贸（工贸）公司或其他有进出口经营权单位的，由购买展品的公司、单位办理进口手续。出售给外国驻华外交机构、外交官或其他驻华机构、人员，由该机构或人员办理进口手续。出售给其他国内单位、个人的，由展览会主办单位办理进口手续。办理出售展品进口手续时，应按国家有关规定提供进口许可证或其他有关批件，并按规定缴纳进口关税和进口环节税。上述进口手续办妥后，海关放行有关展览品。

（6）展览品转异地续展时，展方应向海关申请批准，并填写《转关运输货物申报单》随附装载清单，按转关运输海关监管货物办理转运手续。

（7）如果作为礼品或样品赠送的展览品，主办单位应向展出地海关提供列明品名、数量、价值、受赠对象等内容的展品赠送确认书，由受赠对象向海关办理进口手续。海关根据进口礼品或样品的管理规定办理征免税验放手续。

（8）对展出后放弃的展览品，主办单位应向展出地海关提供列明名称、数量、价值和处理方法的放弃展品清单。有接受单位的，由接受展品单位向海关办理进口手续，并按规定缴纳进口税款；而对无接受单位的，主办单位应将放弃的展品交由海关按规定处理。此外，展览品因毁坏、丢失或被窃而不能复运出境的，展览会主办单位或其代理人应及时向海关报告，并办理有关手续。对于毁坏的展览品，海关根据毁坏程度估价征税；对于丢失或被窃的展览品按照进口同类产品照章征税。而展览品因不可抗力遭受损坏或灭失的，海关根据其受损状况，减征或免征关税和进口环节税。

（9）展览品应自进境之日起6个月内复运出境。展览品复运出境时，展方应向驻场海关递交"转关运输货物申报单"和"装载清单"一式二份，按海关监管货物转运至出境地海关监管出境。展览会或类似活动中展出或使用的暂准进口货物，其复运出境的期限应为自暂准进境之日起的6个月，延长期限需报主管海关批准。延长期满后，除经海关总署特准外，不再予以延长。展品在复出境时，如ATA单证册未经我国海关核销、签注、我国海关在接受他国海关出具的证明货物已远离我国关境的凭证时，我国海关按国际惯例和国际公约收取调整费。展览会结束后，展方应于10天内将全部展品的处理情况开列清册一份（或利用原向海关备案的展品清册逐项注明），向海关办理结案手续，并退还保证金或注销保证函。

2. 出国举办或参加展览会的展品报关

在国外举办展览会的主办单位应该持有关主管部门批准文件、主办单位备案申请表、主办单位注册登记表、主办单位的报关运输代理委托书等有关文件到展览会所在地海关办理备案手续。

1）展览品的出口报关

出国举办展览会或参加国际博览会的展品出口报关时，出展单位或其代理人应向出境地海关提交填写好的《货物暂准进口单证册》（ATA单证册）。对外贸（工贸）公司主办出国展览会所带展品，属国家限制出口或需申领出口许可证、缴纳出口税的商品，海关可要求持证人提供担保。海关在审核并履行担保手续后，在清单上注明查验放行情况和日期，一份由出境地海关留存，另一份转出展单位所在地海关。为出国举办展览会所需运出的展卖品（既展又卖，展品则只展不卖）、小卖品，在向海关申报时应在出境展品清单中注明，对属于国家实行许可证管理的商品，应提供出口许可证，对属于应征出口税的商品，还应缴纳出口关税。

2）展品复运进口的报关

出展品复运进口时，使用原《暂准进口单证册》（ATA单证册）报关。经入境地海关审核查验后，在ATA单证册海关批注栏内签注查验放行情况和日期，留存凭证。

3）展览品复运进口后的核销

出展单位在展品复运进口后，应向其所在地海关办理展品的销案，核销时应将展品在外出售、赠送、放弃、消耗或留我国驻外机构等情况向海关报明，对在外出售的展品应当另填写"出口货物报关单"，供海关凭此办理核销手续。

4）展品容器内不得装入个人物品和非展品

展出单位在外购买、接受的物品、样品、礼品和其他资料，应当另行包装并开列清单，向海关申报，由海关根据有关规定办理。

阅读材料4-2

广西出入境检验检疫局：参展物品有望一律免收检验费

第四届中国-东盟博览会于2008年10月20日在南宁国际会展中心拉开帷幕，广西出入境检验检疫局日前公布本届博览会展品出入境检验检疫通关便利措施,参加博览会的外商将获得更加优惠、便利的服务。按照国家有关规定,入境参展的动植物及其产品,应由国家质检总局进行检疫审批。经过国家批准,广西出入境检验检疫局将对部分参加今年中国-东盟博览会的动植物及其产品进行检疫审批,审批周期也由原来的45个工作日,缩短为7个工作日。

在前三届博览会上,一些境外参展商在展后希望酒店销售其展品,却因展品未能获得国家"3C"强制性安全认证而放弃。"3C"强制性安全认证是各国政府为保护广大消费者人身安全、保护环境、保护国家安全,依照法律法规实施的一种产品合格评定制度。凡列入我国强制性产品认证目录内的产品,没有获得我国指定机构的认证证书,没有按规定加施认证标志,不得进口,不得出厂销售和在经营服务场所使用。

今年,经国家质检总局批准,对需要进行销售而未获得"3C"强制性安全认证的博览会展品,由参展商或其代理人向广西出入境检验检疫局提出申请,提供相关材料,由国家质检总局备案核准,经广西检验部门检验合格后即可进行销售,但不能进入展览场地以外的流通市场进行销售。

广西出入境检验检疫局今年将在南宁机场、桂林机场等主要口岸应用电子检验检疫,让参会人员和参展物品的检验检疫通关速度进一步提高。在费用方面,国家质检总局将继续向国家有关部门争取对今年博览会的参展物品一律免收检验、检疫、除害处理和监管费用。

4.4.4 参展物品的国际货运

1. 参展物品国际货运中的参与者

1) 发货人(Shipper)

严格地讲,进口业务中的发货人通常是原材料供应商或企业代理产品的原厂家,而参展物品国际货运的发货人通常是参展商。鉴于我国的进出口政策,多数国内的参展商和会展活动举办方没有进出口权而不能自行进出口参展物品,因此参展物品的国际货运的发货人通常是出口代理商,如进出口公司,或具有进出口权的会展物流服务商。

2) 国际货运代理(Forwarder)

随着国际会展物流的发展,国际货运业务的日益复杂,会展物流的货运代理角色应运而生并逐渐向专业化发展。因此了解货运代理的业务,将对参展物品的国际货运中的成本和时间控制有很大帮助。国际货运代理的主要业务包括为货主(发货人或收货人)订舱、取送货、追踪查询货物情况、代报关、代商检、仓储、包装、缮制单证、分拨等。

会展物流的货运代理可以大大减轻货主的业务难度。一方面,货运代理减轻了承运人由于直接面对货主而带来的繁重工作,从而使得承运人能集中力量从事运输业务;另一方面,货运代理的存在,使得参展商不必再与每家承运人打交道,大幅度减轻了其工作量。此外,具有一定资质和规模的货运代理可以为参展物品的承运人争取优惠的运费价格,从而降低会展物流的成本。例如,从事空运业务或海运集装箱拼箱业务的货运代理，如果具有大量的稳定货源，通常可以从承运人"批得"较优惠的舱位，再将舱位"零售"给小的货运代理或直接卖给参展商。

3) 承运人代理（Shipping Agent）

承运人代理主要是替承运人（如船公司、航空公司）在港口安排接泊、装卸、补给等业务，有时代理承运人签发运单。承运人代理在海运中较为常见，而在空运中较为少见。有的承运人代理也从事货运代理的业务。

4) 承运人（Carrier）

承运人主要指船公司或航空公司等具体实施参展物品运输的主体。虽然有的承运人也直接面对参展商，但多数情况下参展商不直接与其打交道，而直接与承运人代理接洽。

5) 报关行（Broker）

虽然各国对进出口参展物品的管制政策有所不同，但基本上各国海关都要求对进出口参展物品进行申报。有些参展商有自己的报关人员，这时就不需要报关行的介入。许多货运代理也有报关资格，也不需要单独的报关行介入。报关行或货代的报关服务都需要参展商提供必要的单据，由他们代理在海关进行申报。此外，有的报关行还提供进出口参展品检验代理等服务工作。

6) 收货人（Consignee）

运单上所指的收货人情况较为复杂。这一点与发货人的情况有些相似。有时，由于进口管制的原因，最终的收货人并不体现在运单上。运单上的收货人往往是进口代理商，而在"通知人（Notify Party）"上显示的可能才是真实的收货人，即参展商。另外，在复杂的货运情况下，主运单和分运单上所示的收货人的意义有所不同。分运单上的收货人往往才是真正的收货人，而主运单上的收货人则往往是货运代理。

2. 会展国际货运中的单据

会展物流管理人员，特别是负责国际参展物品货运的人员，应了解并熟悉业务中涉及的各种单据。会展国际货运中涉及的主要单据包括以下两种。

1) 运单

运单是国际货运中最重要的基本单证。运单上的主要信息包括收货人、发货人、承运人及运输工具的名称、航次、运费及付费形式、所运货物名称、数量、价值和包装状况等。空运业务中常出现主运单（Master Airway Bill，MAWB）和分运单（House Airway Bill，HAWB）。主运单是承运人（航空公司）出具的运单。

承运人的名字和标识必须在主运单的明显位置显示。在主运单的上下页眉处，应该清晰地显示该运单的号码：×××-×××× ××××。其中，前3位是承运公司的代码，后8位是运单号码。如果主运单的收货人显示的是实际收货人，则收货人在货到后，从航空公司或其代理或货代处取得主运单正本，即可自行报关或委托报关行或货运代理报关。分运单是货运代理或承运代理人出具的运单。分运单所显示的信息与主运单极为相似，只不过货运代理公司的名字和标识替代了运输公司的名字。并且，除了有主运单号码外，还显示了货运代理或承运代理人自行编制的分运单号码。

2) 装箱单（Packing List，P/L）

装箱单也是国际货运的基本单证之一。它标明了所运参展物品的包装件数及每件包装物中的物品明细（规格、件数和简单说明）。装箱单一般由发货人缮制，少数情况是由发货人的代理缮制。

本章小结

会展的物流管理泛指对会展相关物品的时间与空间流动的管理。从管理层次上讲，会展物流管理的内容主要包括三方面，即会展物流的战略管理、会展物流的系统设计与运营管理和会展物流的作业管理。会展物流的特点是"多元化输出模式"。按照会展物流管理进行的顺序可以将会展物流的过程分为三个阶段，即展前规划阶段、物流管理具体实施阶段和展后物流评价阶段。会展物流活动的功能要素主要包括运输、仓储保管、包装和装卸搬运。会展物流信息系统的目的是对物流运作的管理和决策提供信息支持。会展的物流技术包括条形码、电子数据交换、射频技术、GIS技术和GPS技术。运输和储存子系统是国际物流系统的主要组成部分。会展物流管理人员，特别是负责国际参展物品货运的人员，应了解并熟悉业务中涉及的各种单据。

1. **名词解释**

   会展的物流管理　会展的仓储　会展物流信息管理　会展物流信息系统　条形码　电子数据交换（EDI）　GIS技术　GPS系统

2. **思考题**

（1）简述会展物流管理的含义、内容和特征。

（2）简述会展物流管理的过程和模式。

（3）简述会展的运输方式及管理。

（4）简述会展仓储管理的原则及主要内容。

（5）简述参展物品常用包装材料和技术。

（6）简述会展搬运的类型和主要设备。

（7）简述会展物流信息系统的特性和物流信息技术。

（8）简述进出口展品的范围及展品进出口的流程。

（9）简述参展物品国际货运的参与者和主要单据。

（10）论述会展物流功能要素的管理。

（11）论述会展物流的信息管理。

（12）论述国内进出境产品的报关规定和程序。

参考文献

[1] 郑彬. 会展物流. 北京：电子工业出版社，2007.

[2] 刘大可，陈刚，王起静，等. 会展经济理论与实务. 北京：首都经济贸易大学出版社，2006.

[3] 江少文. 现代物流. 上海：立信会计出版社，2006.

[4] 王槐林，刘明菲. 物流管理学. 武汉：武汉大学出版社，2004.

[5] 张余华. 现代物流管理. 武汉：华中科技大学出版社，2006.

[6] 钱廷仙. 现代物流管理. 南京：东南大学出版社，2003.

[7] 尚武. 商务部公布展会评估认证办法认证制获实质进展. 中国贸易报，2008-03-04.

[8] 会展评估：中国会展业发展的必由之路. 中华节庆网，http://www.cce.net.cn，2008-07-20.

[9] LEE M J, LEE K. Convention and exhibition center development in Korea. Journal of Convention & Event Tourism. 2007，8 (4)：101-120.

第 5 章 会展场馆和设施的经营管理

本章导读

随着会展业的发展,会展场馆的经营管理的理念、管理体制和模式正在日趋完善,而场馆管理的内容也不断丰富。通过本章的学习,可以掌握会展场馆的经营管理目标和理念、经营管理模式、经营管理的内容,以及国内会展场馆的规划建设存在的问题。此外,本章分两部分详细陈述了会议中心及设施设备管理和展览中心管理。在会议中心及设施设备管理部分,以视频会议室为例讨论了会议室的设计、布置、视听设备、会议系统及其管理。在展览中心探讨了展览场馆的规划管理及现场管理。

5.1 会展场馆的经营管理概述

5.1.1 会展场馆的经营管理目标和理念

1. 会展场馆的经营管理目标

作为一项特殊的物业实体,会展场馆可以提供以会展业务为主的多种相关服务,其经营管理的要素众多。随着会展业的发展,会展场馆的经营管理已不是简单的场地出租的概念,而是牵涉到人财物、时间和空间、行政和技术、公共关系和公共活动、安全和危机处理等方面的复杂系统工程。

会展场馆经营管理的目标首先是为服务对象提供优质、高效、安全、有序的服务,从而更好地满足会展活动组织者、参加者及会展中心工作人员等各方面的需要。其次,是同时实现经济和社会效益的最大化。再次,通过合理的规划、对场馆建筑和设施的维护保养及环境绿化等基本管理措施,实现会展场馆物业的保值乃至增值。

2. 现代会展场馆经营管理的理念

1) 经济效益与社会效益并重的理念

作为经营管理者,一方面应该通过经营管理有效地实现会展场馆及相关设施运作成本的最小化,从而获得更多的经济效益;另一方面应该意识到会展场馆的经营管理具有一定的社会服务性,也就是说,会展场馆及相关设施提供的服务应该对社会的进步具有促进作用。因此,经济效益与社会效益并重,通过提高经济效益来实现社会效益,是现代会展场馆经营管理的一个重要理念。

2) 基于TCS战略的优质服务理念

TCS（Total Customer Satisfaction）战略是全面客户满意战略的缩写。全面客户满意有5部分的满意指标（即TCS战略的"5S"）：服务理念满意（Mind Satisfaction，MS）；服务行为满意（Behavior Satisfaction，BS）；服务过程视听满意（Visual Satisfaction，VS）；服务产品满意（Product Satisfaction，PS）；服务满意（Service Satisfaction，SS）。基于TCS战略的优质服务理念强调对会展场馆及其设施管理的一个主要目的是为参展商、会展活动的举办者等客户提供优质的服务，并力争从各个方面全面提高客户的满意度，以便提高会展场馆的竞争力。因为每个会展活动都具有不同的性质和要求，TCS战略要求场馆的经营者必须了解客户的具体需求，以便根据会展活动的特性和客户的需求，提供恰当的场地布置、视听设备、保安、清洁及餐饮等服务。

3) 智能化、科技化管理理念

随着信息技术的发展和网络的普及，智能化、科技化管理正在成为现代会展场馆经营管理的趋势。会展场馆的智能化管理可以通过智能化管理系统来实现。该系统将整个会展场馆的设备通过分散的、相互独立的子系统集成统一，通过对各种资源的收集及分析处理，对整个会展场馆及相关设备进行优化管理，从而保证包括会展场馆和设备在内的会展硬件系统高效、节能、安全、稳定地运行。此外，会展场馆的建设和运营大都需要使用现代化设备和高新科技产品，所以加大管理的科技化含量是会展场馆提供高水平服务的重要保证。例如，大型会展场馆通常利用可视对讲控制、紧急报警、电子巡逻系统、边界防卫、防灾报警等方式进行保安和防盗。而自动化停车场管理、自动化公共照明、电子通告及广告、背景音乐及语音广播、公共设备的自动监控也被广泛地运用到现代会展场馆的管理中。

4) 创新发展理念

现代会展场馆的建设和经营管理在国内的发展历程较短，因此相关的制度、模式和方法都需要在不断的实践中来完善。在借鉴国外成熟经验的基础上，根据自己的特殊国情，坚持创新发展的理念，发展出中国特色的会展场馆管理模式，对推进现代中国会展场馆的经营管理具有很大的指导意义。会展场馆经营管理的创新包括观念创新、技术创新、制度创新和管理创新等方面。

5) 专业化、标准化理念

从经济学角度来讲，专业化分工有利于发挥社会各种资源的最佳效益，因此专业化管理是现代会展场馆管理的必由之路。具体而言，会展场馆管理专业化包含三层含义，即组织机构专业化、管理队伍专业化和管理工具及设备的专业化。此外，加入WTO以后，中国会展场馆的经营管理也需要按照国际上通行的标准来制定相应的标准，以便与国际接轨。为了实现会展场馆管理的标准化，国内需要加强行业标准的制定、从业人员资格认证等方面标准化的建设，并逐步形成适合中国国情的标准化认证与评估体系。此外，会展场馆的经营管理者可以直接借鉴国际通行的标准来建立我国会展场馆管理行业的相关标准。例如在管理方面运用先进的管理体系，有ISO 9001质量管理体系、ISO 14001环境管理体系、OHSAS 18001职业安全健康体系等。

6）国际化理念

在经济形式迅速多样化和全球经济一体化的 21 世纪，会展场馆经营管理的国际化是会展业的必然趋势。国际化程度高的展会，具有海外招展招商的网络和良好的信誉，并且能够提供符合客户要求的场馆和设施服务，因此可以吸引众多的海外参展商携带先进产品和技术前来参加会展活动、并进行信息参与交流。除了推行国际化标准，会展场馆管理国际化发展还体现在争取根据我国实际情况，发展出具有国际水准的会展场馆管理标准。国际化理念，同专业化和标准化理念一起对提高我国会展场馆管理的行业化进程，并进一步提高其服务水平有很大帮助。

5.1.2 会展场馆的经营管理体制和模式

1. 会展场馆的管理体制

目前，国际会展展馆主要根据出资建设的方式，分为三种管理体制。

1）"政府出资建馆"的管理体制

会展场馆投资大，投资周期长，而且会展场馆的价值在很大程度上取决于周围的基础配套设施，因此私人资本一般不愿承担如此大的投资风险。为了发展会展经济，各国政府纷纷大力支持展览场馆的建设。目前，世界上大多一流的会展中心都是由政府投资兴建的。例如，德国汉诺威展览中心（Hannover Exhibition Center）这座世界上最大的展览设施就是由政府投资兴建的。除了直接投资场馆建设以外，德国政府还投资改善场馆周边停车设施，建立发达的公路和轨道交通网，从而使汉诺威展览中心成为国际市场交流的最佳场所。此外，一些大型展馆设施的改建和扩建也是由政府来完成的。需要注意的是，由政府出资兴建的展馆不可避免地具有"公共物品"的性质，这类场馆通常由政府委托或授权的机构经营管理，其经营管理目标是同时追求社会效益和经济效益，并以社会效益为主。

2）"民营公助"的管理体制

所谓"民营公助"，是指会展场馆的建设由政府立项并在土地规划及其他政策方面予以支持，而场馆的建设资金由政府出一部分，其余资金由其他投资主体共同筹集。这类展馆建成后为出资人共同所有，而各出资人所获得的资产回报按照其对场馆建设的出资而定。"民营公助"的管理体制相对于"政府出资"的管理体制比较灵活，实施这种体制不但可以为政府节省大量的财政补贴，而且还创造了大量新的就业机会，为整个社会的稳定与和谐做出了贡献。这类场馆的经营管理以营利为目标，场馆的所有者可以制定或者委托相关机构对其进行经营管理。需要再次强调的是，这类场馆即使在实行民营之后，通常也需要政府采取适当的政府补贴手段和社会资助政策才能保证其自负盈亏和盈利。例如，新加坡目前制定了相应的法律法规，明确展览场馆周边的酒店和餐馆必须拿出收入的 10% 补贴场馆，而政府也从财政收入中拿出补助基金支持展览场馆。然而政府的财政补贴通常是有条件的。例如，英国政府在确定补贴项目和规模时，主要考虑的因素是就业——一个场馆或展览项目得到资助数额的多少往往取决于其解决就业的能力，并且资助款项一般不是一次发放，而是随着工程或项目进展的情况分期支付，以便进一步达到监控的目的并保证工程或项目能够实现就业目标。

3)"私营出资建馆"的管理体制

这类会展场馆是由各种民营机构及私人机构投资兴建,并自行管理或委托相关机构进行管理的。这种管理体制的优势是明确地规定产权关系,以及各方面的责任、权利和义务,完全按照市场化操作,以营利为管理目标。然而,由于场馆的兴建和维护需要大量的资金,而且目前世界上展览场馆的利用率普遍不高,所以大多数会展场馆均难以做到自负盈亏和盈利。由此可见,这三种管理体制以"民营公助"的管理体制最具有优势。

除了这三种管理体制,从整个会展行业发展的层面上讲,我国需要借鉴发达国家的经验,加强会展各专业行业协会的建设,以便提高我国会展场馆经营管理效益和水平。目前,国内会展业还没有形成统一的行业管理部门和体制,而现有的部门也缺乏有力的组织协调功能。所谓组织协调功能,是指行业协会利用行业自律体制组织协调会展场馆经营管理过程中遇到的问题和矛盾。除了组织协调功能,我国会展的行业协会还应具有促进交流的功能、法规示范功能及道路指示功能。所谓促进交流的功能,是指会展协会可以促进行业内各机构组织间合作与沟通,并加强与国内其他行业的联系,以及与国外相关行业协会的交流与合作的功能。在与外界进行交流过程中,会展行业协会可以通过学习引进国内外先进经验,明确自身的发展道路。所谓法规示范,是指会展行业协会应具有预见并制定相关的行业性法规的功能,以便对整个行业的发展进行示范并指导实际运作。政府通过授权可以使各专业行业协会在业界内具有绝对权威性,而行业协会通过建立行业规章制度和自律体制来完成行业内的管理和协调职能。

阅读材料 5-1

德国和法国的会展行业协会及其管理职能[1]

依靠各专业行业协会对会展场馆进行管理和协调的体制在发达国家比较流行。例如,德国就是依托行业协会对会展经济进行行业协调和管理的典型。AUMA 是德国展览业的最高联合会,成立于 1907 年,总部设在科隆,它是由参展商、购买者和博览会组织者三方力量组合而成的联合体,是德国全国性的行业协会,也是代表德国政府进行宏观调控的唯一的会展管理机构。AUMA 的主要职能是:审定年度展览计划;严格审查和评定展览会名称、内容;监督展览会服务;核查展览组织者的能力和信誉;统计调查展览后效果;支持中小企业到海外参展。AUMA 在德国具有很高的权威性,政府将许多管理职能都授予它,因此 AUMA 在业内的地位是不可动摇的。AUMA 为确保德国博览会市场的透明度,制定了许多具体的规章制度和措施,对每年举行的国内外博览会和展览会进行协调,避免重复办展和恶性竞争,对会展名称给予类似商标的保护,以确保名牌展会不受侵害。AUMA 还根据章程要求,在会议、展览的类别、展出地点、日期、展期、周期等方面进行协调,从而保护了参展商、组织者、参观者多方面的利益。另外,AUMA 还聘请专家和学者对展会进行考察,并对会展经济进行深入研究,定期发表最新研究报告和成果,为德国政府管理会展经济提供了重要的参考依据。此外,它每年还与经济部、农林部、能源部等政府部门进行协调,拟订下一步的会展经济

---

[1] 资料来源:施昌奎.北京社科规划办. 2008-06-05.

发展计划，该计划一旦获得批准，AUMA便会同有关部门及专业展览公司具体运作和执行这一计划。

法国也依托CFME—ACTIM对会展经济进行行业协调和管理。海外会展委员会技术、工业和经济合作署（CFME—ACTIM）是法国政府授权管理会展经济的行业组织和权威机构。在法国，CFME—ACTIM的地位就像AUMA在德国的地位一样，具有极高的权威性，代表法国政府行使宏观管理职能，发挥行业协调功能。例如，它除了制定具体的行业管理制度、组织人员培训以外，还负责会展经费的预算和支配，每年2月份准备下一年度的工作方案，讨论选择参展的题目、国家地区和预算计划，并要听取涉及国的大使馆经济处的意见和有关企业的意见，6月份向分管部长报告，7月份在讨论全年预算中拍板决定。

另外，法国国际专业展促进会规定，同一个专题的展会只接纳一个，条件必须是法国质量最好的展会。目前共有65个展会，都是法国最知名的国际性专业展会，规模大，国际性强。促进会为了向这些展会提供国际促进业务，在近50个国家和地区建立办事处。这些办事处的任务是在各自负责的国家和地区为这65个展会开发形式多样的促进业务。这50个办事处之中，除意、德、英、西、比等少数国家是由促进会总部独自投资的独资公司外，其他办事处都是财务独立机构或公司。根据国家不同，办事处可以是法国使馆商参处、法国驻外商会、法航办事处或独立的商务公司。法国国际专业展促进会这种把从属于不同展览公司的65个展会的部分促销经费集中到一起，组成一个有效的展会国际促销网络的做法很有特色，值得借鉴。

2. 会展场馆的经营管理模式

目前国际上通行的会展场馆经营管理模式基本上分为以下三种。

1) 纯管理型模式

采用这种类型的会展场馆经营管理者只出租场馆，其主要业务是进行场馆场地及相关设备的租赁服务，以及场馆硬件的日常维修与保养；而不涉足会展活动的组织、展台、搭建和餐饮等服务。目前，除了美国以外，这种经营管理模式在其他国家已不多见。然而这种模式在美国仍很盛行，主要因为美国的展览中心基本上都是政府投资建设的"公共物品"。既然是公共物品，就只能面向整个社会，而不具有"排他性"。为了防止会展场馆经营者利用场馆资源与会展活动的举办方和其他服务商进行竞争，美国的场馆经营管理者只能提供场地的出租与管理。正因为如此，美国的会展场馆管理水平很高，效率和效益都不错。借鉴了这种方式，上海新国际博览中心近年来经营管理水平明显提高，所以一直在投资扩建展馆。

2) 管理与组展混合型模式

采用这种类型的场馆管理者不仅出租场地，同时还单独或与其他公司合作举办会展活动。这种场馆的经营管理模式在欧洲和亚洲国家仍很普遍。会展活动具有一定的流动性，自己举办或与别人合作一起举办会展活动是一种十分有效的保证会展场馆利用率的办法。此外，成功举办会展活动的利润较高，可以提高会展场馆整体的经营效益。然而，这种经营管理模式，容易造成场馆经营者利用场馆的资源优势排斥其他竞争者，所以引起业内竞争者的普遍不满。此外，会展场馆的经营者和与之合作举办会展活动的企业也会因利益的合理分配问题产生矛盾。再有，如果场馆经营者过多地把精力投入组织会展活动，将会影响场馆的服务质量。

3）综合管理型模式

采用这种类型经营管理模式的会展场馆经营者不仅从事场地出租，组展，而且还涉足展台设计搭建、餐饮、广告、运输及展示用品的租赁等方面的业务领域。这种方式的优势是在统一的标准下提供"一条龙"服务。如果这种优势发挥得当，不仅可以方便会展活动的参加者，而且可以提高会展活动的整体效率和经营效益。然而这种方式仅被少数有实力的大型会展中心所采纳。这是因为，这种经营管理模式可以使会展中心利用自身的优势来排斥其他会展服务企业，从而可能会导致会展服务质量的下降。因此，目前一些已经采用这种模式的会展中心也开始去掉部分服务项目并转向外包，从而希望引进外来服务商，以便通过展开竞争，提高整体服务质量。

5.1.3 会展场馆经营管理的内容

1. 会展场馆的规划建设管理

作为会展场馆管理的重要组成部分，会展场馆规划建设管理的目标是通过对会展场馆的规划和建设阶段的管理，将场馆的选址整合到场馆所在地的城市规划中，从而在前期阶段最大限度地消除交通、基础设施配套等问题对场馆经营管理的负面影响。有效地规划建设管理，不但对增进会展场馆的经营管理效益至关重要，而且对通过发展会展业推进场馆所在区域周边经济的发展有很大帮助。由此可见，成功的会展场馆起于场馆建设之初的选址。这是因为除了具备完善的内部设施和服务体制，周边环境对场馆的经营和发展至关重要。

1）会展场馆的选址应考虑的因素

（1）会展场馆的选址要与城市功能布局相结合并且具有一定的前瞻性。只有这样会展场馆的经营才能够更好地带动周边地区共同发展，并发挥其独特的辐射作用。而和城市功能布局保持一致，意味着会展场馆的选址要考虑到现有的及按照规划即将建设的服务配套基础设施，如宾馆、酒店、商场、健身场所等。因为这些基础配套设施为会议、展览和旅客提供方便，可以使会展场馆最大限度地发挥会展场馆城市经济助推器的作用。之所以强调场馆的建设规划需要具有一定的前瞻性，是因为在场馆的建设规划阶段应该充分考虑到伴随着会展业发展而出现的展馆扩建要求。这样，就可以在初期为今后的扩建预留下土地。而市中心的土地往往非常紧张，所以从发展的角度来看，会展的场馆（特别是大型会展场馆）不宜建在拥挤的市中心。

（2）会展场馆不宜建在城市中心的繁华地带，并且应远离居民区和其他行政机构服务区域。不宜建在繁华地带是因为繁华地带的地价高，会大幅度地增加会展场馆的建设成本。此外，在场馆的营建期间和建成后举办会展活动期间会造成交通阻塞，影响场馆经营管理及会展活动的正常进行。而会展场馆的建设需要远离居民区和其他行政机构服务区域也是避免给附近居民带来困扰或妨碍其他公共事务。在此方面，中国国际展览中心的选址可以算是一个典型的问题案例。中国国际展览中心位于北京市朝阳区CBD、使馆区等重要商务区域附近，并且距离朝阳区国税一所只有几百米。众多外企公司都要到税务所去缴税，每当国展举办大型展览就造成交通拥堵，严重影响这些企业的效率。

(3) 会展场馆应处于交通网络发达、各种交通设施齐全，四周交通便利的地区，以便于游客和参展者参加会展活动。欧、美、日等会展业发达的地区和国家在规划会展场馆时均将交通条件作为考虑的首要因素。通常场馆会建在国际机场、码头附近，并且具有两条以上的高速公路从周围通过，以方便参展物品的运输。例如，美国的会展城市巴尔的摩，就是依赖其靠近纽约、费城等大型城市的良好区位位置，"平行式"陆路交通的便利，濒临河口位置的海陆交通优势，以及各种配套设施和服务的齐全，塑造了其国际性会展城市的地位。

必须注意的是，会展场馆的选址是制约城市交通最为重要的环节之一。对于已经落成的场馆虽然很难改变其现有地理位置，但是应该尽量维护好、协调好重大活动期间的交通秩序问题和安全问题。其中一个解决办法就是增加或者选择替代路线缓解会展活动给城市交通带来的压力。而会展场馆的建设用地架构应该为狭长、分散型，而非集中、聚集型。这样可以避免因展馆过分集中而带来的车辆拥堵，并且便于对车辆进行有效的集散。

2) 国内会展场馆的规划建设存在的问题

国内会展场馆的规划建设存在的主要问题包括缺乏规划和规划布局不合理。

(1) 缺乏规划。国内场馆在建设上缺乏规划的问题主要体现在缺乏市场调研和准确的规模定位。一些地方政府将会展场馆作为形象工程来建。由于缺乏相关的知识和意识，在决定建设会展场馆时缺乏对场馆建设项目的可行性及所建场馆规模的市场调研和科学的论证，因此在建展览中心时，不少地方盲目规划、仓促上阵，不考虑当地和周边城市会展市场的需求。这样所建成的会展场馆要么规模过大，展馆空置率很高；要么规模太小，用不了几年就得扩建和改造。除了盲目规划，盲目重复建设也是国内会展场馆建设缺乏规划的一个主要表现。很多地方政府，从带动地方政府经济发展的角度出发，认为多建会展中心会促进地方会展业的快速发展，从而加快地方经济的发展。在这种思想的指导下，各地纷纷开始兴建新的会展中心，造成区域性重复建设的现象。现在，某些城市甚至拥有3~4个会展中心，超出了当地和周边地区会展市场的需要，从而导致各展览中心之间由于恶性削价竞争，导致经营亏损，严重影响了会展业的健康发展。

(2) 规划布局不合理。国内会展场馆建设规划布局的不合理，主要表现在两方面，即地理位置和交通状况。由于不少城市把会展中心当作地方性的标志性建筑，因此多被建在市中心繁华地带，且外表高大、内部装饰豪华，缺乏实用性。将会展场馆建在市中心繁华地带的另一弊端是土地的使用受到很大限制，会展场馆只能向高层扩展。这样会带来参展物品的运输、展馆层面的承重问题、预留发展空间问题、绿化问题等一系列问题。而我国在展馆规划布局方面存在的另一个问题是对交通状况考虑不够充分。目前，国内大部分新建的会展中心程度不同地存在交通问题。除了缺乏配套的公路、车站等基础交通设施，建在市中心的展馆面临的主要交通问题，如前所述，是在会展活动期间的交通阻塞，以及停车设施不足。

2. 会展场馆的综合管理

会展场馆的经营管理是一项复杂的系统工程，受到很多因素的影响。除了涉及对场馆及其内部各项设施硬件的管理，还包括对会展场馆的营销管理、会展活动举办期间的现场管理、安全管理及财务管理等。

1) 会展场馆的硬件设施管理

会展场馆的硬件设施包括：场馆本身、场馆周边的道路、停车场，以及强弱电设施等。硬件管理是场馆管理的日常性工作。目前，国内一些场馆由于缺乏对场馆硬件的管理，缺乏对相关设备的定期维修保养，从而严重影响其使用寿命。加强会展场馆的硬件设施管理可以从两方面着手。首先，应该建立稳定的管理部门，即工程部或技术保障部，并配备合格的工程技术人员，健全各项操作规程和规章。其次是制定各项设施的维修，保养和更新计划，并将其纳入年度预算的范围。

2) 会展场馆的营销管理

会展场馆的营销管理包括：会展场馆服务项目的确定、租期的确定、租金的确定与预付、销售渠道、促销方式和场馆租期确定后的跟进服务。

（1）租期的确定。会展活动通常具有一定的季节性。例如，每年的9月份和10月份是会展活动的旺季，所以国内目前有"金九银十"的说法。在黄金季节会展场馆的出租率普遍较高，而在淡季的出租情况往往不太理想。因此，会展场馆营销时需要有明确的战略和战术安排以便提高淡季的出租率，保证场馆的经济效益。一般来讲，是否遵循"金九银十"的规律，往往取决于展会的性质。侧重采购、零售，为企业提供短期营销服务的展会通常选择在旺季举行。此外，像贸易洽谈会、交易会等性质的展会，可以根据所涉及行业的财务、采购、季节周期特点选择在九月、十月举行。而其他形式的会展活动不一定非要在旺季举行，所以这部分展会是场馆淡季营销的主要对象。

（2）租金的确定与预付。因为展会活动存在季节性，所以对于会展场馆的租金，各地都有成文的"旺季价"、"淡季价"和介于两者之间的一种平价。但在实际操作中，客户通常会提出优惠价的问题，而管理者也会根据市场的情况和竞争战略的需要，对不同的客户实施优惠政策。一旦谈好租期和租价后，客户交纳预订金通常按合同条款要求缴纳15％左右的租金。

（3）销售渠道。会展场馆的营销的专业化较强，其客户主要是政府部门和协会在内的组展商和展台搭建商。不同的场馆具有不同的历史和建筑特点，因而适合举办不同类型的展会，所以场馆的经营管理者需要根据场馆本身的特点建立独特的销售渠道。此外，在建立销售渠道时需要了解组展商和搭建商等渠道成员的关系，从而加强营销渠道中的关系管理，以便提高场馆的营销水平。

（4）促销方式和跟进服务。由于对会展场馆的介绍材料多由抽象的技术参数组成，而且其客户的范围比较窄，所以在对场馆进行营销时需要通过上门面谈及在业内活动期间举办介绍会等直接面向客户的促销方式。此外，在租赁合同签订后要注意加强跟进服务，其中包括向租用方提供有关所租场馆的整套技术资料，并全程跟踪展览的筹备过程。

3) 安全管理

安全管理是场馆管理的重要一环。尽管很多场馆配备了先进的安全设施，但场馆人多事杂的特点必然构成很多安全隐患，并引发一些问题。场馆安全的最大隐患是火灾，因此消防工作是会展场馆安全管理的一项重要内容。而预防偷窃事件是会展场馆安全管理的另一个重点。到目前为止，很多会展活动都出现过被盗问题。尽管很多场馆安装了摄像头，但是并没有起到满意的预防作用。实践证明，在安装摄像头等电子防盗设备以外，加强保安力量和动员客户提高防范意识是预防偷窃事件有效的措施。此外，场馆内部及其附近的交通混乱堵塞，也是国内大多数场馆需要面对的一个安全问题。为了避免这种情况的发生，在场馆内部不能允许车辆随意停放，更不能乱发停车证。而场馆外部的交通则要依靠交管部门疏导管理，大型展览会举行时，要事前通报交管部门争取他们的支持。最后，要加强对观众出入口和周边环境的管理，对于场馆内正常秩序的破坏者，必要时应请当地的公安部门给予支持。

4) 会展场馆的财务管理

建立完整的财务管理体系是会展场馆提高经济效益的保证。除了建立有效的预算和执行预算制度、严密的应收应付流程，成本管理是会展财务管理的核心。会展场馆的管理者必须加强成本意识，合理地确定会展场馆及其设备的使用率，详细地进行投资的成本收益分析，并根据会展的季节性特点优化场馆的各种资源。

除此以外，会展场馆的管理者还要注重企业的人力资源管理和客户关系管理，以便更好地激发员工和客户的潜力，并提高本企业的核心竞争力。而提高场馆的环境管理水平，做好场馆内部及附近的绿化和保洁工作，将绿色理念引入到场馆的设计建造及展台的搭建和布置，并且做好节能和会展活动产生的废物处理，对推进会展场馆可持续性发展至关重要。

5.2 会议中心及设施设备管理

5.2.1 会议中心概述

1. 会议中心的概念和类型

会议中心是主要为各种会议活动提供专门场地、设施设备和服务的场所。会议中心的主要经营项目是承接国内、国际会议及展览。会议中心大致分为4种基本类型，即行政人员会议中心、度假式会议中心、附属式会议中心及无住宿式会议中心。行政人员会议中心能够综合性地提供专业化的会议场所和相关设施设备，以及餐饮、住宿等服务。以休闲度假为特点，度假式会议中心通常坐落于风景优美的地区，并且配置了多种娱乐设施，以便更好地满足与会者度假的需求。附属式会议中心，通常与饭店等其他经营实体相连，如位于某个饭店的侧楼。顾名思义，无住宿式会议中心的特点是不具备住宿用房屋。

2. 会议中心的厅室布局

在会议中心设计规划时，可以将整个场馆划分出一部分大区域用作大型会议厅，而另外划分出若干小区域用于建设小型会议室。而会议中心各厅、室的数字通信通道需要在施工时统筹规划设置。除了会议室和通道以外，会议中心在设计建造时还应分割出适当的空间作为会议休息区间。

大型会议厅和小型会议室的具体数目依据会议中心的性质和类型来决定。例如，以接待国际大型会议为主的会议中心可以建两个或以上的大型会议厅，而一般以接待中小型会议为主要业务的会议中心则可以只建一个大型会议厅。因为大型会议厅通常需要配置同声传译系统，并配制音像录放、现场摄像、多媒体演播等系统。而各小会议室通常可独立操作，其中也需配置音像录放、现场摄像、多媒体演播等系统。此外，大型会议厅需要配备两套电视会议设备，以及其他会议厅视频音频设备，供大型电视会议使用；而各小会议室也可配一套电视会议设备，从而使任一会议室均可举行独立的电视会议。

此外，在会议厅通常设置一个具有若干隔离小室的译员工作室，保证语言互译功能的实现。从译员工作室应能直接或通过视频音频设备清楚地观察到会议发言人的言行举止，以便确保翻译质量。而会议中心也需要设置一个主控室，用来实现对大会议厅设备的操作，在主控室内应该能方便地观察到大会议厅的情况，并监视和控制会议中心其他设备的运行。在会议休息期间，主控室也可成为给各会议厅室播放音乐及其他娱乐节目的操作间。

5.2.2 会议室概述

1. 会议室的类型

会议室可以按会议的性质进行分类，一般分为公用会议室与专业性会议室。公用会议是适应于对外开放的，包括行政工作会议、商务会议等。这类会议室内的设备比较完备，主要包括电视机、话筒、扬声器、受控摄像机、图文摄像机、辅助摄像机（景物摄像等），若会场较大，可配备投影电视机（以背投为佳）。专用性会议室主要提供学术研讨会、远程教学、医疗会诊，因此除上述公用会议室的设备外，可根据需要增加供教学、学术用的设备，如白板、录像机、传真机、打印机、扫描仪等。

此外，还可以根据会议室的大小，将其分为大、中、小型三种。大型会议室的面积在 80 平方米以上；中型会议室的面积为 50~80 平方米，而小型会议室的面积在 50 平方米以下。选用哪种大小的会议室，需要根据参会人数和所配备的视听设备决定。对于视频会议来讲，可根据会议通常参加人数，在扣除第一排座位到主席台后的显示设备的距离外，按每人 2~2.5 平方米的占用空间来考虑，而天花板的高度应大于 3 米。视频会议所选定会议室面积可以根据会议的规模和各地会议室的具体情况而定，通常大型视频会议可以在主会场用大型会议室，其他各分会场用中、小型会议室。

2. 会议室的环境

会议室应设置在远离外界嘈杂、喧哗的位置，这样既可以防止泄密，也便于尽量减少外来噪声的干扰。从安全角度考虑，应有宽敞的入口与出口及紧急疏散通道，并应有配套的防火、防烟报警装置及消防器材。此外，会议室内的温度、湿度应适宜，通常以 18 ℃~25 ℃的室温，60%~80%湿度较为合理。而且会议室要求空气新鲜，通常要保证参会者每人每小时换气量不小于 18 立方米。为保证室内的合适温湿度和空气新鲜，可以在会议室内安装空调系统，以达到加热、加湿、制冷、去湿、换气的功能。为了保证良好的开会环境，对会议室的环境噪声强度要求较高。例如，对于视频会议室要求噪声小于 40 分贝。

3. 会议室的布置

鉴于国内与会人员大都喜欢坐在后排，这样容易导致前排的空位较多，从而对会场气氛会有一定的负面影响。因此，会议中心的管理者可以根据与会人数，将后排座位用阻隔带封住，以便保证前排座位能够坐满，有个良好的会议气氛。会场布置可以分为以下4种类型，会议组织者可以根据会议的性质选择适宜的形式。

1）剧院型

剧院型会场的特点是座位成排成列地摆放，这种形式可以在一个固定的会场摆下最多的位置。通常采用剧院型会场的会议以主持者演讲为主。因此，会场管理者需要向与会者提供演讲稿及笔记本，以方便记录并提醒与会者会议以聆听为主。剧院型会场并不适合以交流或是互动为主的会议。因为，主持者可能会给与会者一定的压力，而座位的摆放也会成为交流和互动的阻碍。

为了让与会者更为舒适地度过会议时间，会议中心需要尽量选择能够提供符合人体工程学座椅的会场。如果条件有限，那么至少也要避免座椅靠得太紧，也可以将座位的摆放做适当调整，让座椅与墙面成V字形，以提供给与会者更好的视线。

2）教室型

教室型的会场布置，需要在每一位与会者的座位前增加一个小台板，以方便书写和小组交流，这种类型的会场布置只适用于普通规模的会议。如果与会人数很多，又需要将会场布置成教室型，那就只有将会议分到两处或是多处进行了。会议中心可以将教室型会场的座椅摆放成V字形，以便使会场更具包容感及参与性。有了座位前的小台板，前后排之间很容易就可以组成小组进行讨论。

3）圆桌型

如果会议内容以小组讨论为主，那么圆桌型会场将是最佳选择。每个圆桌的最佳人数是5~7人。如果会议在小组讨论的同时，还要兼顾聆听会议主持者的演讲，那么与会者可以被安排在面朝主持者的那一半落座。在布置圆桌型会场时，需要认真考虑桌椅位置的摆放、会议投影的位置及主持者站立的位置。这样才能保证与会者能够同时看到主持人和投影影像，而不需要顾此失彼地左顾右盼。为了避免主持人在投影屏幕上留下影子，可以考虑使用背投的形式。此外，当主持人需要确认内容是否已经投影到屏幕上时，就不用完全背转过去，只需侧头快速浏览一下即可。

4）会议型

会议型会场，一般采用U形和矩形的会议桌，此类会场能提供最佳的团队合作氛围。会议型会场布置，建议不要采用大型投影，而是在每位与会者桌前提供一台小型的显示设备。会议型会场能够最大限度地弱化主持者的权威感，让与会者更为平等和积极地参与到讨论之中。

4. 视听设备与座位的安排

会议的视听效果会受到会议室座位与讲台的安排及视听设备设置的影响。而视听设备的设置和会议室座位的安排二者密切相关。

1）视听设备对会议室座位安排的影响

根据视听设备来进行座位的安排需要考虑视听的两项原则，即1.5米原则与2∶8原则。1.5米原则是指从地面到银幕底层的距离为1.5米，一般来说，人坐下来的高度约1.4米。如果采用1.5米原理，会议室天花板高度为4.6米，银幕的高度为3米，舞台最好放置于会议室入口处的对面，以免晚来的人因穿过银幕而干扰演讲者。而在放置舞台及银幕时，同时也要考虑吊灯、圆柱、灯光控制位置、人口及疏散口等因素。2∶8

原则是说最佳的视觉范围是不近于2倍银幕的高度也不远于8倍银幕的高度。例如，银幕高度为3米，那么第一排位子应该放在距银幕6米的地方，而最后一排位子不应远于距银幕24米的地方。

2）座位安排对视听的影响

有些座位安排方式会增强视听效果，有些则相反。对视听最适合的座位安排是剧院型、教室型、U形或马蹄形。剧院型与教室型的座位安排可以将银幕放在中间或角落，主桌可以放置在角落，以免影响与会者视线。而椭圆形和矩形的座位安排，通常无法使每一位与会人员清楚看到投影，因此有些人必须移动位子。而移动位子的情况对于以圆桌为单位的酒会也在所难免。

5.2.3 视频会议室

会议室既是会议进行的场所，也是放置会议设备的场所。会议的效率和质量在很大程度上有赖于会议室的合理设计及会议视听设备的合理配备。随着科技的发展，以及视频会议、电话会议等现代化会议形式的出现，会议的举办者对于会议室的设计及相关设备的功能要求更加严格。下面以视频会议室为例讲述现代会议室的布局、照明、音响、供电系统。

视频会议室的规划设计除了为参加会议人员提供舒适的开会环境外，更重要的是逼真地反映会议现场的人物和景物。为了使不同地区的与会者有一种临场感，就要求会议室的装修和视听设备必须能够获得满意的视觉和声音效果。

1. 视频会议室建设设计的原则

（1）可靠性。系统安全可靠是视频会议室建设的最基本原则。可靠性要求视频会议系统终端需支持无人职守方式，而且要操作简便。在日常使用中，各会场可以方便地与任一其他会场互通。会议主持人可以通过遥控器，使用主叫呼集功能，各会场都可以自主召集多点视频会议。

（2）先进性。先进性是指视频系统的建设应该使用广泛且代表发展方向的技术和设备，从而确保系统的先进性和良好的兼容性，满足目前及将来的业务需求。此外，先进性还要求会议中心及时对设备进行更新改造。

（3）灵活性。视频会议室的灵活性要求会议室在建设并选用设备时，要将可扩展升级、保护现有投资等因素作为重要指标，这样可以使会议室能够满足当前和今后扩容的需求。此外，所选购的设备应该符合国家标准，从而确保系统具有良好的扩展性和兼容性。

（4）环保性。装修设计时应选用对环境安全的材料，并在节约能源、防尘、防噪声方面采取适当的措施。视频会议系统会议室的建设必须依据国家标准及行业标准进行设计和施工，具体涉及的标准包括《建筑内部装修设计防火规范》(GB 50222—95)、《通风与空调工程施工及验收规范》(GB 50243—97)、《高层民用建筑设计防火规范》(GBJ 45)、《建筑设计防火规范》(GB 50222—95)、《电气装置安装工程电气设备交接试验标准》(GB 50510—91)、《厅堂扩声特性测量方法》(GB 4959—85)、《厅堂扩声系统声学特性指标》(GYJ 25—86)、《会议系统的电及其音频性能要求》(GB 9403)、《城市区域环境噪声标准》（GB 3096—82）及现场环境及楼层图纸。

2. 视频会议室的布局

除了保证最基本的安全及温度和湿度以外，视频会议室的布局以保证最佳摄像和音响效果，并将其以清晰的形式传达到其他分会场为基本标准。在此基础上，会议室的内部设备布置可以比较灵活。目前，一种典型的布置是将整个会议室的显示设备分为两部分，一部分是主席台后的背投电视，另一部分是主席台前的几台电视。前者负责为与会代表提供本会场和另一会场的图像显示，而后者分别负责为主席台领导显示本会场图像和其他场图像。而图像采集设备也分为两组，主摄像机安装在会场中央，实时采集主席台图像；另一组全景摄像机安装在会议室右前部，对会场全景进行拍摄。两组摄像机均应为受控摄像机，可由会议电视设备进行控制。扬声器可以在会议室的前后各安装一对，为了获得更好的声音效果，要求距墙壁和电视机至少一米。

1）背景

影响会场视觉效果和画面摄制质量的一个主要因素是会场四周的景物和颜色，以及桌椅的色调。视频会议室，通常忌用"白色"、"黑色"或鲜艳色彩的饱和色调。因为这两种颜色对人物摄像将产生"反光"及"夺光"的不良效应。所以，室内的墙壁四周、桌椅均应采用浅色色调，且在南方宜用冷色，北方宜用暖色。例如，墙壁四周可以用米黄色、浅绿，而桌椅可以用浅咖啡色等。此外，用于摄像的背景墙不宜挂有山水等景物，或采用复杂的装饰图案，以免摄像机移动或变焦时图像产生模糊现象，并增加摄像对象的信息量，影响图像质量的提高。还有，摄像机镜头不应对准门口，若把门口作为背景，人员进出将使摄像镜头对摄像目标背后光源曝光。为了增加会议室整体高雅、活泼、融洽的气氛，可以考虑在室内摆放花卉盆景等清雅物品。

2）家具及室内装饰

会议桌布置可以采用并排的形式，以便使与会者自然坐于桌前就能看清监视器并被摄像机摄入镜头。此外，会议桌的颜色和亮度也很重要。为了减少脸部的阴影，通常要求采用浅色桌或在桌上铺上浅色桌布，从而使光线能通过桌子反射到人的脸上。另外，在麦克风与桌子之间最好加一层软性材料，如橡胶底等，以免造成敲击桌子时造成太大的响动。而会议室内的椅子则应比较舒适，以免与会人员经常地调整坐姿而在镜头内出现不必要的动作。同时椅子上不要装小脚轮，限制移动，以防止离开镜头。

3）会议室照明

灯光照明是会议室的基本必要条件，由于视频会议召开时间具有一定的随机性，而自然光源照度与色温随时间的变化而有所不同，所以室内应使用人工冷光源而避免自然光，而会场的门窗需用深色窗帘遮挡。此外，选择人工冷光源的另一个原因是，摄像机均有自动彩色均衡电路，能够提供真正自然的色彩，从窗户射入的光比日光灯或三基色灯偏高，如室内有这两种光源（自然及人工光源），就会产生有蓝色投射和红色阴影区域的视频图像。为了防止脸部光线不均匀，应将冷光源适当地调整方向。因为，灯光的方向比灯光的强度更为重要。而为灯光安装漫射透镜，可以使光照充分漫射，以便与会者脸上有均匀的光照。为了保证清晰的视觉效果，对于监视器及投影电视机、文件图表区域、主席区等不同地方的照度均有不同的要求，需要专业人员进行调控。

4）会议室的音响效果

为保证声绝缘与吸声效果，室内应铺有地毯，天花板、四周墙壁内都装有隔音毯，窗户应采用双层玻璃，进出门应考虑隔音装置。根据声学技术要求，一定容积的会议室有一定混响时间的要求。一般来说，混响的时间过短，则声音枯燥发干；混响时间过长，声音又混淆不清。因此，不同的会议室都有其最佳的混响时间，如混响时间合适则能美化发言人的声音，掩盖噪声，增加会议的效果。由于会议室进行了隔音处理，房间中具有混响系数通常应为 0.35~0.55。此外，为了使室内声场达到最大扩散等条件，会议室的形状宜为长方体。

5）会议室的电声设计

按国家标准要求，装有电声设备的厅堂必须进行建筑声学及电声设计。厅堂的音质特性是建筑声学和电声的综合效果，建筑声学是电声的前提，所以搞好建声设计是很重要的。厅堂内背景噪声的高低影响语言清晰度和听音效果，一般在厅堂内最小声级的位置上，信噪比大于 30 dB，才不至于对清晰度有明显影响，信噪比提高到 50 dB，就可以获得高质量放声，一般厅堂内的语言电声系统的平均声压级约为 70 dB 左右。背景噪声又是厅堂电声系统节目源的动态下限，直接影响到听众的听音效果。根据国际标准噪声评价数 NR 曲线，它是评价噪声烦恼和危害的参数。各类厅堂及专业用厅堂内噪声允许值以及根据我国一些厅堂实际噪声水平和设计所采用的指标多为 NR40 以下，为保证有足够的信噪比，要求所有厅堂内主生噪声的设备全部开启的情况下，空场背景噪声应满足评价数小于或等于 NR35。

6）会议室供电系统

为保证供电系统的安全可靠，并减少经电源途径带来的电气串扰，会议室应采用三套供电系统。一套供电系统作为会议室照明供电。另外一套供电系统作为整个终端设备、控制室设备的供电，其供电能力应不小于 10 安培。这套供电系统需配备不间断电源系统（UPS），而每套终端设备需配备一台功率不小于 1 500 W 的 UPS，每套 MCU 设备需配备一台功率不小于 1 000 W 的 UPS。第三套供电系统需要采用三相四线制，用于空调等设备的供电。

7）传输条件

会议室和控制室在装修时，应预留终端线缆下线槽，便于数字中继电缆从传输机房拉到会议室和控制室。如传输设备到会场的距离超过 100 米时，数字中继电缆要求采用芯线线径 0.3 平方毫米的同轴电缆（75 欧姆），不能采用芯线线径 0.2 平方毫米的同轴电缆（75 欧姆），否则将影响信号质量。此外，接头（BNC 头）也需要制作完成，并且连接牢固可靠。

5.2.4 会议中心的常用设施、设备及其管理

1. 会议中心的设施和设备

会议中心的设施和设备按照其使用功能大体上分为两大类，即会议设备和会议中心的其他物业设施。会议设备，包括各种视听设备、通信设备、办公设备等直接服务于各种会议的设施和设备；其他物业设施，主要是指会议中心的基础设施和设备，包括给排

水系统和热水及饮水供应，供热、通风与空气调节系统，供、配电系统的基本设备及各种电气设备，消防系统，交通运输设备，娱乐设施，园林及环境美化设施等。其中供、配电系统的基本设备主要包括变配电设备和应急发电设备等能源供应设备；而电气设备则包括电气照明、电梯等设备。为了提高服务水平，目前很多会议中心将其他物业设施的管理与维护外包给物业管理公司进行。

2. 常用视听设备

各种类型的会议都需要使用视听设备，尤其是现代的视频会议，对视听设备方面的要求更是严谨，因此会议视听设备的选用和管理大都需要专业人员的协助规划。目前，会议所使用的视听设备大体包括放映设备和音响设备。

1) 放映设备

放映设备是指会议室内举行会议时所用到的辅助放映器材，如幻灯机、投影机、动感投影机等。

(1) 幻灯机。现代幻灯机一般都具备自动对焦、遥控、高亮度影像及与同步录音机相连等功能。35毫米幻灯机是最常使用的幻灯片投影设备。对于小型会议室及小于2.4米的银幕，可以使用35毫米幻灯机。

(2) 投影片投影机。投影片投影机是最简单的视听设备，这种设备利用镜子折射方式将透明片的资料投射到（最大3米）平面银幕上。这种投影机提供较亮的影像，所以演讲者能在微暗的空间里工作。

(3) 实物投影机。其外形酷似手提型投影片投影机，主要构造包含一小型摄影机、光源及置物板。使用时，将一实际的物件，如商品样本、相片、印刷品等立体的物件放在置物板上，打上光源，通过实物投影机上的小摄影机将此物件拍摄下来，再连接影像投射器，使物件放大投射到银幕上，因此，与会者不需全部挤到前面就能看清楚演讲者介绍的"实物"。此外，摄影机的镜头可以自动对焦，也可将实物放大或缩小。

(4) 大屏幕投影机。这种投影机的选择首先要考虑采用前投还是背投方式，然后确定投影屏幕尺寸、亮度、分辨率等指标，再选择相应性能的设备。所谓前投，就是投影机的安装位置与参会者在屏幕的同侧，投影机发出的光线投射到屏幕，在屏幕上形成图像，然后光线再反射到人眼睛。而背投，就是投影机的安装位置与观众分别位于屏幕的两侧，投影机发出的光线从屏幕的一侧直射到屏幕，光线透过屏幕进入观众眼睛。前投屏幕可做成任意尺寸，但需要控制环境光才能得到很好的观看效果。背投屏幕在尺寸方面不如前投，但不需要控制环境光，比较适用于观众不多、环境光线和照明很好的环境。如果环境光线很亮，那前投就会显得暗些，背投就是最佳选择了。

(5) 录像放映系统。录像放映系统包括录像机/VCD/LCD/DVD机，以及录像投影仪/电视机。录像机/VCD/LCD/DVD机的功能是放映录像带或光盘上的录像资料。而录像投影仪和电视的功能是显示录像画面给与会者观看。录像投影仪具有立即重播的能力，并且具有全动感和色彩，可以和计算机相连并展示相关数字资料。在国际会议中使用录像投影仪时要注意兼容的问题，因为各国的录像带标准不尽相同。电视不但可以作为放映录像资料的显示器，也可以在有线电视系统和卫星天线的支持下，播出各种电视节目。在会议中心建设时应该在多功能厅、会议室、大堂、门厅等处预留向中控室传输视频信号的通道。

（6）会议摄录系统。会议摄录系统可实时拍摄会议发言人特写、会场场景，并将拍摄内容实时传送至操作室供操作员监控和记录。然后，所拍摄的内容可以通过 A/V 矩阵切换成视频会议的视频源。在大型会议室至少应该配置两台摄像机，在会场的前后部各放一台，安装方式可采用吊挂天棚、吊挂在墙上等。

（7）银幕。如果选择了不适当的银幕材质会大幅度降低投影设备的使用效率。确定银幕的尺寸是选择银幕的前提。在选择银幕尺寸时必须考虑到会议室的容量、面积和天花板高度。一旦确定了尺寸，还要考虑银幕的形式、规格及材质。

（8）投影机架。要将投影设备置于适当的投影位置，必须置于经过精心设计过的架子或是升降机。Safelock 及活动式推车为最常用的两种基本设备。Safelock 架的四脚可以自由伸缩定位，其最高的高度为 142 厘米。这个高度对于单台幻灯机或投影机是一个非常合适的高度。活动推车则可容纳较多的投影机，其高度最高可达 137 厘米。81 厘米高的活动推车较适合用于投影片投影机，137 厘米高的活动推车则可安全地承受视讯监视器。

2）音响设备

音响设备对会议的质量具有相当大的影响。会议的音响设备主要包括麦克风、录音设备、室内音响及扩音系统。

（1）麦克风。麦克风是会议活动中使用最频繁、最重要的视听器材之一。然而麦克风的种类繁多，特性也不同。了解各种麦克风的特性及正确的使用方法，会使会议进行得更顺利，并节省不必要的器材租用费。麦克风可粗略分成有线麦克风和无线麦克风。

在使用麦克风前，先要确定这场会议中需要多少支麦克风。在将近百人的会议中，至少应该在讲台与主桌台上设置麦克风。如果会议有双向沟通的时段，就要考虑在观众席放置麦克风。

（2）录音设备。会议的录音设备需要具有在同等 MIC 音量下，清晰捕捉远距离声音的功能。此外，为了提高大中型会议的录音效果，需要在演讲区增加麦克风或安装由专人控制的调音台。调音台通过随时调节不同输入声道的音量，可以将会场内部及周围的喧闹声音降到最低。小型会议或是配备先进设备的视频会议，通常不用调音台也可以达到不错的效果。

（3）室内音响。大部分符合标准的会议场地都有室内音响系统，以便使会议内容可以被所有与会者清晰地听到。为了保证音效系统在会议期间的正常工作，在会议前两天最好对其进行一次检视，以免该系统在演讲者发言时发出尖啸或声音失真等现象。需要注意的是，如果所使用的会议室仅是可分隔会议室中的一间，一定要确定是否每一间会议室均有独立的音效系统。

（4）会议扩音系统。会议的扩音系统通常包括扬声器、功放、均衡器、反馈抑制器及调音台。大型会议室可能接入多种信号源，如视频会议系统、VHS 录像机、DVD 播放机等，而会议扩声系统往往要进行语言、其他影音资料音频信号的重播，在设计时重点要考虑扬声器的分布及声压覆盖的均匀，以保证各种音频信号重播清晰。为了获得均匀的声场，扬声器一般可以吊装在墙上。此外，会议扩音系统需要达到的基本标准是保证演讲声音清晰、无失真、声压余量充分、声场分布均匀、无声反馈啸叫，声像定位正确，并且可以通过电声的方式补偿建筑声学上的缺陷，因此扩声设备必须是高质量的。

3. 会议系统

会议系统通常完成投票、表决、统计和显示等会议功能。会议系统包括一般讨论会、多语种同声传译会、投票表决及旁听系统。会议系统除中央控制设备外，还包括主席单元（主席麦克）、代表发言单元（发言麦克）等，一般供几十名与会者使用，大型可扩充到数百个发言单元及上千个旁听单元。

会议系统包括一系列子系统，具体如下所述。

（1）集中控制系统。大型会议室系统设备很多，采用集中控制系统是非常重要的。通过集中控制系统（也称中控系统，中央控制系统）可控制投影机、摄像机、灯光、视频源（DVD、VCR等）、音响、电动窗帘、电动屏幕、A/V矩阵、VGA矩阵等，从而实现所有音视频、VGA信号的自由切换，以及所有电源的自动控制。

（2）表决系统。会议表决系统包括：每个席位的表决器，即有多少席位多少个表决器，与表决器和计算机连接的表决分线器、会议表决系统软件、LED显示屏、电缆线、计算机、投影仪等设备。

（3）同声传译系统。同声传译系统是一种高层次国际性会议系统，由传声器设备、译音员设备、语言分配系统及有关控制设备所组成，能完成语言的翻译、传输和分配、收听的会议系统。其基本原理是在原声（发言人）音频扩放系统的基础上，通过相应设备将信号送至译员工作间，经数名不同语种的译员同步翻译后，再通过有线或无线设备分别送至会议现场不同语种需求的代表所戴的耳机中，会议代表调节接收装置选择所需的翻译语种。

（4）会议电视系统。会议电视系统由会议电视终端VCT（Video Conference Terminal）、数字传输网络（通常采用DDN或ISDN网）、多点控制单元MCU（Multipoint Control Unit）等部分组成。会议电视系统是一种以视觉、声音为主的交互式多媒体数字通信系统。它利用现代高速发展的图像和音频通信技术、计算机及微电子技术，进行各地区或远程地区点与点之间或多点之间双向视频、音频、数据等信息交互式实时通信。会议电视系统能将相隔两地或多个地点的会议室的电视设备连接在一起，使各方与会人员有亲临现场的感觉。此外，会议中心可以根据要求向与会各方提供文件传真、静止图文等辅助项目。目前，会议电视系统被广泛用于各类行政会议、科研会议、技术交流、商务谈判，对促进现代化高效会议办公具有重要贡献。

（5）会议发言讨论系统。会议发言讨论系统提供一套方便有效的会议管理技术，让会议讨论可以在良好的秩序下进行。与会代表之间可以通过话筒，内置扬声器或耳机进行交流。而主席话筒上的优先按键则能中止正在发言的代表，从而使主席可以较容易地去控制整个会议。

4. 会议的设施和设备管理

有效的设施、设备管理是保证会议中心正常运行及实现可持续发展的基础。会议的设施和设备管理是对设备的选购、定制、安装、投入运行、储存、维护保养及更新改造等全过程的管理。换言之，设施和设备管理贯穿设备从设计、采购到更新、改造的整个寿命周期，而非只集中在对设备进行维修管理这一阶段。

1）选购和定制

选购和定制会议的设施和设备需要投入大量的资金，一旦选错了产品将会大大影响整个会议中心系统的功能及技术水平,并对今后的使用、维护和更新造成很多不必要的麻烦。因此,在购置会议设备时需要加强市场调研工作,并进行科学的可行性论证。此外特别注意的是,如果需要购置的设备具有设计和制造费用很高、使用率较低、维护保养费用高、更新换代快等特点时,可以考虑采用向专门的公司租赁的方式以节约成本。

通常选购合适的设备需要综合性地考虑以下因素。

(1) 经济适用性。选购设备时首先要满足经济上的合理性,并综合考虑设备的价格、使用寿命、能耗、维护费用等因素。此外,购买设备要有一定技术的先进性,才能更好地满足快速发展的会议市场需求,并提供高水平的会议服务。

(2) 安全可靠性。安全可靠的设备是会议活动正常进行的基本保障,关系到会议场馆及所有工作人员和与会者的利益。选用安全可靠的设备时可以降低或避免事故和故障发生率,从而有效减少由于事故和故障而造成的损失。

(3) 方便及耐用性。方便性是指所选设备通用性强,能够适应不同的工作条件和操作,且易于操作和使用。耐用性是指设备在使用过程中所经历的自然寿命期要长,并且具有可修性或易修性。

(4) 配套性。指所选设备需要和现存系统兼容,并且在性能上可以互补,以便进行技术上的管理。

(5) 节能及环保性。节能是指所选设备的能源利用率要高,且能耗要低。环保性是指设备的噪声和排放的有害物质对环境的污染要少,以便降低对环境及人体的危害。

(6) 美观性。指所选设备需要具备一定的文化内涵和品位,而不必只追求高价位。

2) 设备的合理使用

设备的合理使用可以减轻设备磨损,保持良好的性能,延长设备的使用寿命,防止事故的发生。为了达到会议设备合理使用,操作人员需要根据设备性能和使用的要求,严格按操作规程和使用范围进行操作,并且禁止设备的超负荷运转。此外,设备管理中应该减少或避免设备闲置,提高设备利用率,使设备在低耗、节能、安全的前提下为会议活动服务。

3) 设备的检查、维护保养和修理

检查、维护保养和修理是设备管理中工作量最大的环节,也是设备正常运转的保障。在掌握故障与磨损规律的基础上,合理地制定设备检查、维护保养与修理的周期和作业内容,可以有效地减少突发性事故。利用先进的检护技术和工具,以及灵活的维修方式,如部件修理法、分步修理法、同步修理法等,对及时做好设备的维护保养,减轻设备的磨损,延长设备的使用寿命至关重要。

4) 设备的改造与更新

为了提高会议服务水平,会议中心需要以经济效益、技术水平、节能环保等方面为出发点,有计划、有步骤、有重点地积极进行设备的改造与更新工作。设备的改造与更新包括:编制设备的改造更新规划,进行设备改造方案和新设备的技术经济论证,筹措改造更新资金,合理处理老设备、能耗过大的设备及易造成环境污染的设备。

5) 设备的日常管理

设备的日常管理工作包括设备验收、分类、登记、编号、调拨、事故处理、报废等工作,以及建立和执行设备管理制度和责任制度等,另外,设备的存储工作也是会议设备日常管理的一个重点。由于会议设备具有数量大、种类多的特点，所以需要制定一套完善的设备申领程序。此外，还要定期对设备进行清点，并将不用的设备严加保管，避免造成设备流失。而在设备储存时需要为会议室的家具等设备划分出专门的空间，以免由于储存不当影响设备的使用寿命。

5.3 展览中心的管理

5.3.1 展览场馆的规划管理

展览场馆的规划管理是展览场馆成功经营管理的基础。展览场馆的规划包括场馆的选址规划、场馆的规划建设及展览的场地规划。场馆的选址规划在前面的章节已经介绍过，本节主要介绍场馆的规划建造及展览的场地规划。

1. 场馆的规划建设

展览场馆在规划建设时需要考虑到为群众活动广场和停车场所预留足够的面积，并且应该考虑到室外陈列场地的建设及其环境的绿化和美化。此外，还要注意通过合理的规划使各功能分区之间联系方便又互不干扰；在规划中要注意各陈列馆之间的相互关系，以便根据其不同性质和具体情况组成有机的建筑组群。

现代化展览中心突出了"以人为本"的建设理念，因此人体工程学在现代展览场馆的设计时得到广泛的运用。按照人体工程学的基本原则，展览场馆的设计建造要充分考虑到尺度、色彩、照明、噪声、温湿度、空气流速与质量、电磁辐射、绿化等诸多方面，以及对展览场馆的工作人员、参展商及参观者心理、行为、生理、工作效率的影响。

1）展厅的高度和面积

国际上的现代化展览中心的展馆基本上都是单层、单体，面积约1万平方米，高度13~16米。展馆建成单层，因为对参展观众的调查表明，实际上到二层展馆的观众会减少一定的百分比，到三层则更少。此外，建造多层的展馆对参展物品的运输及地面的承重要求较高，会大幅度增加展馆的建造成本。而展厅的净高最低应大于或等于4米，过低会使观众产生压抑、憋闷。大型展览场馆展厅的高度可以达到13~16米，这个高度适合布展作业。如果超过这些标准而建造的高大展馆，不符合人体工程学的标准，通常会使置身其内的观众产生渺小感和恐怖感，不利于展出效果。而面积为1万平方米的展馆，正好是长140米，宽70米，处于人眼的正常视觉范围内，观众不容易迷失方向。

2）展厅的温度和湿度

展厅，尤其是博物馆、画廊等场所，对温度和湿度都有严格的要求，而且对气压也有一定的要求。对于某些特定的展品，这三项指标如果不符合要求，一方面可能会损伤展品，另一方面对观众的情绪和健康产生不良影响。一般展馆的展厅温度也应控制在16℃~18℃。假如室内太冷，会降低观众的参观兴趣；太热，观众血流加快、易出汗，造成情绪烦躁，甚至中断参观，影响参观效果。而对博物馆和画廊等特定展厅的室温要求恒定在18℃~22℃，昼夜温差不超过1℃。而展厅的相对湿度一般为40%~

60%。如果湿度过小，会使观众口干舌燥，影响参观；湿度过大不但会加速某些参展物品的腐烂、发霉，而且也使观众感到闷热、出汗、心烦意乱，从而失去参观的兴趣。室内相对湿度控制在44%左右，对观众来讲是最舒适的。

3）展厅内部的空气质量与流速

展场空气质量的优劣直接决定了展示的效果和观众的身心健康。而室内空气的流速快慢直接影响到展示空间里的温度和湿度高低，进而影响到展示效果的好坏。所以，设计建造展馆时必须关注展厅的空气质量与空气流速。首先，展厅内必须保持清新、无污染的流通的空气，并且富含氧气。此外，展示过程中使用的煤气、氯气、氮气、氢气等，要确保不泄漏，避免燃烧或爆炸。而展览中心应确保室内的化学性污染、物理性污染、生物性污染与放射性污染都不存在，或都低于国家规定的标准。另外，在人流聚集的展示空间环境中，空气必须是流动的。否则，温度升高，湿度也随之加大，观众就会感到闷热难耐，丧失继续参观的兴致。

4）电磁辐射的防护

为了避免电磁辐射对参展者和工作人员健康的危害，展览场馆必须远离广播电视发射塔台、无线电通信发射基站和雷达站、高压送变电系统、磁悬浮列车运营线及工业、科技和医疗用的电磁能设施。假如实在不能避开上述这些设施，必须进行适当的屏蔽防护。

5）绿化与水体

在展馆设计建造时需要用绿化和水体，来改善和美化环境，从而调节观众情绪，进一步提高展示效果。首先，绿化可以改善环境的小气候，增加室内温度。其次，绿化可以使展厅更加美观、舒适宜人，并且可以减轻和消除观众的疲劳，使参观轻松愉快。此外，绿化可以减轻或消除污染，提高室内空气质量。而水体的作用与绿化相近，特别是在炎热的夏秋季节，水体会给观众带来激情与快乐，从而增强展示效果。

2. 展览的场地规划

展览场地是展览活动的基础。合理的场地规划，可以提高场馆的出租率及增强展出的效果。

1）室内和室外场地

从展馆建筑的角度上，可以将场地分为室内场地和室外场地。室内场地是指展馆内部的场地，室外场地是指展馆外的场地。大部分展览需要使用室内场地，仅有露天使用的产品或者体积、高度及重量超标的产品常放在室外进行展出。一般的工业展览会可以在室内、室外同时进行，而航空展、工程机械展多在室外进行。因此，场馆的管理者需要根据展览活动的特定性质对场地进行有针对性的规划管理。

在对室内场地进行规划，并设计各展厅及陈列室的布局时需要注意以下7个方面。

（1）展厅或陈列室的布局形式应根据展示内容确定，展品陈列方式要具有一定的系统性。

（2）参观不宜过长，且路线设计要明确，避免迂回交叉。

（3）展厅或陈列室要与门厅、过厅、休息厅、楼梯、电梯等连接，方便参观者到各展厅和陈列室参观，并且在参观中途随时找到适当的地方休息。当展厅或陈列室设在楼上时，需要配备老人、儿童、孕妇、残疾人使用的电梯和运输展品的专用电梯。

(4) 展厅或陈列室的出入口要明显，外部通道要顺畅，而展品的运输路线不应干扰参观路线。

(5) 展厅或陈列室的朝向要便于采光，并且避免阳光直射展品。此外，采光口不占或少占陈列墙面，以免浪费展示面积。对需要人工照明的大型展厅，展览中心的管理者需要对展品的陈列方式和照明方式进行综合考虑，以便增强展示效果。

(6) 展厅或陈列室需要安装通风设备，以利于形成良好的通风条件。

(7) 展厅或陈列室要尽量避免场馆内外噪声干扰，并且对珍贵展品要有特殊的安全保护措施。

2) 展览场地的出租形式

展览中心通常有两种形式出租场地，即出租净场地和标准展台。净场地（Space-only Site or Free-building Site）是指展览中心管理者只出租在展馆内划分出的一块空地，而不提供任何展架、展具等设施，租用场地者需要自行设计、搭建展台。标准展台（Shell Scheme or Booth）是由展览中心提供的根据统一设计，使用标准展架搭建，并具备基本展览设施的展台。标准展台的面积最小为 4 平方米，通常的面积为 9、12、15、20 平方米及这些数字的倍数。标准展台的基本设施通常包括三面展板、展台正上方的用于标注展出者名称和编号的横条板，洽谈桌椅、电源及基本的照明设施等。通常使用标准展台的参展者还需要根据自身要求租用或自备展柜、电话、宣传资料等展具。

在出租场地时，展览中心可以根据需要和展馆的实际条件与各参展商洽谈、确定参展商所租用的面积、位置、形状、场地租用形式等。如果承办的为热点展会，展览中心要提早向相关者发布租用信息，以便参展商可以及时填写场地出租申请并签订场地租用合同。如果出租净场地，场地的租赁合同需要对所搭建的展台施工及参展设施的各项指标有明确标注。此外，场馆管理者可以根据不同的展台位置确定不同的收费标准。换言之，好的展台位置的收费标准通常较不太好的位置要高。好的展台位置包括展场的主馆、展馆的主要通道、两条走道的交汇点、展馆的入口和出口及入口的右侧。而不好的位置包括：附属展区，即与主要展馆分离的展区；远离主入口，展厅边上的通道和主活动区的背面地区；展馆后部的角落、展厅柱子或楼梯的后面及死胡同的最里面的位置等。

3) 展览场地或展台的形状

展览场地或展台的形状分为不规则形状和规则形状两种。不规则形状可以突出每个参展商的特点，通常需要由设计师按照与展览中心签订的场地租用合同自行设计搭建。展览中心所提供的通常为规则形状的场地或展台。规则场地或展台最常见的形状是方形，各展台之间的过道为直线。相对于不规则场地而言，出租规则形状的场地的经济效益较好，规划工作相对容易。常用的规则场地或展台通常有 6 种基本形式，即道变型、内角型、外角型、半岛型、岛型及通道型。展览中心的管理者可以根据会展活动的性质及参展物品的需要和条件，为参展商提供可供选择的场地或展台形状。

(1) 道变型。所谓道变型，是指在通道两旁，单开面的场地或展台。道变型是最常见的一种场地形状。这种展台只有一个面向通道的入口，由于受到此条件的限制，展台内的人流不易畅通。相对于其他形状，这种场地或展台的价格比较低廉，而构成展台的三面展示墙可以被充分用来张贴相关宣传资料。

（2）内角型。内角型展台为两开面，具有两个入口。尽管在其所面对两个通道均可看到此展台，容易吸引参观者的注意，但是这种形状通常需要占用三个标准展台才能达到预期效果。相对于道变型的展台或场地，内角型的费用较高，且人流量比外角型的要小。

（3）外角型。外角型展台同样为两开面，具有两个入口。外角型展台位于岔道口，所以参观者最先到达，并容易进入展台。除了人流量大以外，这种形状的展台视野较宽阔，比较适合布置展示焦点或设立咨询台。然而这种展台可用于展示的墙面比道变型少了一面，因而可能需要使用更多的展具，以提高展示效果。

（4）半岛型。半岛型展台为三开面，具有三个入口，视野宽阔，方便参观者的进出，人流通畅。这种形状的展示墙只有一面，且不宜使用标准展架，因此对使用展具和展台布置的要求较高。如果参展商提出要租用半岛型的场地，展览中心最好提供净场地，由参展商或会展使用者安排设计师，自行定制展架、布置场地。

（5）岛型。岛型展台为四开面，人流量也最大。与半岛型展台相似，岛型展台同样不适合标准展架。此外，由于没有展示墙，对参展商的展具及展柜的设计要求非常高。在设计岛型展台时需要注意不能使用太高的展柜，且展台的设计需要由设计师来完成开放型的设计。

（6）通道型。通道型的展台可以两端开放，不但具有两面展示墙，而且人流通畅，是所有形状中性价比最高的展台形状。

此外，在进行展台规划时，展览中心管理人员除了要考虑展台的形状，还要考虑加强对单独展台和集体展台的设计和管理。所谓单独展台，是由一个公司单独承租一块场地或展台。而两家或以上的公司共同承租一块场地或展台的是集体展台。如果多家展出主题相近的公司或规模较大的集体共同承租一块面积较大的场地，这个展台或场地可以形成一个特定的展馆。在对集体展台进行管理时，需要要求共用一个展馆或一个展台的所有公司在展台的色调、标志、布置及文字说明等方面要一致。

5.3.2 展览的现场管理

现场管理是指从一个会展活动的首批物品进入场馆到最后一批物品撤离场馆的整个过程在会展场馆内进行的管理。现场管理可根据参展物品进入场馆后的工作安排分为三个阶段：展台搭建期的管理、展出期间的管理及撤展期间的管理。现场管理的目标是为维护整个会展活动的正常秩序以及为组展商、搭建商、服务商、参展商、观众提供高水平的服务。除了场馆的经营管理者，会展场馆的现场管理通常还需要公安、交管、消防、工商等政府部门的配合。

1. 展台搭建期的管理

1）展览区域位置的划分

加强对展览区域位置划分的管理，在合理安排展示区、接待洽谈区和辅助功能区的基础上为展台的人员和展台工作提供良好的环境和条件是展台搭建期管理的重点。展示区是展品实物、模型及相关宣传说明资料所占用的场地与展示墙。除了展示产品，展览区域的另一项主要任务是吸引客户,因此需要设置接待洽谈区,便于展台人员介绍产品、登记参观者和客户的情况,并进一步与参观者和客户进行业务公关和洽谈。如果展览活动规模较大,在进行场地管理时,展览中心需要考虑为参展商的内部工作提供相应的区域,用来做办公室、会议室、维修间等。内部工作区域属于辅助功能区,有助于展台人员开展工作,并提高展出效率。而辅助区域还包括休息室、储藏室等。休息室多为封闭的区域,供展台人员休息及进餐;储藏室可以用来在展会期间存放接待品、展品、展具、工具、资料及工作人员的个人用品等。展览各区域的空间和位置,需要展览中心根据参展企业的需要和设计人员的要求进行有效的划分和管理。

2)展台的设计和搭建管理

展台的设计和搭建管理的目的在于有效地控制各展台搭建服务公司的施工质量和水平,并且确保其施工的技术与所使用的材料符合国家和地区的规范和要求,从而保证会展活动的顺利进行,以及会展工作人员、参展商及参观者的生命财产安全。在进行展台的设计和搭建管理时,展览中心首先需要对展台承建方的施工资质及施工的图纸进行审核并登记备案。对于在馆内搭建二层或结构复杂的展台以及搭建馆外展台的施工单位必须要求其提供展台结构图并加盖有相关资质设计院审核章和国家一级注册结构工程师印章及审核报告。其次,展览中心需要确定展台结构的牢固性和安全性,以及使用难燃或阻燃及环保的材料进行展台的搭建。

对所确定的施工单位,展览中心必须要求其严格遵守国家及地区的相关法规和政策。目前国内关于展台搭建的法规包括《中国国际展览中心展览施工管理规定》、《中国国际展览中心展览施工管理规定实施细则》、《中国国际展览中心展览会用水、电及压缩空气管理规定》、《中国国际展览中心展览施工环保规定》、《中国国际展览中心展览施工管理处罚规定》等。而不同地区也会有其他相关规章制度,对展台的施工进行管理和监督检查。

展台搭建管理的另一个重点是必须严格控制施工单位搭建的展台面积,使与申报的承租面积相符,并且展台的高度必须符合展馆的规定,还有制定超出规定的一系列管理办法。此外,为了确保展览活动的安全,展览中心需要在与施工方所签订的合同中明确相应的安全措施。例如,避免展台的结构遮挡展馆内的消防设施、电气设备、紧急出口和观众通道;搭建地台必须于展位范围内部地台边缘处设置缓坡通向公共通道,防止地台与地面的落差造成人身伤害;展馆防火卷帘门下不得搭建任何展架、展台、整体地台及堆放各种货物,防火卷帘门所处的展馆立柱严禁采取任何形式的包裹及遮挡,保证防火卷帘门升降畅通。

对于室外搭建的展台,展览中心需要注意其搭建面积和位置须由主办单位申请并经展馆确认后,方可办理施工手续。而且所有室外搭建展台须提供展台结构图,并加盖国家一级注册结构工程师印章确认并提供结构计算书。另外,室外展台设计应充分考虑风、雨等自然现象对展台带来的不安全因素,展台所安装的灯具、插座及配电盘等用电器应选用防雨型。室外用电设备应有可靠防雨措施及漏电保护装置。此外,展台搭建材料的选用必须符合国家有关部门关于临时性建筑的材料用法标准并结合展览的特点合理选材,选材要符合国家环保及消防要求。

3）展览物品的进场运输与卸货

展览物品的种类繁多，其中主要包括展品与搭建品。展览中心需要根据自身的条件和有关规定对展览物品的进场运输与卸货进行严格的管理。首先，展览中心需要与参展商及展会的搬运商进行协调，并合理安排各参展物品进场的顺序，确保各种物品按时进场及展台施工按时完成。其次，对于展品运输和装卸使用的工具和车辆，展览中心也要严加管理，避免事故的发生。

展台搭建一般有两种装卸方式，即直接装卸和集中运输。直接装卸是指按照搭建日期把卡车直接开到展厅里，由搬运商负责卸货和中间储存。由于参展商自己不必操心这一环节，而易破损物品只需一次搬运即可，因此直接装卸可以为参展商节约一些费用。但是采用这种方式应注意，时间预算要宽松一些，以免延误由交通堵塞等因素造成进场时间的延误。集中运输适用于数量较小或提前送货的展览物品的运输。采用这种方式时，货物应在开始搭建展台之前运抵展览会搬运商处，由其暂时储存货物，并按照规定的时间运到展台位置。对于因安全原因不能在展馆存放的货物，通常采取集中运输的方式，将其交给搬运商保管。

4）展品的管理

展品的管理包括对展位内摆放的展品实物以及相关宣传资料的审核和管理。为了方便展览中心或会展活动的组织者进行展品管理，参展商需要对参展展品进行登记，并且为涉及商标、专利、版权、质量认证的展品，取得合法权利证书或使用许可合同等权利证书。而对于由供货单位提供的展品，参展单位和供货单位须在参展前签订书面展品参展协议。协议内容包括：展品类别、展品参展的展位号、商标、专利、版权、质量认证条款及时效等，并附相应合法权利证书复印件。

此外，展品必须完全符合《中国进出口商品交易会参展展品范围》。无双方签订的代理协议正本的展品、不能说明来源或归属的展品、不能提供合法权利证书的展品及跨展区摆放的展品均属违规展品，禁止参展，并由参展单位承担责任。在展出期间，展览中心管理者可以对各展位的展品进行常规例行检查，并将发现的来历不明的展品撤下展台。

5）废弃物的处理

尽管展会的时间和空间都有限，但它产生的废弃物和垃圾却是非常可观的，展会中75%～80%的废弃物是在展台搭建和拆除时产生的。而布展材料的一次性使用，是问题的症结所在。为了解决废弃物的处理问题，展览中心可以对展会主办者或参展商收取垃圾的处理费，并在所签订的展台搭建协议中明确规定由参展商或展台承建方负责在展会结束后的垃圾处理工作。

将环保的理念引入到展台的设计和搭建上，可以大量减少展台拆卸过程中产生的废弃物，并且节省能耗。选用环保的可循环再利用的展台搭建材料是一项有效的措施。传统的展台主要使用铝材，现代展台搭建材料出现了纸制代替品，其循环再利用率有了很大的提高。此外，在设计展台时可以通过尽可能减少组成展台的零部件数量，并确保所有零件易于装备和配置，对展台的装备进行优化设计，减少装备时间，以获得最底的装备费用。还可以对展台实行模块化设计，即将构建展台的部件按功能划分为若干功能模块，并统一模块之间的连接结构和尺寸。这样通过模块的选择和组合，不仅可以构成不同的结构并实现部件互换通用，而且对快速更换、拆卸和回收也有利。

2. 展出期间的管理

1) 重大活动的管理

展出期间的重大活动包括开幕式、招待酒会、重要宾客的参观接待、大型会议等。展会的重大活动通常有政府官员、企业名流、新闻记者等重要人士到场，因此这些重要活动对于提升展会的公关宣传效果及品牌影响力至关重要。在进行重要活动管理时，活动举办方应及早筹划与确定活动日程和邀请人员，并提前发出邀请。在确定活动时间时要充分考虑当地交通、气候及工作习惯等因素，以确保活动如期举行。如果是由多个机构共同举办的活动，要事先明确各自职责分工。此外，还要注意提前布置好活动场所，并安排好贵宾的位置及休息室。另外，展览中心需要确保活动现场的设备，如扩音和放映设备、照明和通风设备等的正常工作。设立签到处可以帮助活动举办方维持入场秩序，并且记录和搜集来客情况便于日后联络。而对于活动中专业性较强的工作，如剪彩、燃放烟花等，最好外包给专业公司，以便提高工作效率，并达到预期效果。

2) 参展观众的管理

参展观众的管理主要包括对控制人流及观众资料的收集和管理两方面。参展观众可以分为一般观众和专业观众，管理不同观众的方式应该有所区别。所谓专业观众，是指通过注册获取参观证，免费参观展览会以及与参展商洽谈交流的各类个人和团体。对于特卖会、大型招聘会、计算机博览会等大众感兴趣的展会，由于一般观众的数量通常较多，所以展览中心及会展的举办方应该适当地控制人流量，以免由于人流量过大而出现场面混乱的情况，甚至危及观众的人身财产安全。控制人流量的一个有效方法就是收取一定的门票费用。专业性展会的人数通常较少，多为专业观众，因此管理相对容易一些。除了发放参观证并适当安排参观路线等基本工作外，专业观众的管理应该以观众关系管理为重点。

随着观众对展会的期望和要求愈来愈高，各展会主办方也开始运用观众关系管理这一差异化的手段来赢取专业观众。观众关系管理的功能是通过建立与观众更深层次的关系，实现观众生命周期价值的最大化。其主要包括观众信息的有效管理和与观众的有效沟通，目的是获得展会观众在顾客忠诚度方面的回报。专业观众大都是参展商的潜在客户，因此搜集专业性客户的资料并对其进行有效信息管理对于会展活动的成功举办至关重要。目前，许多展会都开始采集观众信息并统计观众人数，以及观众对于会展活动的反馈。为了方便、快速地采集和建立观众信息，PDA（Personal Digital Assistant）、手机电子门票等先进技术开始被运用到展会的观众管理中。

3) 安全管理

展会的安全管理的功能是维护展会的良好秩序并防止各类事故的发生。在展会活动期间，展览中心管理部门需要与会展活动举办方及参展商共同成立安全管理部门，负责展会的全面安全管理工作，并且制定完善的安全保卫方案措施，加强宣传教育和管理，从而提高与会人员安全防范意识。为了确定工作人员的身份，安全管理部门可以定制发放胸卡，并且由专门人员进行检查。对于运送展品的汽车，需要详细制定其临时停放地点，而在其卸货后离开展览中心时，或展出完毕搬运展品离场时需要出具相关凭证，并经有关部门检查后方可放行。为了保证贵重展品的安全,应该将其存放展柜和保险柜内或采取其他有效保护措施,并由专人负责看守和管理。而对于剧毒品、易燃易爆和放射性等展品,最好使用仿制代用品,严禁携带实物进入展馆,以免造成安全隐患。

此外,为了做好安全防火管理,安全部门需要严格执行《展馆防火规定》,并加强对所属人员安全防火教育。而安全人员必须严格控制在展馆内部,其中包括展场、展位、办公室、仓库、通道、楼(电)梯前等场所,禁止吸烟。为了满足吸烟者的需求,展览中心可以单独设置吸烟区。

4) 知识产权管理

目前,国内展会的知识产权管理还存在不少问题,各种知识产权侵权、假冒和盗用的行为在给知识产权所有者和广大消费者造成损害的同时也扰乱了会展行业的正常秩序。为了加强展会活动的知识产权管理,各参展企业必须严格遵守《关于对外贸易中商标管理的规定》。为了防止侵权行为的发生,展览中心和会展活动的举办方应该对展品进行相关的审核,审核的内容包括:①涉及专利权的,参展者应当提交专利权证书、专利公告文本、专利登记簿副本或当年缴纳年费凭证复印件;②涉及商标的,参展者应当提交商标注册证及与商标相关的经有关部门确认为有效证明的复印件;③涉及著作权的,参展者应当提交著作权登记证书及缴费凭证或相关证明复印件。

此外,会展举办者在会展期间需要设立知识产权投诉机构,并邀请专利、商标、版权等行政执法部门参加会展知识产权保护工作。该机构的职能是制定、公布会展投诉程序;接受投诉;协助配合专利、商标、版权等知识产权保护部门处理侵权投诉;以及检查、监督参展企业履行会展知识产权工作管理规定。另外,知识产权保护部门除了依法接受和处理会展发生的侵犯知识产权的投诉案件和指导会展投诉机构开展知识产权保护工作以外,还要负责督促会展举办者落实会展知识产权保护管理规定及宣传知识产权保护法律、法规。需要注意的是,如果发现展品有假冒、冒充、侵犯他人知识产权的违法行为,会展举办者必须主动通知和配合知识产权行政管理部门依法查处,对侵权假冒产品采取暂扣、没收、封存、责令撤离展位等措施;对涉嫌构成犯罪的案件,应及时依法移送有关部门追究刑事责任。

3. 撤展期间的管理

展览会结束时相关工作还很多,如参展商要结清账务,搭建商要进场撤馆,物流公司要运回参展物品或空箱。如果这个阶段管理不善,很容易造成混乱。因此,展览中心及展会的举办方需要加强撤展期间的管理,并与参展商、物流服务、保洁、保安等公司共同制订好撤展方案,从而有效避免因为各方自行其是而造成的混乱。为了确保撤展工作的及时进行,展会管理者会明确规定参展商将相关物品清运出去的期限。通常向参展商收取一定数额的保证金可以较好地控制参展商在撤展期间的表现。例如,如果参展商不能将展品及装饰材料在最后期限清运出场,或在拆除展台及运输展品过程中对展馆造成某种损坏,可以扣除押金。而只有当撤展完毕后,经过场馆管理方验收场地合格,才能将押金退还。此外,为了保证展品的安全离场,展会管理者通常会给即将运出的展品及展具发放出门证。

本章小结

国际会展展馆根据出资建设的方式，分为三种管理体制："政府出资建馆"的管理体制、"民营公助"的管理体制和"私营出资建馆"的管理体制。国际上通行的会展场馆经营管理模式基本上分为三种：纯管理型模式、管理与组展混合型模式及综合管理型模式。除了涉及对场馆及其内部各项设施硬件的管理，会展场馆的管理还包括对会展场馆的营销管理、会展活动举办期间的现场管理、安全管理及财务管理等。会议中心是为各种会议活动提供专门场地、设施设备和服务的场所。会议中心的设施和设备大体上按照其使用功能分为两大类，即会议设备和会议中心的其他物业设施。展览场馆的规划管理是展览场馆成功经营管理的基础。展览场馆的规划包括场馆的选址规划、场馆的规划建设及展览的场地规划。现场管理可根据参展物品进入场馆后的工作安排分为三个阶段：搭建期的管理、展出期间的管理及撤展期间的管理。

练 习 题

1. 名词解释

TCS 战略　会展场馆的营销管理　会议中心　会议设备　放映设备　会议摄录系统　会议的音响设备　会议电视系统　展览场馆的规划　展览的现场管理

2. 思考题

(1) 简述基于 TCS 战略的优质服务理念。

(2) 简述会展场馆的管理体制。

(3) 简述会展场馆经营管理的内容。

(4) 简述会展场馆的规划建设管理。

(5) 简述国内会展场馆的规划建设存在的问题。

(6) 简述会议中心的概念和类型。

(7) 简述会议中心的厅室布局要点。

(8) 简述会场布置的类型。

(9) 简述视频会议室的设计和布局。

(10) 简述会议中心的常用设施及其管理。

(11) 简述展览场馆的规划建设。

(12) 结合实际谈谈如何进行会展信息管理规划。

(13) 论述现代会展场馆经营管理的理念。

(14) 论述发达国家会展行业协会及其管理职能，以及其对国内行业管理的启示。

(15) 论述中国会展场馆的经营管理模式。

(16) 论述展览的现场管理。

[1] 张以琼. 会展场馆管理与服务. 广州：广东经济出版社，2007.
[2] 郑建瑜. 会展场馆管理. 北京：旅游教育出版社，2007.
[3] 郑建瑜. 会展场馆经营与管理. 上海：上海人民出版社，2006.
[4] 方芳，吕萍. 物业管理. 上海：上海财经大学出版社，2003.
[5] 刘大可，陈刚，王起静，等. 会展经济理论与实务. 北京：首都经济贸易大学出版社，2006.
[6] 胡平. 会展管理. 北京：高等教育出版社，2004.
[7] 胡平. 会展管理：理论与务实. 上海：华东师范大学出版社，2007.
[8] 马勇，冯玮. 会展管理. 北京：机械工业出版社，2006.
[9] 马勇，肖轶楠. 会展概论. 北京：中国商务出版社，2004.

第6章 会展人力资源管理

本章导读

现代会展经济的发展主要依赖于三项主要因素，即：新的资本资源的投入，劳动者的平均技术水平和劳动效率的提高，科学的、技术的和社会的知识储备的增加。而后两项因素均与人力资源密切相关。因此，人力资源是推动会展业发展的最活跃的因素，也是一切资源中最重要的资源。人力资源管理不但对会展经济增长具有特殊重要性，同时也对会展企业的生存和发展具有重要意义。通过本章学习，掌握会展人力资源管理系统的构成，了解人力资源计划、招聘、培训、绩效考核和员工的职业生涯规划的基本问题和主要方法，熟悉会展公司人力资源管理的基本运作。

6.1 会展人力资源管理概述

6.1.1 会展人力资源管理的概述

1. 概念

会展人力资源管理是一个运用现代化的方法与技巧，对与一定的物力相适应的会展人力资源进行合理的配置与使用，并对人力资源的思想、心理与行为进行恰当的诱导、预测和控制，做到人尽其才、才尽其用，从而释放人力资源的潜能，充分实现组织目标的过程。因此，会展人力资源管理可以被定义为：为了实现会展组织的战略目标，组织利用现代科学技术和管理理论，通过不断地获得人力资源，对所获得的人力资源的整合、调控及开发，并给予相关人员报偿以有效地开发和利用之的活动过程。

2. 会展人力资源管理的内容

（1）从横向来看，会展人力资源的管理包括人力资源量的管理和质的管理，其中质的管理更为重要。

会展人力资源量的管理，指当会展企业人力与物力构成变化时，对人力进行恰当的培训、组织和协调，使人力与物力经常保持最佳比例和有机结合，从而保证人与物都充分发挥最佳效应，做到事得其人，人尽其才，两种资源均得到有效的使用。

会展人力资源质的管理，指对会展人力资源的心理和行为的管理，充分发挥其主观能动性。对于个人而言，主观能动性是人力资源积极性和创造性的基础，而人的思想、心理活动和行为则是人的主观能动性的表现。就会展企业而言，人力资源质的管理侧重于使企业内部每个个体在思想观念上一致，在感情上融洽，在行动上协作，从而有效减少组织内部的内耗问题，并使群体出现 1＋1＞2 的群体整合效应。

(2) 从纵向来看，会展人力资源管理主要包含 4 个主要环节，即选人、留人、用人、育人。

选人，即基于职务分析，通过招聘、面试、测评、选拔等环节获取会展企业所需的人力资源。

留人，即通过对员工进行激励和职业管理，增加员工对工作环境和条件的满意度，提高其主观能动性，并对其职业发展进行管理，使员工的个人职业发展和会展企业的发展保持一致。

用人，即通过绩效考核和薪酬管理改善员工的组织行为，充分发挥其潜能和积极性，以求更好地达到会展企业的目标。

育人，即通过培训和职业管理提高员工的综合素质，使其更好地为会展企业服务。

6.1.2 会展人力资源管理的功能和意义

1. 会展人力资源管理的基本功能

1）获取

获取主要包括人力资源规划、招聘和录用。为了实现会展企业的战略目标，人力资源管理部门要根据企业结构和战略目标，确定职务说明书与员工素质要求，制订与企业目标相适应的人力资源需求与供给计划，并根据人力资源的供需计划而开展招聘、考核、选拔、录用与配置等工作。只有首先获取了人力资源，才能对其进行管理。

2）整合

会展的人力资源管理应该以人为本，强调个人在组织中的发展。员工的个人发展势必会引发个人与个人、个人与组织之间的冲突，产生一系列问题。所以，会展人力资源的第二个职能就是去解决这些冲突，使员工之间和睦相处，协调共事，这被称之为整合功能。整合的过程其实就是一个使员工之间和睦相处，协调共事，取得群体认同的过程，也是员工与组织之间个人认知与组织理念、个人行为与组织规范的同化过程，因而又称之为人际协调功能与组织同化功能。其主要内容有：组织同化；群体中人际关系的和谐，人与组织的沟通，以及矛盾冲突的调解与化解。所谓组织同化，是指个人价值观趋同于组织理念，个人行为服从于组织规范，使员工与组织认同并产生归属感。

3）奖酬

奖酬，即激励和凝聚功能，是指对会展企业的员工为组织所做贡献而给予奖酬的过程，具有人力资源管理的激励与凝聚职能，因而是人力资源管理的核心。其主要内容为：对员工绩效进行考评，设立合理的奖酬制度并给予公平合理的工资、奖励和福利。

4）调控功能

调控功能是指对会展企业的员工实施合理、公平的动态管理过程，如晋升、调动、奖惩、离退、解雇等，它具有控制与调整职能。

5）开发功能

所谓开发功能，是会展人力资源开发与管理的重要职能，包括人力资源数量与质量的开发。会展人力资源质量的开发是指对员工素质与技能的培养与提高，以及对他们潜能的充分发挥，以最大地实现其个人价值。

2. 会展人力资源管理的意义

1）实现事得其人、人尽其才

会展的人力资源管理侧重于对与会展相关的工作中人与人、人与事之间的相互关系进行管理，谋求的是工作中人与事、人与人、人与组织的相互适应。

2）实现对会展人力资源的组织、协调、控制和监督

组织就是在知人识事的基础上，因事择人，达到人与事的最佳结合。协调就是根据人与事的变化及时调整两者关系，以保持人事相宜的良好状态。控制就是采用行政的、组织的、思想的种种办法，防止人与事、人与人、人与组织关系的对抗。监督就是对组织、协调、控制会展人力资源活动的监察。

3）提高会展人力资源利用率、增强会展企业竞争力

会展人力资源管理并不是使人消极地被动地适应事的需要，而是根据个人能力特点，安置在能充分施展其才华的最佳工作岗位上，根据其才智和能力的提高，及时调整其工作岗位，使其才能得以充分发挥。因而会展人力资源管理不是消极的静态的管理，而是积极的动态的管理，这种动态管理带来了人力资源利用率的提高，进而促进了会展企业生产率的提高和竞争力的增强。

4）提高员工的工作生活质量和工作满意感

工作生活质量（QWL）是指组织中所有人员，通过与组织目标相适应的公开交流渠道，有权影响决策，改善自己的工作，进而使员工有更强的参与感、更高的工作满意感和更少的精神压力的过程。它集中反映了员工在工作中所产生的生理和心理健康的感觉。

6.2 会展人力资源规划

6.2.1 会展人力资源规划概述

1. 会展人力资源规划的含义

会展人力资源规划就是会展企业科学地预测、分析自己在环境变化中的人力资源供给和需求状况，制定必要的政策和措施以确保在需要的时候和需要的岗位上获得各种需要的人才，从而使企业和个人获得长期的利益。其主要内容包括晋升规划、补充规划、培训开发规划、配备规划、职业规划。

会展人力资源规划包括三层含义。首先，会展企业之所以要编制人力资源规划，主

要是因为环境是变化的。其次，会展企业人力资源规划的主要工作是制定必要的人力资源政策和措施。而人力资源规划的最终目标是要使企业和个人都获得长期的利益。

会展人力资源规划的主要作用包含三个方面。首先，会展的人力资源规划能加强组织对环境变化的适应能力，为组织的发展提供人力保证。其次，人力资源规划有助于实现组织内部人力资源的合理分配，优化组织内部人员结构，从而最大限度地实现人尽其才。此外，人力资源规划对满足组织成员的需求和调动职工的积极性与创造性有巨大的作用。

2. 人力资源需求预测

影响会展人力资源需求的因素主要分为企业内部因素和企业外部因素，其中来自企业内部的因素影响较大，但外部因素也会起一定作用。企业内部的因素主要有：技术、设备条件的变化，企业规模的变化，企业经营方向的变化。外部因素包括经济环境、市场环境、技术环境、政策法规、竞争对手等。此外，户籍制度、社会保障制度、住房制度等对会展企业的人力资源规划均有一定的影响。

会展人力资源需求的预测方法可分为定性预测方法和定量预测方法。定性预测方法主要有主管人员经验预测法和专家预测的德尔菲法，定量预测方法主要有趋势分析法、比率分析法和回归分析法等。

1) 定性预测方法

（1）经验预测法

经验预测法即根据以往的经验对人力资源需求进行预测。经验预测法可以采用"自下而上"和"自上而下"两种方式。"自下而上"就是由直线部门的经理向自己的上级主管提出用人要求和建议，征得上级主管的同意。"自上而下"的预测方式就是由公司经理先拟定出公司总体的用人目标和建议，然后由各级部门自行确定用人计划。在实践中最好是将"自下而上"与"自上而下"两种方式结合起来运用。这种方法较适用于中、短期的预测规划，简单易行，在实际工作中应用广泛。在应用经验预测法时一方面要注意经验的积累；另一方面要认识到，对于不同的对象，预测结果的准确程度会有所不同。

（2）德尔菲法

德尔菲法是一种使专家们对影响组织某一领域的发展的看法达成一致意见的结构化方法。这种预测方法具有可操作性，且可以综合考虑社会环境、企业战略和人员流动三大因素对企业人力资源规划的影响，因而运用比较普遍。但其预测结果具有强烈的主观性和模糊性，无法为企业制定准确的人力资源规划政策提供详细可靠的数据信息。其应用原则为：给专家提供充分的信息使其能作出判断；所问的问题应是一个主管人员能答复的问题；不要求精确；使过程尽量简化，不问无关的问题；保证所有专家都能从同一角度理解雇员分类及其他定义；争取高层管理人员和专家对德尔菲法的支持。

2) 定量预测方法

（1）趋势分析法

趋势分析法的基本思路是确定组织中哪一种因素与劳动力数量和结构的关系最大，然后找出这一因素随雇用人数的变化趋势，由此推出将来的趋势，从而得到将来的人力资源需求。趋势分析法一般分为6个步骤：确定适当的与雇用人数有关的组织因素；用这一组织因素与劳动力数量的历史记录作出二者的关系图；借助关系图计算劳动生产率；确定劳动生产率的趋势；对劳动生产率的趋势进行必要的调整；对预测年度的情况进行推测。

(2) 回归分析法

所谓回归分析，就是利用历史数据找出某一个或几个组织因素与人力资源需求量的关系，并将这一关系用一个数学模型表示出来，借用这个数学模型，就可以推测将来的人力资源需求。在此方法中，通常将人力资源需求量称为因变量，将影响因素称为自变量。当自变量的个数不同时，只考虑一个影响因素建立的模型，采用线性回归；考虑多个影响因素建立的模型，则要采用多元统计分析方法。

(3) 比率分析法

这种方法是根据过去的经验，把组织未来的业务量转换为人力资源的需求量的预测方法。具体做法是：先根据过去的业务活动量水平，计算出每一业务活动增量所需的人员相应增量，再把对实现未来目标的业务活动增量按计算出的比例关系，折算成总的人员需求增量，然后把总的人员需求量按比例折算成各类人员的需求量。

除此以外，对与劳动力数量有关的组织因素进行分析也是会展企业人力资源需求预测的关键一步。在进行组织因素的分析时，应该注意所选因素至少满足两个条件。第一，组织因素应该与组织的基本特性直接相关；第二，所选因素的变化必须与所需雇员数量变化成比例。

3. 会展人力资源供给预测

会展人力资源需求预测研究的是组织内部对于人力资源的需求，而供给预测需要研究组织内外部的供给两个方面。会展人力资源供给预测，即会展企业人员拥有量预测，是会展人力资源规划的又一关键环节。只有进行人员拥有量预测，并把它与人力资源需求量相对比之后，才能制定各种人力资源规划。

1) 会展企业内部人力资源供给预测

会展企业内部人力资源供给预测通常按照两个步骤运作。第一步，会展企业将所有职位按头衔、职能和责任等级进行分组，以便反映其员工期望升迁的职位级别。第二步，确定在每个职位类别里，在制订计划期间有多少员工将留在他们的职位上，有多少员工将离开而到其他职位上以及有多少将离开企业。这些供给预测的依据主要依靠以前的流动率作为参照。外部人力资源供给预测主要指外部因素对人力资源招聘的影响。常用的方法如下。

(1) 人员核查法。这种方法通过对会展企业现有人力资源质量、数量、结构和在各职位上的分布状况进行检查，掌握企业拥有的人力资源状况。通过核查，可以了解员工在工作经验、技能、绩效、发展潜力等方面的情况，从而帮助人力资源规划人员估计现有员工调换工作岗位可能性的大小，决定哪些人可以补充企业当前的职位空缺。

(2) 马尔可夫分析法。这种方法是会展企业内部人力资源供给预测的又一种常用方法。其基本思路是通过具体数据的收集，找出过去人事变动的规律，由此推测未来的人事变动趋势。马尔可夫分析实际上是一种转换概率矩阵，使用统计技术预测未来的人力资源变化。这种方法描述组织中员工流入、流出和内部流动的整体形式，可以作为预测内部劳动力供给的基础。值得注意的是，马尔可夫分析法的精确性与可行性还需要进一步的研究。显然，转换概率矩阵中的概率与预测期的实际情况可能有差距，因此，使用这种方法得到的会展企业内部劳动力供给预测的结果也就可能不精确。在实际应用中，一般采取弹性化方法进行调节，即估计出几种概率矩阵，得出几种预测结果，然后对不同预测结果进行综合分析，寻找较合理的结果。

2）会展企业外部人力资源供给预测

会展企业外部人力资源供给是指会展企业从劳动力市场上获得必要的人员以补充或扩充企业的员工队伍。其来源主要包括失业人员、各类学校毕业生、转业退伍军人、其他组织流出人员等。会展企业预测外部人力供给时，主要应考虑以下几种因素。

（1）宏观经济形势和失业率预期。一般来说，宏观经济形势越好，失业率越低，人力供给就越紧张，招聘工作就越困难。

（2）人口资源状况。人口资源状况决定了会展企业现有外部人力资源的供给状况，其主要影响因素包括人口规模、人口年龄和素质结构、现有的劳动力参与率等。

（3）劳动力市场发育程度。社会劳动力市场发育良好将有利于劳动力自由进入市场，由市场工资率引导劳动力的合理流动；劳动力市场发育不健全及双轨制的就业政策势必影响人力资源的优化配置，也给会展企业预测外部人员供给带来困难。

（4）社会就业意识和择业心理偏好，以及会展企业所在地区的综合情况。其中，包括经济发展水平、教育水平、地理位置、外来劳动力的数量与质量、同行业对劳动力的需求等，这些都将直接或间接影响人力资源供给的数量、质量和结构。

6.2.2 会展人力资源规划程序

1. 搜集准备有关信息资料

进行人力资源规划所需要搜集的资料包括会展企业的经营战略和目标、职务说明书、会展企业现有人员情况、员工的培训、教育情况。此外，结合会展企业现有人员及职务人员、职务可能出现的变动情况、职务的空缺数量等，掌握企业整体的人员配置情况，编制相应的配置计划。

2. 人力资源需求预测

人力资源需求预测是指对会展企业人力需求的结构和数量进行预测。在人员配置和职务计划的基础上，合理预测各部门的人员需求状况。会展企业在做人员需求预测时，应注意将预测中需求的职务名称、人员数量、希望到岗时间等详细列出，形成一个标明有员工数量、招聘成本、技能要求、工作类别、以及为完成组织目标所需的管理人员数量和层次的分列表，依据该表有目的地实施日后的人员补充计划。

3. 人力资源供给预测

会展企业的人力资源供给预测包括内部拥有量和外部拥有量的预测。人员供给主要有两种方式，一是公司内部提升，二是从外部招聘。内部提升是一种比较好的方式，因为被提升的员工基本上已经接受了公司的文化，省去了文化培养的程序。其次是通过提升使员工得到某种满足，更易激发工作的热情和积极性。外部招聘相对来说比内部提升效果要差一些，但也不是全部，如果能够从外部招聘优秀人才并留住人才，得以发挥其作用，也是很好的。在确认供给状况时要陈述清楚人员供给的方式、人员内外部的流动政策、人员获取途径和获取实施计划等。

4. 制订人力资源管理政策调整计划

会展企业人力资源管理政策调整计划中要明确阐述人力资源政策调整的原因、调整步骤和调整范围等。人力资源调整是一个牵涉面很广的内容，包括招聘政策调整、绩效考核制度调整、薪酬和福利调整、激励制度调整、员工管理制度调整等。会展企业人力资源管理政策调整计划是编制人力资源计划的先决条件，只有制订好相应的管理政策调整计划，才能更好地实施人力资源调整，实现调整的目的。

5. 编制人力资源费用预算

会展企业人力资源费用预算包括招聘费用、员工培训费用、工资费用、劳保福利费用等。有详细的费用预算，可以让会展企业决策层知道各部门的每一笔钱花在什么地方，才更容易得到相应的效用，实现人力资源调整计划。

6. 编制培训计划

对员工进行必要的培训，已成为会展企业发展必不可少的内容。培训的目的一方面是提升企业现有员工的素质，适应企业发展的需要，另一方面是培养员工认同公司的经营理念，认同公司的企业文化，培养员工爱岗敬业精神。培训计划中要包括培训政策、培训需求、培训内容、培训形式、培训效果评估及培训考核等内容，每一项都要有详细的文档，有时间进度和可操作性。

此外，在编写人力资源规划时，还要注意防止会展人力资源管理中可能会遇到的风险，规避这些风险是人力资源部的一项重要职责，在编写人力资源计划时要结合公司实际，综合职务分析和员工情绪调查表，提出可能存在的各种风险及应对办法，尽可能减少因风险带来的损失。会展的人力资源规划是一个动态的过程，必须关注影响人力资源规划的各种因素。所以，会展企业在做人力资源规划时，必须坚持动态的规划，必须密切关注影响人力资源规划的一些重要因素。真正做到人尽其才，才尽其用，使人才真正成为企业最宝贵的资源。

6.3 会展企业的人员招聘

6.3.1 会展企业人员招聘概述

1. 概念

会展企业的人员招聘实际上包括两个相对独立的过程，即招募（Recruitment）和选拔聘用（Selection）。人员招募，是指寻找职工的可能来源和吸引他们到会展企业应征的过程。与人力供给的来源相对应，会展企业的人员招募可通过内部晋升（或调职）和外部征聘两种形式来进行。招募主要是通过宣传来扩大影响，树立会展企业形象，达到吸引人应征的目的；而聘用则是使用各种技术测评与选拔方法，挑选合格员工的过程。

良好的会展企业招聘活动必须达到 6R 原则：恰当的时间（Right Time）、恰当的来源（Right Source）、恰当的成本（Right Cost）、恰当的人选（Right People）、恰当的范围（Right Area）、恰当的信息（Right Information）。

2. 人员招聘的方法

1) 内部招聘方法

(1) 查阅人事档案资料。通过档案的查阅，会展企业可以有效鉴别空缺职位的内部候选人，并对其加以提升或进行工作调换。

(2) 发布工作公告。公告的内容包括空缺岗位名称、工作说明、工作时间、支付待遇、所需任职人员的资格条件等。这种方法可以帮助人力资源管理部门了解现任员工中谁可能对空缺职位产生兴趣。现在，工作公告已经成为会展企业采用的最多的创新招聘技术之一。许多企业将工作公告视作高效职位管理系统不可分割的一部分。

(3) 内部兼职和员工推荐。如果是暂时的短缺，或者并不需要大量的额外工作，会展企业可以采用内部兼职的方式。给员工颁发各种类型的奖金而不纳入计时工资单可以用来吸引员工兼任第二份工作。此外，在进行外部招聘之前，会展企业可以要求现有员工鼓动他们的朋友或亲属申请。虽然这种推荐方式可以成为有力的招聘技术，但是企业必须小心谨慎，在使用员工推荐时避免有失公平的原则。

2) 外部招聘方法

(1) 刊登广告。通过广播电视、报纸、网络或行业出版物等媒体向公众传送企业的就业需求信息。广告可能是能够最广泛地通知潜在求职者工作空缺的办法。借助不同的媒体做广告会带来非常不同的效果，企业所要招聘的职位类型决定了哪种媒体是最好的选择。

(2) 就业服务机构。目前，就业服务机构有三种类型：政府部门经营的职业介绍单位、非营利性组织成立的职业介绍单位和私人经营的职业介绍所。就业服务机构服务的优点是能提供经过筛选的现成人才给会展企业，从而减少企业的招募和甄选的时间。但是在实践上，由就业服务机构提供的应征者往往不符合工作岗位的资格要求。

(3) 猎头公司。猎头公司是指专门为企业招聘中级或高级管理人员或重要的专门人员的私人就业机构。利用猎头公司，可以为会展企业节约不少广告征求和筛选大批应征者所花费的费用和时间。但是通过猎头公司进行招聘也存在一定的不足和问题。例如，猎头公司所收费用相当昂贵；有些猎头公司开展完整的搜寻工作的能力有限。此外，有些猎头公司的工作人员能力有限。

(4) 校园招聘。会展企业的大部分专业技术人员和基层人员可以从学校直接招聘。作为招聘人员，去学校招聘主要有两项任务：筛选和吸引。通过面试，会展企业可以在众多的毕业生中确定初选名单。选才因素包括外表言谈、反应灵敏性、独立性、兴趣、资历、学历和专业与空缺岗位的资格要求是否相等。此外，企业为了吸引人才在面试时要态度诚恳，尊重学生，要把企业的情况向学生介绍清楚，努力把优秀学生吸引到企业中来。

(5) 推荐和自荐。推荐和自荐可以节约招聘人才的广告费和就业服务机构的费用，而且还可以获得较高水平的应征者，所以企业应鼓励自己的职工推荐人才。自荐一般用于大中专学校的毕业生和计件工人等人员的招募。

阅读材料 6-1

某会展企业招聘问话提纲如表 6-1 所示。

表 6-1 某会展企业招聘问话提纲

项 目	评 价 要 点	提 问 要 点
仪表与风度	体格外貌，穿着举止，礼节、精神状态	
工作动机与愿望	对现在工作的更换与求职原因，对未来的追求与抱负，本会展企业所提供的岗位或工作条件能否满足应聘人员的工作要求和期望	• 请谈谈你现在的工作情况，包括待遇、工作性质、工作满意程度 • 你为何希望来本公司应聘 • 你在工作中的目标是什么 • 你想怎样实现你的期望和抱负
工作经验	从事所聘职位的工作经验丰富程度，职位的升迁状况和变化情况，从其所述工作经历中判断其工作责任心、组织领导能力、创新意识	• 你大学毕业后的第一个职业是什么 • 在这家企业里，你担任什么职务 • 你在这家企业里做出了哪些你自己认为值得骄傲的成就 • 你在工作中遇到过什么困难？你是怎样处理和应付的 • 请你谈谈职务的升迁和工资变化情况
知识水平专业特长	应聘者是否具有应聘岗位所需要的专业知识和专业技能	• 你大学学的是什么专业或接受过哪种特殊培训 • 你在大学对哪些课程最感兴趣且学得最好 • 询问专业术语和有关专业领域的问题 • 询问一些专业领域的案例，要求应聘者进行分析判断
精力、活力、兴趣、爱好	应聘者是否精力充沛、充满活力，其兴趣和爱好是否符合应聘岗位的要求	• 你喜欢什么运动？你会跳舞吗 • 你怎样消磨闲暇时间 • 你经常参加体育锻炼吗
思维力、分析力、语言表达力	对主考所提问题是否能够通过分析判断，抓住事物本质，并且说理透彻、分析全面、条理清晰，是否能顺畅地将自己的思想、观点、意见用语言表达出来	• 你认为成功和失败有什么区别 • 你认为富和贫、美和丑有什么区别 • 如果让你筹建一个项目，你将从何入手 • 提一些小案例，要求应聘者分析、判断
反应力与应变力	头脑的机敏程度，对突发事件的应急处理能力，对主考提出的问题能否迅速、准确地理解，并尽快做出相应的回答	• 询问一些小案例或提出某些问题要求应聘者回答
工作态度、诚实性、纪律性	工作态度如何，谈吐是否实在、诚实，是否热爱工作、奋发向上	• 你目前所在单位管得严吗？在工作中看到别人违反制度和规定，你怎么办 • 你经常向领导提合理化建议吗 • 除本工作外，你还在其他单位兼职吗 • 你在领导与被领导之间喜欢哪种关系
自知力、自控力	应聘者是否能够通过经常性的自我检查，善于发现自己的优缺点，同时在遇到批评、遭受挫折以及工作有压力时，能否克制、容忍、理智地对待	• 你认为你自己的长处在哪里 • 你觉得你个性上最大的优点和缺点是什么 • 领导和同事批评你时，你如何对待
其他	• 为何要到本公司来 • 适合哪些工作 • 为何要离开原单位 • 个人交往倾向性	• 你认为对公司会做出什么贡献 • 你认为你有何缺点？如有，请举例 • 别人批评你时，你会如何应付 • 你喜欢和哪些人交往？（同学、同事、邻居）

6.3.2 会展企业的人员甄选

会展企业的人员甄选，是指会展企业在招募工作完成后，根据用人条件和用人标准，运用适当的方法和手段，对应征者进行审查和选择的过程。甄选是一个过程，通过甄选会展企业可以根据目前的环境状况，从应聘者中挑选一个或几个最符合空缺职务的人员。甄选的目的除了寻找最优秀的应聘者以外，还要寻找职务和应聘者在某些特征之间的匹配。

会展企业人员甄选的原则包括：因事择人原则、德才兼备原则、用人所长原则、民主集中原则及回避原则。

人员甄选的步骤如下。

1. 初步筛选

这一步骤通常要求应聘者填写一份申请表。通常所指的申请表在长度和复杂程度上会各有不同。几乎所有的申请表都会获得足够的信息来判断应聘者是否具备职务所需的最低资格。申请表可以免除在面试中收集相关信息的必要，从而使得甄选过程的有效性大大提高了。通过审核申请表需要面试的应聘者的数量将会减少，而且面试人员能够集中于其他的可能更难获得的信息上。

2. 招聘面试

面试分为非结构性面试和结构性面试。非结构性面试没有先定的正本或草拟的版本可以借鉴。问题不是预先准备的，也不会确保对应聘者都提出同样的问题，面试者也没有打分的草稿。结构性面试中，面试者会对所有的应聘者提出一系列的标准问题。这些问题是为了在面试中确定所需要获得的特殊信息，根据彻底的工作分析产生的。常用的结构式面试有行为描述面试（BDI）和情景面试（SI）。行为描述面试（BDI），要求应聘者将自己过去相关工作的经验和现在申请的工作联系起来，其假设基础是：过去是未来最好的预测。情景面试鼓励应聘者假设他们在应聘的工作中可能会遇到的情景并作出决策。

3. 招聘测试

招聘测试是一种用于测量某些个人特征的方法（或者是笔试，或者是工作模拟测试）。测量的特征从能力（如动手能力）到智力及个性。甄选员工时有很多的测试类型可以选择。测试类型的选择取决于很多因素，包括组织的预算约束、职务的复杂性和难度、应聘者的数量和质量，当然还包括职务要求的知识、技术、能力和其他特征。几种最为常用的甄选测试方法如下。

1) 知识测评

心理测验在知识测评中的应用形式，实际上是教育测评，亦称笔试。用笔试测评知识，可从记忆、理解、应用三个层次上进行。常用题型包括问答型、选答型与综合型。组织试卷的关键是试题编排。目前试题编排的方法有三种：一是按难度编排、先易后难；二是按题型编排，同类试题放在一起，先客观性试题后主观性试题；三是按内容编排，同类内容放在一起，并按知识本身的逻辑关系编排，先基本概念后方法原理。比较可取的方法是第一种方法与后两种方法结合使用。

2）技能测评

技能测评是对人的技能素质的测评。有智力测验和能力倾向测验两种方法。

（1）智力测验。智力测验可以用来甄选各种职业的工作者。研究表明，在同一职业中，聪明的人比愚笨的人学得快，做得好；不同职业对人的智力要求也不尽相同。由于智力被认为是个体行为的一般能力，因此它可以从各种不同心智活动中取样来测量。

（2）能力倾向测验。能力倾向是一种潜在的与特殊的能力，是一些对于不同职业的在不同程度上有所贡献的心理因素。

3）品德测评

采用问卷测验形式测评品德是一种实用、方便、高效的方法。这种形式的代表有卡特尔16因素个性问卷、艾森克个性问卷、明尼苏达多相个性问卷等。

4）气质测评

根据神经运动的方向和特征，神经活动类型学说把人的气质划分为活泼型（多血质）、兴奋型（胆汁型）、安静型（黏液型）和抑制型（抑郁质）4种。气质测评目前主要是采取问卷测验法。

5）检查证明和身体

为了取得工作，应聘者倾向于只提供正面信息和证明，这时候就需要会展企业对其提供的资料和信息来源加以核实。此外，某些会展企业在录用招聘的人员时还要进行身体检查，从而淘汰由于健康原因而不合要求的应聘者。

6.4 会展员工的培训

6.4.1 会展员工的培训的概述

1. 概念和重要性

员工培训是指会展企业根据国家经济和社会发展及实际工作的需要，依据国家法律、法规和规定，采取多种多样的形式对工作人员进行有目的、有计划、有组织、多层次、多渠道的培养、教育和训练的活动。人员培训与其他常规教育特别是学校教育有一定的区别，从性质上讲，员工培训是一种继续教育，是常规学校教育的延伸和发展；从内容上讲，是对受训人员的专门知识和特殊技能进行有针对性的培训。从形式上讲，表现为灵活多样，不像学校教育那样整齐划一。

员工培训对会展企业的发展至关重要。首先，培训是调整人与事之间的矛盾，实现人事和谐的重要手段。其次，培训是快出人才、多出人才、出好人才的重要途径。再次，培训是调动员工积极性的有效方法。还有，培训是建立优秀组织文化的有力杠杆。此外，培训是会展企业竞争优势的重要来源。

2. 会展员工培训的类型

员工培训的形式按不同的标准可划分为不同类型：从培训与工作的关系可划分为在职培训（不脱产）、非在职培训（脱产）和岗前培训；从培训的组织形式可划分为正规学校教育、各类短期培训班、社会办学；从培训的目的可划分为学历培训、文化补习、自我修养；从培训的层次可划分为高级、中级和初级培训。

3. 基于学习理论的培训原则

会展员工培训是教育的一种形式，因而培训应该遵循相关的学习理论。基于学习理论的培训原则包括以下几个方面。

1) 激励受培训者去学习

在培训的背景下，动机影响一个人对培训的热情，保持注意力集中在培训活动上，巩固所学的内容。受培训者的信念和知觉影响了动机。如果受培训者没有受到激励，在培训计划中他们将得不到什么知识。

2) 使受培训者能够学会

学习复杂的事情，一个人必须要具有某些才能。因此，学习的能力在培训计划所讲授的知识能否被理解和往后能否应用到工作中担任了一定角色。

3) 学习必须被巩固

行为心理学家已经证明特有的行为得到相当及时的强化，此时人学习得最好。学习者由于新的行为而得到奖赏，诸如工资、认可和提升，以这种方式满足了其心理需求。绩效的标准应该为学习者设置。为学习设置的标杆提供了目标，当达到时就有一种成就感。这些标准为富有意义的反馈提供了测量方法。

4) 培训必须为实践提供

培训者需要时间消化所学的内容，接受它、吸收它，并建立学习信心。这需要实践和材料具有一定的重复性。

5) 学习材料必须是富有意义的

必须为连续的学习（案例、问题、讨论大纲、阅读书目）提供适当的材料，以便培训者在有效率的培训过程中得到帮助。

6) 材料必须被有效地传达

培训者必须以同一的方式进行沟通，还要有足够的时间，供学习者消化所学到的知识和技能。

7) 培训必须能转移到工作中

培训者必须竭尽全力使培训与现实工作尽可能地接近，以便受培训者回到工作时，可以将学到的内容运用到实际工作中去。

此外，培训使用的学习方法应尽可能地多种多样。因为，最终是厌倦，而不是疲劳破坏了学习。任何方法——无论是老式的讲座或程序化的学习，还是有挑战性的电脑游戏——如果过度使用，都将使一些学习者疲倦，从而影响培训效果。

6.4.2 会展员工培训的方法

1. 在职培训

目前，会展企业使用最广泛的培训方法（正式和非正式的）可能是在职培训。在进行在职培训过程中，员工被置于真实的工作情形中，有经验的员工或主管会告诉他们工作的诀窍。在职培训中应该注意精心挑选和培训培训者，并且受培训者应该被安排在背景和个性与之相似的培训者那里。培训过程中培训者应该受到激励。

2. 案例分析法

案例分析法即使用会展企业真实决策情形或发生在另一个企业的情形的书面描述作为案例，加以分析的培训方法。在培训过程中，被培训者被要求学习案例来确认问题、分析问题，提出解决办法，然后选出最好的解决办法并执行。这种方法是提高和了解理性决策的有效工具。如果在被培训者和培训者之间有互动，那么将有更多的学习发生。培训者的角色是催化剂和帮助者。一个优秀的培训者能够使每个人都参与到解决问题之中。

3. 角色扮演法

角色扮演法是案例方法和态度开发计划的交叉。在培训中每个受培训者在情境（如一个案例）中被分配到一个角色，并被要求扮演这个角色和对其他扮演者做出反应。角色扮演适于12人左右的小组。扮演者被要求假装成情境中的焦点人物，并像其那样对刺激做出反应。提供给扮演者的是有关情境的背景信息和其他扮演者。通常，有一个简单的剧本提供给参加者。有时，角色扮演被制作成录像，并作为开发情形的部分被重新分析。这种方法的成功取决于扮演者扮演被分配到的角色的能力。如果实施得好，角色扮演可以使受训者更了解他人的感受，对他人的感受也更加敏感。

4. TA训练法

TA训练（Transactional Analysis）是由美国精神分析师开发的小团体心理治疗方法。其目的是使受训者通过学习体验，确认人的自动性和自律性，了解人与人之间的双向要求，改善人际关系。通过这种方法受训者在与人接触中影响他人，与他人交往中发现自己的人生态度，提出如何在人生旅途中确立自我存在的设想。

5. 潜能开发法

就其开发形式而言，潜能的开发方法有内化型和外化型两种。按其开发手段不同，潜能的开发方法可分为正向开发和逆向开发。目前常用的三种潜能开发课程如下。

1）"拓展训练"课程

拓展训练以外化型体能训练为前导，同时触及人的深层心理内涵，以达到心理素质的改善和拓展。这种课程包括拓展体验课程、回归自然课程、挑战自我课程、领导才能课程、团队建设课程5种。

2）"魔鬼"训练课程

"魔鬼"训练是一种外化型的逆向"挫折"训练，通过对人的超强度训练，触及人的灵魂，开发人的潜能。

3）"第五深度培训"课程

第五深度培训是一种内化型培训，其主要形式是授课与讨论相结合。这种课程的主要内容有4部分：其一为潜意识之谜，其二为塑造自我形象，其三为思维与心境，其四为确定被培训人员的目标。

6.5 会展员工的绩效考核

6.5.1 会展员工的绩效考核概述

会展员工的绩效考核是会展企业人力资源开发与管理的重要环节，是其他环节正确实施的基础与依据。建立企业职工考核制度，是提高职工队伍素质的需要，是充分调动职工积极性的手段，是企业劳动管理科学化的重要基础。

1. 绩效考核的含义和特点

会展员工的绩效考核是指会展企业对所属员工在技术和业务方面进行的考查和审核。考核的内容包括工作态度、工作能力、技术业务水平和实际贡献等。考核标准由企业上级主管部门统一制定。

绩效考核的特点包括多因性、多维性和动态性。

(1) 绩效考核的多因性。是指绩效的优劣不是取决于单一的因素，而要受制于主客观的多种因素影响。这些因素主要有4种，即员工的激励、技能、环境与机会。

(2) 绩效考核的多维性。即需沿多种维度或方面去分析与考评员工。

(3) 绩效考核的动态性。即职工的绩效也是会变化的，管理者切不可以僵化的观点看待下级的绩效。

2. 绩效考核的意义

1) 绩效考核的目标

绩效考核的目标是改善员工的组织行为，充分发挥员工的潜能和积极性，以求更好地达到组织目标。考核目标的实现需要学习和沟通。在绩效考核过程中主要的参考点是未来，要将考核结果作为一种资源去规划某种工作或某个员工未来的工作。

2) 绩效考核的功能

(1) 管理功能。管理功能表现在考核什么、怎么考核、考核结果如何运用上。考核结果是晋升、奖惩、培训等项人力资源开发与管理的基础和依据。

(2) 激励功能。绩效考核奖优罚劣，改善调整员工的行为，激发其积极性，促使其更加积极主动地完成组织目标。

(3) 学习功能。绩效考核是一个学习过程，使员工更好地认识组织目标，改善自身行为，不断提高会展企业的整体效益和实力。

(4) 导向功能。绩效考核标准是会展企业对其员工行为的期望，是员工努力的方向，有什么样的考核标准就有什么样的行为方式。

(5) 监控功能。员工的绩效考核，对会展企业而言，就是任务在数量、质量和效率等方面的完成情况；对员工个人而言，则是上级对下属工作状况的评价。通过考评，获得反馈信息，便可据此制定相应的人事决策与措施，调整和改进其效能。

3. 绩效考核的原则

1) 客观、公正、科学、简便的原则

客观即实事求是，做到考核标准客观、组织评价客观、自我评价客观。公正即不偏不倚，无论对上司还是部下，都要按照规定的考核标准，一视同仁地进行考核。科学、简便即要求考核过程的设计要符合客观规律，正确运用现代化科技手段进行正确评价，同时具体操作要简便，以尽可能减少投入。

2) 注重实绩的原则

即要求在对员工做考核结论和决定升降奖励时，以其工作实绩为根本依据。坚持注重实绩的原则，要把考核的着眼点、着力点放在实际贡献上，要着重研究绩的数量关系和构成绩的数量因素，还要认真处理好考绩与其他方面尤其是考德方面的关系。

3）多途径分能级的原则

在绩效考核中对不同类型和不同能级的人员应有不同的考核标准。坚持多途径分能级的原则能实现对不同能力的人员，授予不同的职称和职权，对不同贡献的人员给予不同的待遇和奖励。

4）阶段性和连续性相结合的原则

阶段性的考核是对员工平时的各项评价指标数据的积累。考核的连续性要求对历次积累的数据进行综合分析，以求得出全面和准确的结论。因此，对员工应每年进行一次全面考核，做出年度评定，逐年连续进行。

6.5.2 绩效考核的内容和程序

1. 绩效考核的内容

1）职务职能类考核内容

（1）工作成绩。绩效考核的出发点是员工的工作岗位，是对员工担当工作的结果或履行职务的工作结果的评价。

（2）工作能力。工作能力在本质上是指一个人顺利完成某次活动所必备的、并影响活动效率的、稳定的个性特征，是指员工担当工作须具备的知识、经验与技能。能力与业绩有显著的差异：业绩是外在的，而能力是内在的。

（3）工作态度。工作态度对工作业绩影响很大，是在完成工作时所表现出来的心理倾向性。

2）潜能开发的内容

潜能开发的内容之所以被列入绩效考核内容之中，是因为越来越多的绩优会展企业认为绩效考核是一种开发员工潜能的手段，目的是持续地改进员工的绩效，实现组织的战略意图。同时，对员工来说，也有助于员工工作自信心的提高及职业生涯的完善。

2. 绩效考核的程序

1）横向程序

是指按考核工作先后顺序形成的过程进行，其主要环节如下。

（1）制定考核标准。这是考核时为避免主观随意性不可缺少的前提条件。考核标准必须以职务分析中制定的岗位职务职责要求与职务规范为依据。

（2）实施考核。即对职工的工作绩效进行考核、测定和记录。

（3）考核结果的分析与评定。考核的记录需与既定标准进行对照来作分析与评判，从而获得考核的结论。

（4）结果反馈与实施纠正。考核的结果通常应告知被考核职工，从而发扬优点，克服缺点。

2）纵向程序

纵向程序是指按组织层级逐级进行考核的程序。一般是先对基层考核，再对中层考核，最后对高层考核，形成自下而上的过程。

6.5.3 绩效考核的方法

1. 分级法

分级法又可称为排序法，即按被考核职工每人绩效相对的优劣程度，通过比较，确定每人的相对等级或名次。按照分级程序的不同，分级法又可分为以下5种。

（1）简单分级法。该方法是在全体被考核员工中先挑选绩效最出色的一个列于序首，再找出次优的列作第二名，如此排序，直到最差的一个列于序尾。

（2）交替分级法。该方法是以最优和最劣两级作为标准等次，采用比较选优和淘劣的方法，交替对人员某一绩效特征进行选择性排序。

（3）范例对比法。该方法通常从5个维度进行考核，即品德、智力、领导能力、对职务的贡献和体格。每一维度又分为优、良、中、次、劣5个等级。然后就每一维度的每一等级，先选出一名适当的职工作为范例。实施考核时，将每位被考核的职工与这些范例逐一对照，按近似程度评出等级分数。最后各维度分数的总和，便作为被考核职工的绩效考核结果。

（4）对偶比较法。该方法要将全体职工逐一配对比较，并且按照逐一配对比较中被评为较优的总次数来确定等级名次。

（5）强制分配法。该方法是按事物"两头小，中间大"的正态分布规律，先确定好各等级在总数中所占的比例；然后按照每人绩效的相对优劣程度，强制列入其中的一定等级。

2. 量表考核法

这种方法广泛应用于机关、企事业单位等人事考核管理。根据设计的指标形式不同，人事考核量表一般有三种，即综合性指标量表、综合性指标与目标任务结合量表及综合性指标与部门评价指标相结合量表。在实际运用时这三种量表可以互作参考，适当加以变动。

3. 关键事件法

此法需给每一待考核职工设立一本"考核日记"或"绩效记录"，由作考察并知情的人随时记载。事件的记录本身不是评语，只是素材的积累，但有了这些具体事实作根据，便可得出可信的考评结论。

4. 行为锚定评分方法（BARS）

此法就是把量表评测法与关键事件法结合起来，使之兼具两者之长。它为每一职务的各考核维度都设计出一个评分量表，并有一些典型的行为描述性说明词与量表上的一定刻度（评分标准）相对应和联系（即所谓锚定），供操作中为被考核者实际表现评分时作依据。

5. 领导行为效能测定法

这是在组织行为科学研究基础上发展起来的一种测量与评价领导者行为及工作绩效的新方法。它采用问卷调查的方式，从领导者、领导情景、被领导者等多方面对领导行为与领导者所处工作情境状况进行评价。

6. 因素评定法

就是通过调查分析与实测数据统计分析，提出人员绩效考核的有关因素，形成评价标准量表体系，然后把被测者纳入该体系中进行评价的方法。因素测定法的评定角度如下。

(1) 自我评定。即由评定者依据参照式标准量表，对自己的工作绩效进行评价。其特点是参与性、自我发展性、督促性。

(2) 同级评定。即由同一职务层次的人员依据参照标准量表互相进行评价。它必须满足三个条件：一是同事之间必须是相互高度信任的，彼此之间能够互通信息；二是报酬制度不是彼此竞争的；三是被评价人的绩效应该是评定人能够了解和掌握的。

(3) 下级评定。即由管理者的直接下级依照参照标准量表对其上级领导的绩效进行评价。它有利于表达民意，但往往受人际关系影响大。

(4) 直接领导评定。即由管理者依据参照标准量表对其直接下属的工作绩效进行评价。

6.6 会展员工的薪酬管理

6.6.1 会展员工的薪酬管理概述

会展员工的薪酬就是劳动报酬，是指会展企业对自己的员工为组织所付出的劳动的一种直接的回报，其中包括物质和精神两个方面。

1. 薪酬构成

会展企业的薪酬一般包括 5 个部分。

1) 基本工资

工资是对会展员工实际劳动所得的劳动报酬。在会展公司内部，员工之间的基本薪资差异是明显的，而且一般能升不能降，表现出较强的刚性。

2) 奖金

奖金的性质主要表现在它是对有效超额劳动的报酬和补充性工资分配形式。奖金制度的建立，是作为计时和计件工资两种主要工资形式的一种补充手段，是为弥补二者在分配上的不足应运而生的。奖金制度作为基本工资的一种辅助形式是必不可少的，它的存在可以更好地调动员工的积极性，鼓励员工提高技术业务水平和工作效率，促使会展企业获得更大的发展。奖金制度的主要构成要素有奖励指标、奖励条件、受奖范围、奖励周期及奖励基金的提取与分配等。

3) 保险

会展企业为员工提供的保险一般包括医疗保险、失业保险、养老保险、伤残保险。保险的成分较复杂，如医疗保险是低差异、高刚性的；而养老保险则是高差异、高刚性的。

4) 福利

福利是指会展企业为员工提供的除工资和奖金之外的一切物质待遇。福利对于吸引优秀员工、提高员工的士气、降低员工流动率、激励员工、凝聚员工、提高会展企业经济效益发挥了重要作用。福利是人人均可享受的利益，而且不能轻易取消，因而是低差异、高刚性的。会展企业提供的福利一般包括个人福利、有偿假期和生活福利。个人福利包括养老金、储蓄、辞退金、交通费、工作午餐等。有偿假期包括脱产培训、病假、事假、公休、节日假、工作间休息、旅游等。生活福利包括法律顾问、心理咨询、贷款担保、托儿所、托老所、内部优惠商品等。

5）津贴

津贴的种类比较多，其性质主要表现在对特殊劳动条件下超常劳动消耗给予补偿。津贴的主要形式有：夜班津贴，冬季取暖津贴，粮、煤、副食品补贴，职务津贴，搬迁津贴，以及海外津贴和子女教育费等。

2. 薪酬的作用

1）吸引人才

在目前市场经济中，薪酬无疑是会展企业吸引人才的有效工具，但并不是说，薪酬越高越能吸引人才，但是薪酬系统的完备与积极性一定能吸引更多的人才。

2）留住人才

一个优秀的薪酬系统能够为会展企业留住人才，使员工认识到，在该企业中工作时间越长，越有回报。

3）激励人才

使人才为实现会展企业目标努力工作是薪酬系统有效运作的主要标准。优秀的薪酬系统应该使每个员工都能自觉地为企业目标努力工作。

4）满足组织的需要

会展企业的一项基本目标是以较低的成本来获取合理的利润，一个优秀的薪酬系统应该既满足员工的需要，又满足企业的需要。

3. 会展企业的三种薪酬模式

从薪酬结构上看，会展企业的薪酬可以分为如下三种模式。薪酬结构主要是指会展企业总体薪酬所包含的固定部分薪酬（主要指基本工资）和浮动部分薪酬（主要指奖金和绩效薪酬）所占的比例。

1）高弹性薪酬模式

这是一种激励性很强的薪酬模型，绩效薪酬是薪酬结构的主要组成部分，基本薪酬处于非常次要的地位，所占的比例非常低（甚至为零），即薪酬中固定部分比例比较低，而浮动部分比例比较高。这种薪酬模型，员工能获得多少薪酬完全依赖于工作绩效的好坏。当员工的绩效非常优秀时，薪酬则非常高，而当绩效非常差时，薪酬则非常低甚至为零。

2）高稳定薪酬模式

这是一种稳定性很强的薪酬模型，基本薪酬是薪酬结构的主要组成部分，绩效薪酬处于非常次要的地位，所占的比例非常低（甚至为零），即薪酬中固定部分比例比较高，而浮动部分比较少。这种薪酬模型，员工的收入非常稳定，几乎不用努力就能获得全额的薪酬。

3）调和型薪酬模式

这是一种既有激励性又有稳定性的薪酬模型，绩效薪酬和基本薪酬各占一定的比例。当两者比例不断调和变化时，这种薪酬模型可以演变为以激励为主的模型，也可以演变为以稳定为主的薪酬模型。

6.6.2 薪酬管理理论

1. 公平理论与会展企业的薪酬管理

公平是薪酬的基础，一般来说，员工认为薪酬是公平的，才会产生满意感，才能起到激励作用。在进行工资水平和工作结构决策时，会展企业需要注意员工们可能会对工资所进行的三种类型的社会比较。首先是外部公平性比较，这种比较主要集中在对其他企业中从事同样工作的雇员的工资水平的考察；其次是内部公平性比较，这种比较关注的是会展企业内部的不同工作之间的工资对比问题；再次是个人公平性比较，其中涉及同一企业中不同岗位的人所获工资间的比较。

2. 双因素理论与薪酬管理

双因素理论，又称作"激励—保健因素"理论，是美国行为科学家弗雷德里克·赫茨伯格（Frederick Hertzberg）提出的一种激励理论。调查的结果表明，使员工感到满意的因素往往与工作本身或工作内容有关，赫茨伯格将其称为"激励因素"，包括成就、认可、工作本身、责任、晋升和成长等6个方面；而使员工感到不满意的因素则大多与工作环境和工作条件有关，赫茨伯格将其称为"保健因素"，主要体现在公司政策和监督、与主管的关系、工作条件、薪金、同事关系、个人生活、与下属的关系、地位及安全保障等10个方面。赫茨伯格的双因素理论对于人力资源管理的指导意义是，管理者在激励员工时必须区分激励因素和保健因素，采取有效的措施，将保健因素尽可能转化为激励因素，从而扩大激励范围。

3. 期望理论与薪酬管理

美国心理学家弗鲁姆在1964年出版的《工作与激励》书中提出了期望理论。这一理论可以用下列公式来表示：

$$\text{激发力量（动机力量）} = \text{期望} \times \text{效价}$$

激发力量是指调动一个人的积极性，激发人内部潜力的强度；效价是指达到的目标对于满足个人需要的价值；期望是指根据一个人的经验判断一定行为能够导致某种结果和满足需要的概率。该公式表明，假如一个人把目标的价值看得越大，估计能实现的概率越高，那么激励的作用就越强；为了使激发力量达到最佳值，弗鲁姆提出了人的期望模式。根据该模式，为了有效地激发员工的工作动机，就必须注意到这4者的关系，即个人努力、个人绩效、组织奖酬、个人需要之间的关系。

4. 代理理论与薪酬管理

代理理论，又称委托—代理理论（the Principal-Agent Theory），是契约理论最重要的发展。这一理论是威尔森（Wilson）在1969年创立的。该理论主要分析了企业的不同利益相关群体之间所存在的利益差异与目标分歧，以及怎样才能利用薪酬制度来使得这些不同利益群体之间的利益与目标连在一起。

代理理论指出，代理人的利益与委托人利益一致的契约性计划可分为两种：行为导向型契约（如绩效工资制度）和结果导向型契约（如股票选择权、利润分享计划、佣金制等）。行为导向型契约所产生的成本可以看成是"显性成本"，相应地，结果导向型契约所产生的成本可看成是"隐性成本"。一般认为，结果导向型的契约是比较理想的选择。因为它使管理者更加关心公司的利润。

6.6.3 会展企业的基本薪酬制度

会展企业最常见的工资制度有技术等级工资制、职务工资制、职能工资制、绩效工资制、年薪制及结构工资制等。

1. 技术等级工资制

这种薪酬制度根据劳动的复杂程度、繁重程度、精确程度和工作责任大小等因素划分技术等级，按等级规定工资标准。它一般由工资等级表、技术等级标准和工资标准三方面内容组成。此工资制适用于技术比较复杂的工种。

2. 职务工资制

职务工资制是首先对职务本身的价值作出客观的评估，然后根据这种评估的结果赋予担任这一职务的从业人员与其职务价值相当的工资的一种工资制度。这种工资体系建立在职务评价基础上，职工所执行职务的差别是决定基本工资差别的最主要因素。职务工资制的特点包括：严格的职务分析，比较客观公正；职务工资比重较大，职务津贴高，在整个工资中职务工资一般在60%以上，工资浮动比重小，比较稳定；严格的职等职级，并对应严格的工资等级；容易形成管理独木桥，职员晋升的机会比较小，成长的规划比较窄，影响了职员工作的积极性、主动性和创造性。

3. 职能工资制

职务工资制基于职务，发放的对象是职务；而职能工资制基于员工能力，发放的对象是员工能力，能力工资占整个工资中65%以上的比例。设计职能工资制的难点在于不能科学有效地对员工的能力进行测试和评价。这里有一个著名的素质冰山模型，即员工有很大一部分能力是隐藏没有外显出来的，特别是员工的行为动机根本无法正确对此进行测试，因此评估员工能力时就相当困难。当然，职能工资制相比职务工资制要科学、合理得多，因为它把员工的成长与公司的发展统一起来考虑，而不是把员工当机器，仅仅执行一定的职务和承担一定的职责。职能工资制的重点在于职业化任职资格体系和职业化素质与能力评价体系的建立。

4. 绩效工资制

绩效工资制的前身是计件工资，但它不是简单意义上的工资与产品数量挂钩的工资形式，而是建立在科学的工资标准和管理程序基础上的工资体系。它的基本特征是将雇员的薪酬收入与个人业绩挂钩。绩效工资制的特点，一是有利于雇员工资与可量化的业绩挂钩，将激励机制融于企业目标和个人业绩的联系之中；二是有利于工资向业绩优秀者倾斜，提高企业效率和节省工资成本；三是有利于突出团队精神和企业形象，增大激励力度和雇员的凝聚力；四是绩效工资占总体工资的比例在50%以上，浮动部分比较大。

5. 年薪制

公司制会展企业，通常由董事会领导下的经理阶层负责企业经营，这可以使投资者的资本与经营者的才干融为一体，有可能使各种生产要素实现高效运行，并最大限度地产生经济效益。但是，公司制会展企业特别是股份公司也有自己的弱点：它采取所有者与经营者相分离的非所有权换位的产权重组。在会展企业运行模式中，所有者的目标是企业利润最大化，而经营者的目标是个人经营才干的效用最大化，两者的目标有差别。为了避免由此造成企业效率损失，必须建立经营者的激励机制和约束机制，其中一项重要方法，是通过改进经营者的年薪制，使其能有效地激励和约束经营者的行为。

年薪制的设计一般有5种模式可以选择：①准公务员型模式，基薪＋津贴＋养老金计划；②一揽子型模式，单一固定数量年薪；③非持股多元化型模式，基薪＋津贴＋风险收入（效益收入和奖金）＋养老金计划；④持股多元化型模式，基薪＋津贴＋含股权、股票期权等形式的风险收入＋养老金计划；⑤分配权型模式，基薪＋津贴＋以"分配权"、"分配权"期权形式体现的风险收入＋养老金计划。

6. 结构工资制

结构工资制又称分解工资制、组合工资制，是指由若干个工资部分或工资单元组合而成的一种工资制度。它是一种在实际工作中运用得比较广泛的形式。结构工资制由若干个工资部分或工资单元组成。最常见的工资部分有基础工资、岗位工资、技能工资、工龄工资、奖励工资等。各工资部分或工资单元之间的比例关系没有固定模式，企业可以根据实际情况选择不同的工资单元数及不同工资单元之间的比例关系。此外，结构工资制通过复合的劳动衡量尺度考评每一个员工的劳动差别，并确定其相应的劳动报酬，使各种劳动因素都能在结构工资中得以体现。这种工资制的优点是兼容了岗位工资、技能工资、绩效工资、基础工资等不同工资的长处，有助于将员工报酬与其从事的岗位、实际技能水平及实际劳动贡献全面联系起来。而且结构工资制具有比较灵活的调节作用，有利于合理安排各类员工的工资关系，调动各方面员工的劳动积极性。因此，它的适用范围比较广泛，各种类型的组织和工种都可以根据自身的情况来设计结构工资制。

7. 保密工资制

保密工资制是一种灵活反映会展企业经营状况和劳务市场供求状况并对员工的工资收入实行保密的一种工资制度。

6.6.4 会展员工的薪酬设计

1. 会展员工的薪酬设计原则

会展企业设计薪酬时必须遵循一定的原则，这些原则包括战略导向、经济性、体现员工价值、激励作用、相对公平、外部竞争性等。

1) 战略导向原则

战略导向原则强调会展企业设计薪酬时必须从企业战略的角度进行分析，制定的薪酬政策和制度必须体现企业发展战略的要求。企业的薪酬不仅仅只是一种制度，它更是一种机制,合理的薪酬制度驱动和鞭策那些有利于企业发展战略的因素的成长和提高,同时使那些不利于会展企业发展战略的因素得到有效的遏制、消退和淘汰。因此,会展企业设计薪酬时,必须从战略的角度分析哪些因素重要,哪些因素不重要,并通过一定的价值标准,给予这些因素一定的权重,同时确定它们的价值分配即薪酬标准。

2) 经济性原则

薪酬设计的经济性原则强调会展企业设计薪酬时必须充分考虑企业自身发展的特点和支付能力。它包括两个方面的含义:短期来看,会展企业的销售收入扣除各项非人工(人力资源)费用和成本后,要能够支付得起会展企业所有员工的薪酬;从长期来看,会展企业在支付所有员工的薪酬及补偿所有非人工费用和成本后,要有盈余,这样才能支撑企业追加和扩大投资,获得企业的可持续发展。

3) 体现员工价值原则

现代会展企业的人力资源管理必须解决三大基本矛盾,即人力资源管理与企业发展战略之间的矛盾,企业发展与员工发展之间的矛盾和员工创造与员工待遇之间的矛盾。因此,会展企业在设计薪酬时,必须要能充分体现员工的价值,要使员工的发展与企业的发展充分协调起来,保持员工创造与员工待遇之间短期和长期的平衡。

4) 激励作用原则

在企业设计薪酬时,如果相同数目,不同的部门、不同的市场、不同的企业发展阶段支付给不同的员工,发放的方式不一样,则激励效果完全是不一样的。激励作用原则就是强调企业在设计薪酬时必须充分考虑薪酬的激励作用,即薪酬的激励效果。因此,企业在设计薪酬策略时要充分考虑各种因素,使薪酬的支付获得最大的激励效果。

5) 相对公平原则

相对公平原则又称为内部一致性原则,是斯密公平理论在薪酬设计中的运用,它强调企业在设计薪酬时要"一碗水端平"。内部一致性原则包含几个方面的含义:一是横向公平,即企业所有员工之间的薪酬标准、尺度应该是一致的;二是纵向公平,即企业设计薪酬时必须考虑到历史的延续性,一个员工过去的投入产出比和现在乃至将来都应该是基本一致的,而且还应该是有所增长的。

6) 外部竞争性原则

外部竞争性原则强调企业在设计薪酬时必须考虑到同行业薪酬市场的薪酬水平和竞争对手的薪酬水平,保证企业的薪酬水平在市场上具有一定的竞争力,能充分吸引和留住企业发展所需的战略、关键性人才。

2. 薪酬设计时必须考虑的因素

会展企业设计薪酬在制定的薪酬策略的指导下,在遵循一定原则的基础上,必须对相应地影响企业薪酬设计的因素进行分析。这些因素包括战略发展阶段、文化、市场竞争和价值因素等。

1) 战略与发展阶段因素

会展企业在薪酬设计时必须充分考虑企业的发展战略,这与战略导向原则是一致的。企业设计薪酬还必须结合企业自身的发展阶段,不同阶段对薪酬策略要求是不一样的。如在创立期,企业的薪酬政策关注的是易操作性和激励性。处于高速成长期的企业,在制定薪酬政策时,必须考虑到薪酬的激励作用,这时设计的薪酬工资较高,奖金相对非常高，长期报酬也比较高，福利水平也要求比较高。但如果企业处于平稳发展期或者衰退期时，制定薪酬策略又不一样了。因此，企业设计薪酬政策必须充分与企业发展的阶段相结合。

2）文化因素

文化因素主要是指会展企业工作所倡导的文化氛围。会展企业的工作文化一般有4种：功能型工作文化、流程型工作文化、时效型工作文化和网络型工作文化。功能型工作文化的企业强调严密的自上而下的行政管理体系、清晰的责任制度、专业化分工等，这种工作文化的企业在设计薪酬时一般以职务工资制为主。流程型工作文化的特点是以客户满意度为导向来确定价值链；基于团队和相互学习的工作关系，共同承担责任；围绕流程和供应链来设计部门等。现在很多企业的工作文化都开始向流程型进行转变。这种工作文化的企业在设计薪酬时主要以客户、市场导向为主，一般以职能工资制为主。时效型工作文化集中资源，抓住机会，迅速把产品和服务推向市场，强调高增长和新市场进入；项目驱动；权利取决于对资源的控制；跨部门团队，包括高水平的专家等。这种工作文化的企业在设计薪酬时主要考虑时效和速度因素，同时考虑工作质量因素，一般以绩效工资制为主。而网络型工作文化没有严密的层级关系，承认个人的特殊贡献，强调战略合作伙伴；以合伙人方式分配权力，强调对公司总体目标的贡献；以"合同"方式形成工作网络。

3）市场竞争因素

薪酬设计的市场竞争原则主要强调会展企业在设计薪酬时应该考虑市场竞争因素。这些因素包括市场薪酬水平、市场人才供给与需求情况、竞争对手的薪酬政策与薪酬水平、企业所在市场的特点与竞争态势等。在充分调查和考虑以上因素后，企业制定出薪酬设计的市场薪酬线。

4）价值因素

价值因素是指企业必须支付薪酬的因素。现在企业中一般的薪酬因素分为三大类，即岗位因素、知识能力因素和绩效因素。岗位因素主要评价每个岗位所承担责任大小、在公司中价值的大小，它是确定岗位工资的基础；知识能力因素主要是评价企业中每个员工身上承载的知识和能力的大小，以及这些能力对企业发展战略的重要性，它是确定能力工资的基础；绩效因素主要是评价员工为企业工作，做出了多少业绩，以及这些业绩对企业发展的重要性，它是确定绩效工资的基础。

阅读材料 6-2

北京确定五位奥运经济高参　年薪可能高于 50 万[1]

北京面向海内外招聘的奥运经济高参，来自中国、美国、法国、比利时的五位奥运经济高级顾问将为北京奥运经济出谋划策。高参的职责是研究拟订利用奥运商机推动北京市经济发展的实施方案；研究北京奥运经济特点及其发展规律，参与制定北京奥运经济发展政策；为北京市发展和改革委员会在奥运经济决策中提供论证、咨询、评估的意

---

[1] 资料来源：京华时报，2005-04-17.

见和建议；参与奥运经济领域热点、难点问题的研究。

经过激烈竞争5名奥运经济高级顾问被选定。他们是范克高夫、莫瑞斯·卢卫、宋晨翔、黄为、钱鹰。在这五人中，有四人为外籍人员，范克高夫来自比利时、莫瑞斯·卢卫来自法国、宋晨翔和黄为二人来自美国。奥组委原拟招聘两名"奥运经济高级职员"并且其薪酬形式为"50万年薪制"。由于，符合招聘条件的应聘者较多，并且从奥运工作量来看，原定的招聘人数明显不够，所以将招聘人数扩大为5名，其薪酬形式也变成了"根据专项工作任务完成情况支付酬金"。对于薪酬形式的变化，有关部门的负责人表示，按项目完成情况支付酬金有可能会使受聘方获得高于50万的酬金。

高参简历

范克高夫：曾参与北京奥运会8个奥运项目预招标方案的编写、翻译及审核工作、国家游泳中心招标和评标工作及国家体育场财务分析和风险分析工作。

莫瑞斯·卢卫：曾为1992年巴黎、1996年雅典、2000北京等城市争夺奥运会举办权提供技术咨询，曾担任1980年莫斯科奥运会、1984年洛杉矶奥运会、1988年汉城奥运会的工程顾问，并且曾担任过北京奥组委特别技术咨询顾问。

宋晨翔：曾担任1996年亚特兰大残疾人奥组委的外交干事。

黄为：曾参与过1994年美国世界杯和1996年亚特兰大奥运会收入设计工作。

钱鹰：曾就职于世界银行，从事国际贸易和世界硬原材料市场的研究工作，目前在亚洲开发银行从事金融贸易工作，负责多个在中国的技术援助项目。

6.7 会展员工的职业生涯管理

6.7.1 职业生涯管理概述

1. 职业生涯的含义

职业生涯具有多重含义，其最普遍的含义是指个人对选择工作路线的一种反映。例如，通过从事某种职业赚更多的钱；肩负更多的责任；获得更高的地位、威望和权力。职业生涯的概念通常限定在有收益的工作范围内。

葛林豪斯（Greenhaus）从强调事业的重要性的角度给出了职业生涯的一种精确定义：职业生涯是和工作有关的经历（如职位、职责、决定和对工作相关事件的主观解释）和工作时期所有活动的集合。这个定义强调"职业生涯"这个词在评价个人时并不暗示成功或失败，职业生涯包括态度和行为，它是不断进行的一系列与工作有关的活动。

由此可见，职业生涯是指一个人终身连续性的职业经历，特别是职位的变动及工作理想实现的整个过程。职业经历包括职位、工作经验和工作任务，受到员工价值观、需要和情感的影响。职业生涯是人的一生中与工作相关的活动、行为、态度和价值观的有机整体，它由时间、范围和深度三个维度构成。时间是指人所处职业生涯的不同阶段，如职业初期、职业中期和职业后期等；范围是指职业生涯中参与不同工作的数量；深度是指对某个工作角色投入的程度。职业生涯的基本含义包括三方面的内容：首先，它是个人行为,而非群体行为;其次,它实质是指一个人一生中的工作任职经历;再次,它不仅表示时间长短,还包括职业发展、变更的经历和过程。

2. 职业阶段

职业阶段的研究发现随着个人阶段的转变,自身的需要和期望也在转变。图6-1概括了职业阶段和个人需要之间的关系。

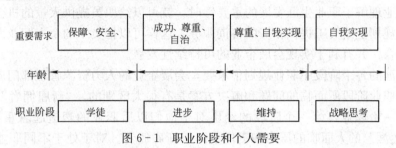

图6-1 职业阶段和个人需要

1) 第一阶段

拥有技术知识的年轻专业人员进入了企业,但是他们经常不理解企业的要求和期望,因此,他们必须与有经验的人员一起密切合作。年轻的专业人员与他们的指导者之间形成的关系类似于"师徒关系"。学徒希望能胜任主要的工作,包括学习和接受指导。一个人想要成功有效地通过第一阶段则必须要接受一个依赖的心理状态。一些新员工不能够应对在学校中曾经遇过的相似情形,虽然他们希望第一份工作能够提供更多的自由,但是发现仍然受到权威人士的指导,就如同在学校那样。

2) 第二阶段

一旦他们通过了第一阶段的依赖关系,专业人员将会步入被称为独立工作的第二阶段。想要通过这个阶段必须证明其在一定专业领域能够胜任。第二阶段专业人员的首要任务是在所选择的领域独立工作,因为专业人员能更少地依靠他人的指导。独立的心理状态可能会造成一些问题,因为这种状态和前阶段要求的依赖心理是完全相反的。第二阶段对于专业人员将来的发展极端重要,一般说来,在此阶段失败的人将来不能很好地发展,因为他们不具有足够的自信。

3) 第三阶段

进入第三阶段的专业人员被期待成为第一阶段人员的指导者,而且他们注意拓展兴趣,注意与企业外的人一起处理越来越多的事情,因而专业人员此阶段的中心任务就是对他人的"培训和相互作用"。此阶段他们对他人工作负起责任,这一阶段的这种特点会造成相当大的心理压力。在以前的阶段,他们只要对自己的工作负责,但是现在他人的工作成为首要关注的事。不能到达新的要求的人可能决定转回第二阶段,而那些能从照管他人中得到满足感的人会开展更重要和更有价值的工作,这些工作将成为退休前第三阶段的工作内容。

4) 第四阶段

一部分专业人员保持在第三阶段,对于这些人来说第三阶段是职业生涯的重要阶段;另一部分的专业人员进步到另外一个阶段。并不是所有员工都能进入第四阶段,因为此阶段的基本特征包括"形成自己企业的发展方向"。由于进入这一阶段的员工在职业生涯的第三阶段的表现而取得的重要地位,进入第四阶段后他们要把注意力放在长远的战略规划上。在作规划时他们扮演的是管理者、企业家和构思的发起者。他们的主要工作关系是去发掘和帮助继承者的事业，与企业外的关键人物打交道。第四阶段的人必须具有影响力，也就是把命令方式的实践领导能力运用在观念的培养、员工的选择和组织的设计中。这些转变对于过去曾依赖上级指导的个人来说是困难的。

3. 会展员工各个阶段的职业生涯发展

会展企业理解了职业生涯发展的重要性时，就可以给职员提供大量的机会，并在发展个人职业规划上给员工提供相应的咨询服务。这样可以把员工的个人职业发展和企业的发展相结合，并有利于实现会展企业的可持续性发展。

职业生涯的各个阶段中职业规划很重要，会展企业的人力资源管理部门应该意识到员工在不同职业阶段所面临的问题和解决方案是有很大区别的。"新雇佣者"通过特殊的工作开始一份职业，第一个阶段的经历对于他们以后职业的塑造起着重要的影响。"中期职业生涯"的人面临的压力和责任不同于新雇佣者。对于处于不同职业生涯阶段的员工，会展企业应该区别对待并采取相应的解决办法。

1) 新员工的职业发展

新员工工作开始时通常会面临许多问题。他们根据期望选择职位，并希望抓住机会，利用培训所学到的知识获得赏识和升迁。但是，研究表明新员工对于其最初的职业决定会很快感到失望。而导致新员工最初职业面临困难的因素很多。例如，新员工往往只从事日常性的工作，因此他们不能够在工作上充分地展现自我，在某种程度上认为自己被抑制了。此外，新员工当发现自我评价通常不能被企业的其他人接受时，容易产生很低的工作满意度，特别是对于成长和自我实现需要的满意度很低。另外，如果公司管理者不能精确评价他们的绩效时，他们对于自己是否达到企业的要求感到迷茫和混乱。

职业生涯管理计划能够帮助新雇佣者避免这些困难，职业生涯管理培训有助于留住和发展年轻的、有才华的员工。通过培训，新员工可以抵消某些不合现实的工作期望，并促使其管理者把最适合的工作安排给新员工，以便增加其工作满意度和成就感。

2) 职业生涯中期的职业发展

达到发展中期阶段的员工虽然是会展企业中有代表性的关键人物，但是很多人会出现严重的职业中期危机，包括面对成功更高层次的压力、与中年危机和调动相联系的个人和家庭的问题以及面对一生中最有成就的年月即将过去的概念。这些问题可能致使他们工作退步、物质滥用和心情沮丧。

如果适当地安排了有效的职业生涯发展规划，对此阶段是有益的。为了解决职业中期面对的问题，会展企业的管理部门可以对这部分员工提出忠告和提供可选择途径。所谓提出忠告，是指会展企业可以雇用专职的心理医师或专家帮助员工处理职业、健康和家庭问题。同时企业应该尽可能提供可以接受的职业生涯选择方案，帮助员工度过职业生涯中期的危机。

6.7.2 会展员工的职业规划和职业路径

会展员工的职业规划的实施包含了员工个人的职业渴望和企业提供的机会的比配问题。而其职业途径是与这些机会相联系的特定工作的顺序。会展企业职业管理的成功，有赖于两个方面。一方面,员工个人应该明白自己的工作渴望和能力,并且认识到特定的职业途径需要获取什么样的培训和发展;另一方面,企业也必须清楚自己的需要和机会,通过职工计划,给其员工提供必需的职业信息和培训。图6-2表述了职业规划的过程。

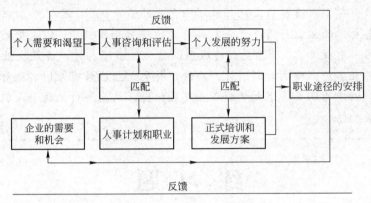

图6-2 职业规划的过程

资料来源:ALPIN J C, GERSTER D K. Career development: An integration of individual and organizational needs. Personnel, 1978.

1. 职业规划

为员工提供咨询是会展企业采取的最广泛的方法。职业咨询通常包括正式咨询和非正式咨询。非正式咨询通常由人事部门或由上级管理者提供。人事部门的咨询是企业提供给员工的一种服务,通常也涉及个人问题。而管理者给予的职业咨询是包含在绩效评估中的。在这个环节中,很自然会出现企业员工应该往哪发展的问题。有效的绩效评估的一个特点是让员工不仅了解到如何使他或她做得更好,而且对未来有所把握。因此,管理者必须能够在企业的需要机会方面给员工提供咨询。与非正式咨询相比,会展企业的正式咨询多借助于会议、评估中心和职业发展中心,发展出一套正式的企业职业规划体系。

2. 职业路径

从会展企业的角度看,职业路径在劳工计划中是很重要的。一个企业将来的劳工主要取决于各个等级人员的职业设计方案。从员工个人角度看,职业途径是为了取得个人和事业目标而将其希望担任的工作排序所得的职业路径。虽然实际设计职业途径时不可能完全满足企业和个人的需要,但是系统的职业规划具有拉近个人需要和企业需要之间隔阂的潜能。

本 章 小 结

人力资源管理对会展企业的生存和发展至关重要。会展人力资源管理的重要环节包括获取、整合、奖酬、调控和开发。为了确保在需要的时候和需要的岗位上获得各种需要的人才，会展企业需要进行会展人力资源规划，以便科学地预测、分析自己在环境变化中的人力资源供给和需求状况。会展人员的招聘可通过内部晋升（或调职）和外部征聘两种形式来进行。通过培训，会展企业可以调动员工积极性、建立优秀组织文化并且增强企业的竞争优势。除了培训以外，绩效考核是改善员工的组织行为，充分发挥员工的潜能和积极性，以求更好地达到组织目标的另一有效工具。为了更好地吸引、留住、激励人才，会展企业应加强薪酬管理，并且实施合理的薪酬设计。此外，会展企业应该有效地实施员工的职业生涯管理，以便为职员提供大量的职业发展机会，从而把员工的个人职业发展和企业的发展相结合。

1. 名词解释

人力资源管理　人力资源规划　招聘　人员甄选　培训　绩效考核　薪酬管理　职业生涯　职业规划

2. 思考题

(1) 简述会展企业人力资源管理的内容和基本功能。

(2) 简述人力资源需求和供给预测的方法。

(3) 简述会展企业人员招聘的原则和方法。

(4) 简述会展企业人员培训的重要作用和原则。

(5) 论述会展绩效考核的内容和方法。

(6) 论述薪酬管理理论及其在会展企业中的运用。

(7) 论述会展企业员工的职业生涯管理。

[1] 张静抒. 会展人力资源管理. 上海：上海交通大学出版社，2008.

[2] 黄维德，董临萍. 人力资源管理. 2版. 北京：高等教育出版社，2005.

[3] 刘大可，陈刚，王起静等. 会展经济理论与实务. 北京：首都经济贸易大学出版社，2006.

[4] 胡平. 会展管理. 北京：高等教育出版社，2004.

[5] 胡平. 会展管理：理论与务实. 上海：华东师范大学出版社，2007.

[6] 马勇，冯玮. 会展管理. 北京：机械工业出版社，2006.

[7] 马勇，肖轶楠. 会展概论. 北京：中国商务出版社，2004.

第 7 章 会展信息管理

本章导读

随着信息经济的到来,信息资源已成为会展企业赖以生存和发展的战略资源。而会展企业的管理也正在由传统的管理走向更高层次的以信息为中心的管理。会展信息资源的三要素是具有经济价值的信息本身、信息基础设施及从事信息管理工作的人。通过本章学习,要求掌握会展信息管理的含义,明确会展信息管理的规划、组织,了解会展企业的客户资源管理(CRM)及会展的电子商务的概念、基本问题和主要实施方法。此外,本章简要介绍了网上会展的含义和功能及其与传统会展的区别、中国网上会展的现状和发展。

7.1 会展信息管理概述

7.1.1 会展信息管理的含义

会展信息管理是会展企业管理者为了实现会展的目标,对会展信息及其信息活动进行管理的过程。具体来说,会展的信息管理是指会展企业以先进的信息技术为手段,对信息进行采集、整理、加工、传播、存储和利用的过程,并且对会展的信息活动过程进行战略规划,以及对信息活动中的要素进行计划、组织、领导、控制的决策过程。通过信息管理,会展企业力求实现资源得到有效配置、共享管理、协调运行,以最少的耗费创造最大的效益。

1. 会展信息管理的对象

信息是会展企业待开发的重要资源,而信息和信息的活动是会展企业的财富和核心。在会展的信息管理中,信息和信息活动是企业信息管理的主要对象。与会展相关的所有活动的情况都要转变成信息,以"信息流"的形式在会展企业信息系统中运行,以便实现信息传播、存储、共享、创新和利用。此外,传统管理中会展企业的信息流、物资流、资金流、价值流等,也要转变成各种"信息流"并入信息管理中。

2. 会展信息管理的层次

会展信息管理可以分为三个层次,即高层战略管理、中层管理和基层管理。高层战略管理,即对会展信息和资源在整体上的一种把握和控制,包括组织架构、资源配置和会展企业战略等；中层管理，是指对会展业务活动信息具体设计、组织协调，保证各种业务活动有效开展；基层管理，是对业务处理的过程信息进行管理。

3. 会展信息管理的内容

1) 会展信息管理的任务

(1) 计算机网络基础设施建设，即会展企业计算机设备的普及，以及企业内部网（Intranet）、企业外部网（Extranet）的建立与因特网的连接等。

(2) 会展企业内部管理业务的信息化，即管理信息系统（MIS）、决策支持系统（DSS）、会展企业资源计划管理（ERP）、客户关系管理（CRM）、供应链管理（SCM）、知识管理（KM）等。

(3) 会展企业信息化资源的开发与利用，即会展企业内外信息资源的利用、会展企业信息化人才队伍的培训、会展企业信息的标准化、规范及规章制度的建立等。

(4) 会展企业信息资源建设，包括信息技术资源的开发、信息内容资源的开发等。

2) 会展信息开放与保护

(1) 会展信息开放有两层含义，即信息公开和信息共享。信息公开包括向上级主管公开信息、向监督部门公开信息、向社会公开信息、向上下游企业公开信息和向消费者公开信息、向投资者公开信息等。相关信息按照一定的使用权限在会展企业内部部门之间、员工之间和与之合作伙伴之间进行资源共享。

(2) 会展企业信息保护的手段很多，如专利保护、商标保护、知识产权保护、合同保护、公平竞争保护等。

3) 会展信息的开发与利用

从信息资源类型出发，会展的信息资源有记录型信息资源、实物型信息资源和智力型信息资源之分。智力型信息资源是一类存储在人脑中的信息、知识和经验，这类信息需要人们不断开发加以利用。而会展信息开发与利用的内容通常包括市场信息、科技信息、生产信息、销售信息、政策信息、金融信息和法律信息等。

7.1.2 会展信息管理的职能

会展的信息管理主要包括计划、组织、领导和控制等4项职能。

1. 计划职能

会展信息管理的计划职能，是围绕会展信息的生命周期和信息活动的整个管理过程。信息管理计划的制订对会展信息管理至关重要。信息管理计划包括信息资源计划和信息系统建设计划。信息资源计划是信息管理的主计划，包括组织信息资源管理的战略规划和常规管理计划。信息资源管理的战略规划是组织信息管理的行动纲领，规定组织信息管理的目标、方法和原则。常规管理计划是指信息管理的日常计划，包括信息收集计划、信息加工计划、信息存储计划、信息利用计划和信息维护计划等，是对信息资源管理的战略规划的具体落实。

2. 组织职能

信息管理的组织职能包括信息系统研发与管理、信息系统运行维护与管理、信息资源管理与服务和提高信息管理组织的有效性等4个方面。信息处理技术的运用促进了会展信息活动的组织职能的发展，使组织能更好地收集情报，更快地作出决策，从而增强组织的适应能力与竞争力。在会展企业中信息管理部门正在成为组织中最重要的部门之一。因为信息管理部门要承担信息系统组建、保障信息系统运行和对信息系统的维护更新，并且向信息资源使用者提供信息、技术支持和培训等。

3. 领导职能

领导职能指的是信息管理领导者对会展企业内所有成员的信息行为进行指导或引导，从而使员工能够自觉自愿地为实现企业的信息管理目标而工作的过程。信息管理的领导者职责包括：参与高层管理决策；负责制定组织信息政策和信息基础标准；负责组织开发和管理信息系统；负责领导已经建立的信息系统的维护、设备维修和管理；负责协调和监督组织各部门的信息工作；负责收集、提供和管理组织的内部活动信息、外部相关信息和未来预测信息。领导职能的有效发挥，促使信息管理部门员工更有效、更协调地工作，并发挥自己的潜力，实现信息管理组织的目标。应该注意的是，信息管理的领导职能不是独立存在的，它贯穿于信息管理的全过程，以及计划、组织和控制等职能之中。

4. 控制职能

控制职能是指为了确保实现会展企业的信息管理目标和相应信息管理计划，信息管理者根据一定的标准，对信息工作进行衡量、测量和评价，并在出现偏差时进行纠正，以便防止偏差的再度发生的管理职能。信息管理的控制工作是每个会展信息管理者的职能。一般来讲，控制工作分为两类：一类是纠正实际工作，从而减小实际工作结果与原有计划及标准的偏差，保证计划的顺利实施；另一种是纠正会展企业已经确定的目标及计划，使之适应组织内外环境的变化，从而纠正实际工作结果与目标和计划的偏差。

7.2 会展信息管理规划

7.2.1 会展企业的信息化发展阶段

明确会展企业当前处于哪个信息化发展阶段，对其进行信息管理的规划至关重要。因为会展的信息管理规划必须符合企业当前的信息化发展特征。20世纪70年代，美国学者诺兰（R. Nolan）将企业的计算机应用过程划分为初装、蔓延、控制、集成、数据管理和成熟6个阶段。他强调这个应用过程是一个客观的发展规律，通常各个阶段是不可跳跃的。基于诺兰的思想，会展企业的信息化发展过程可以分为以下几个阶段。

1. 会展企业信息化初级阶段

初级阶段是指会展企业刚开始使用计算机进行一些简单的单项信息处理的阶段。此阶段，计算机在信息处理上的作用被普遍认同，然而企业内只有少数人能够初步使用计算机，企业的信息化基础设施建设及其应用水平较低，人们对现代信息处理技术的认知度和参与程度也较低。这一阶段，会展企业应该以实现基本的信息管理功能为目标，着重解决企业内部信息交流与信息共享的问题。而初级阶段的信息化重点在于建立企业网站，进而加强网上产品与服务宣传。

2. 系统集成阶段

系统集成阶段是指会展企业用信息技术将单一的基本信息处理过程连接起来形成管理信息系统（MIS）的阶段。此阶段的特点是计算机的使用在企业内得到了普及，企业的信息化基础设施建设及其应用水平得到了提高。此外，局域网和管理信息系统已经建立起来，整个会展企业的信息处理通过网络技术和数据库技术被连成了一个整体，从而提高了企业管理的集约化水平。但是，在这一阶段领导通常对企业信息化的内涵理解还不够全面，而且企业内部以及部门之间业务处理过程中存在信息沟通不畅并导致业务效率低下的问题。

3. 网络化管理阶段

网络化管理阶段是指会展企业将包括人力资源、计划管理、物流、财务等方面的信息处理全面集成，并且对企业管理模式进行创新的 ERP 阶段。这一阶段，企业的信息化基础设施较完备，应用水平也较高，会展企业信息资源初步实现有效整合和资源共享问题。此外，企业内外基础环境基本实现网络化，基于网络环境下的 ERP 和 CRM 系统得到广泛应用，从而使企业能够对自身的经营战略、业务流程、生产过程和组织结构进行优化重组，并实施网络化管理。

4. 电子商务与协同商务阶段

电子商务与协同商务阶段是会展企业信息化的高级阶段。在此阶段，会展企业利用网络推进基于网络环境下的电子商务与协同销售和协同设计。同时，企业运用完备的信息化基础设施，将 ERP 与电子商务整合，并按照自身的条件，推进电子商务和协同商务应用，从而促进企业电子化商业模式的创新，实现从传统的管理模式向现代化管理模式的转变。

7.2.2 会展信息管理规划的内容和方法

1. 会展信息管理规划的内容

会展企业信息管理的规划既有长期的规划又有短期规划，规划的主要内容包括以下 4 个方面。

（1）制定会展信息管理的总目标和发展战略。其目的在于根据企业的战略目标和内外约束条件，确定信息管理的总目标。

（2）了解企业当前信息管理的现状。包括企业信息系统的开发和使用情况、信息资源的开发和利用情况、信息技术和设备的使用情况，信息管理部门和人员的配备情况，以及投入的费用情况等。

（3）了解企业流程及企业管理的现状。即明确企业当前的业务流程、组织结构、企业文化、管理制度等情况，以及存在的问题和不足。

（4）对影响规划的信息技术发展的预测。如对计算机软硬件、网络、数据库等技术的发展变化及其对信息管理产生的影响作出预测。会展企业信息管理的发展必然会受到信息技术发展的影响，因此适当的预测是必需的。

2. 会展信息管理规划的常用规划方法

常用的会展信息规划方法有三种，即企业系统规划法、关键成功因素法及战略目标集转化法。

1)企业系统规划法

IBM 公司于 20 世纪 70 年代首先推出企业系统规划（Business System Planning, BSP）法。作为一种企业信息系统规划方法，BSP 法强调通过全面调查分析企业信息需求，并在此基础上制订信息系统总体方案。这种规划方法注重目标，能够确定出未来信息系统的总体结构，明确组成系统的各子系统及其开发顺序，并对数据统一规划管理和控制，保证信息的一致性。可见，该方法的核心是识别企业过程。然而运用 BSP 法时，系统目标是通过识别企业过程和对企业过程/数据类的分析得到的，因此没有明显的目标引导过程。

BSP 法的主要步骤如下。

（1）准备工作。建立由最高领导牵头的委员会，下设一个规划研究小组，并提出工作计划。

（2）调研。规划组成员通过查阅资料，深入各级管理层，了解企业有关决策过程、组织职能和部门的主要活动及存在的主要问题。

（3）定义业务过程。所谓业务过程，是指企业管理中必要且逻辑上相关的、为了完成某种管理功能的一组活动。

（4）业务重组过程。取消或优化那些在使用现代信息技术环境下，不适应的或低效的业务过程。

（5）定义数据类。数据类是指支持业务过程所必需的逻辑上相关的数据。分别从各项业务过程的角度将与该业务过程有关的输入数据和输出数据按逻辑相关性整理出来，归纳成数据类。

（6）定义信息系统总体结构。利用 U/C 矩阵法划分子系统。

（7）确定总体结构中的优先顺序。按子系统的优先顺序排出系统的开发计划。

（8）提交 BSP 研究报告。

2)关键成功因素法

关键成功因素是指对成功实现目标起关键作用的因素。关键成功因素（Critical Success Factors，CSF）法就是通过对会展企业目标的识别和分解，找出影响目标成功实现的关键因素，围绕这些关键因素确定企业信息管理的需求，并在此基础上进行规划。CSF 的主要步骤包括：了解企业目标，识别关键成功因素，识别性能的指标和标准，以及识别测量性能的数据。

至于在众多的成功因素中确定哪些因素是关键成功因素，不同的会展企业可以用不同的方法。对于习惯于高层人员个人决策的企业，主要由高层人员个人选择；而对于习惯于群体决策的企业，可以用德尔菲法或其他方法把不同人确定的关键因素综合起来。与 BSP 法相比，CSF 法能更好地抓住主要矛盾，使目标的识别重点突出，然而关键成功因素的确定可能带有一定的主观性和随意性。

3)战略目标集转化法

信息管理的战略规划过程是把会展企业的战略目标转变为信息管理的战略目标的过程。战略目标集转化（Strategy Set Transformation，SST）法把会展企业的整个战略目标看成是一个"信息集合"，由使命、目标、战略和其他战略变量组成。其他变量包括管理的复杂性、创新习惯及重要的环境约束。与前两种规划方法相比，SST 法识别的目标反映了各种人员的要求,并给出了要求的分层结构,它能够保证目标的全面性,然而其重点不如 CSF 法突出。

在运用 SST 法时,首先要识别会展企业的战略集。当会展企业战略初步识别后,应立即送交企业有关领导审阅和修改;然后,再将会展企业战略集转化成信息管理战略。在识别企业的战略集时,应该首先考察一下会展企业是否有成文的战略式长期计划,如果没有,则要按以下步骤构造该战略集。

(1)描绘出会展企业各类人员结构,如经理、雇员、参展商、政府代理人、地区社团及竞争者等。

(2)识别每类人员的目标。

(3)对于每类人员识别其使命及战略。

7.3 会展信息管理的组织与领导

7.3.1 会展信息管理的组织

会展企业信息流的畅通,以及信息管理是否高效、有序,不仅取决于信息人员的力量、素质和先进的手段,而且还取决于健全的激励机制和各部门以及每一位员工的信息素养。此外,采用合理的企业信息管理机构设置和正确的组织结构模式有助于提高会展信息管理水平。通常,会展的信息管理组织机构包括三个层次,而会展信息管理的组织结构也有三种模式。

1. 会展企业信息管理组织机构的设置

会展企业管理可以分成业务管理、战术管理和战略管理三个层次。因此,企业的信息管理组织机构可以根据对应的三个层次进行设置。

1)基层信息管理的机构设置

基层的信息管理机构一般分设在会展企业的各基层部门,其主要负责企业内各基层经营过程中所产生信息的收集和传递。

2)中层信息管理的机构设置

中层的信息管理机构一般分设在各职能部门内,主要负责收集、传递、处理或反馈企业内外的各种专业信息,如财务、市场、人力资源等方面的信息。目的是让各职能部门及时掌握这些信息,以便辅助决策、解决问题。

3)高层信息管理的机构设置

高层信息管理机构是指会展企业的信息管理中心。信息管理中心是企业信息沟通的枢纽,同时负责又把决策执行的情况反馈至决策层。其主要职责是:负责汇总企业的内外部信息,并进行信息的组织、分析和处理,建立一个权威的内部信息库。另外,信息管理中心还担负对会展企业各部门信息工作的协调、指导和监督任务。

2. 会展信息管理的组织结构模式

会展信息管理的组织结构模式主要有三种,即集中型结构模式、分散型结构模式及集中-分散型结构模式。会展企业可以根据自身的情况选择不同的组织结构模式。中小型会展企业通常采用集中型结构模式，设置一个信息管理中心对企业信息集中统一管理。信息管理工作由专人负责，直属企业总裁领导。对于大型或特大型会展企业，适宜采用集中-分散型结构模式，在企业设立不同层次的信息管理机构和独立的信息管理中心，信息管理中心内设立信息收集、信息分析和信息策划等部门，并且在总裁下设企业信息主管（CIO）。

1) 集中型结构模式

顾名思义，采用集中型结构模式时，会展企业各种信息的收集、加工、检索、传递等工作均由企业的信息管理中心负责，而各部门所需要的信息统一由信息管理中心筛选、提供。因此，企业的信息流为辐射形传播。这种结构模式对信息管理中心的信息管理人员的素质要求较高，适用于中小型企业。

2) 分散型结构模式

使用分散型结构模式的会展企业不需要设立信息管理中心，而是在各职能部门设立信息员，方便企业定期或不定期地组织信息交流。因此，会展企业信息流是在各职能部门之间横向传播。虽然这种结构模式的环境适应能力较强，但是由于职能部门的约束力较弱，信息传递易受阻。

3) 集中-分散型结构模式

采用该结构模式的会展企业不仅设置独立的信息管理中心，而且各职能部门和车间之间也有必要的信息联系。因此，企业内部信息流既有纵向的又有横向的流动，信息传播较为畅通。这种结构模式最有利于企业信息的交流，是较为理想的结构模式。

7.3.2 会展企业信息管理的领导

1. 高层领导在会展企业信息管理中的作用

建立在企业信息化及企业信息系统基础上的会展信息管理是一个长期而复杂、投资大而涉及面广的工作。信息管理的实施必然会影响到企业管理工作的制度和方法，且涉及管理机构的调整，因此需要企业高层领导的参与和具体领导，以便协调各部门的需求与步调，亲自主持、参与信息管理和信息系统的实施，动员企业全体员工共同参加。换句话说，会展信息管理的成功，不仅需要依靠计算机应用人员的推动，而且需要企业的高层领导人实实在在地投入到信息管理和信息系统的实施过程中。除了高层领导以外，一些大型会展企业通常会设立信息管理部门，并且聘请信息主管（CIO）专职负责企业的信息化工作。

2. 会展企业的信息主管

CIO 是全面负责会展企业信息工作的主管，不同于只负责信息系统开发与运行的单纯技术型的信息部门经理，CIO 是既懂信息技术，又懂业务管理的人，他通常集战术和战略管理于一身，他既是技术和管理专家，又是身居高级管理职位的复合性人物，是企业决策层与信息管理层之间的纽带。

会展企业 CIO 的主要职责包括：确定会展企业的信息政策，并规划企业的信息管理工作；负责会展企业的信息系统的组织与实施，并协调各部门之间在信息方面的关系；管理并控制会展企业的信息资源；负责会展企业信息系统的基础结构和软硬件的稳定运行；

监督会展企业信息系统的利用率，并确保投资有效；培训和使用好信息人才；选择信息系统的开发方式；决定信息系统软硬件的配置与选型；负责信息系统的安全运行。

鉴于CIO的重要地位和职责，会展企业的CIO需要兼具技术能力、商业头脑、管理技能和从业经验。首先，CIO需要具备一定的技术知识，如数据库知识、Internet知识、局域网知识等，以保证其将最合适的技术运用于会展企业，并帮助企业实现目标。其次，CIO应具有管理成本和规避风险的能力、协调会展企业与客户关系的能力、一定的财务和营销知识和对市场的较强判断能力。再次，CIO应具有制定业务策略、领导会展企业走向成功的能力，并且具有出色的组织能力，能管理企业的信息资源并协调业务部门的资源与优先权。此外，作为团队的领导，CIO应该有敏锐的观察力，能处理模糊或不明朗的情况。还有，企业普遍要求担任CIO的人员具有较丰富的工作经验。

7.4 会展的客户关系管理

7.4.1 会展的客户关系管理概述

1. 会展的客户关系管理的概念

客户资源，包括个人客户和团体客户，正在成为会展企业发展的至关重要资源。随着市场的发展，会展企业的客户要求得到更好的尊重，并且对服务的质量和及时性等方面提出了更高要求。因此，在处理与客户的关系时运用传统管理手段已不能满足会展企业和客户的需求，于是建立在信息技术基础上的客户关系管理系统（Customer Relationship Management，CRM）应运而生。作为一种改善企业与客户之间关系的新型管理机制，CRM逐步被越来越多的会展企业运用到市场营销、服务和技术支持等与客户有关的领域。

会展的客户关系管理可以被定义为一种基于特定管理软件和技术，对会展企业最有价值的客户进行管理的经营机制和战略。会展CRM的核心是以客户为中心。其主要目标是通过提供更快速和周到的优质服务，吸引和保持更多的客户，以及通过对企业流程的全面管理降低企业的成本。

有效的客户关系管理，通过在会展企业各个经营环节提高客户关怀和满意度，增加客户对企业和品牌产品的忠诚度，并提高企业的核心竞争力。通常，不同的客户为会展企业带来的价值是不同的，因而实施CRM的一个核心理念是按照价值管理客户，并针对不同价值的客户制定相应的客服策略。

2. 会展客户关系管理的主要内容

1）顾客分析

会展企业的顾客分析包括分析谁是企业的顾客，顾客的基本类型，各类型顾客的需求特征及购买行为，并在此基础上分析顾客差异对企业利润的影响等。

2）企业对顾客的承诺

会展企业承诺的目的在于明确企业提供什么样的会展产品和服务，以尽可能降低顾客的购物风险，获得最好的购买效果。企业对顾客的承诺宗旨是使顾客满意。

3) 客户信息交流

会展企业和客户的信息交流是一种互动的沟通，其主要功能是实现双方的互相联系、互相影响。从实质上说，客户管理过程就是与客户交流信息的过程，实现有效信息交流是建立和保持会展企业与客户良好关系的途径。

4) 通过良好的关系留住客户

为建立与保持客户的长期稳定关系，会展企业首先要取得顾客的信任，并区别不同类型的客户关系及其特征，并经常进行客户关系情况分析和关系的质量评价，从而采取有效措施，保持企业与客户长期友好的关系。

5) 客户反馈管理

正确处理客户的意见和投诉，对于消除顾客不满、赢得顾客信任，以及建立顾客忠诚是十分重要的。因此，客户反馈管理对于衡量会展企业承诺目标实现的程度、及时发现在为顾客服务过程中存在的问题等方面至关重要。

3. 客户关系管理的 4 个重要阶段

1) 识别客户

启动客户关系管理之前，会展企业必须与大量的客户进行直接接触，并深入了解有关客户需求的点点滴滴信息，其中包括姓名、年龄、职业、性别、地址、电话号码、家庭结构、收入、习惯、爱好、生活形态、消费行为、消费历史等诸如此类的信息。那些对企业最有价值的"金牌客户"，企业一定要与之发展良好的关系。

2) 对客户进行差异分析

不同客户之间的差异主要在于两点：他们对企业的商业价值不同和对产品或服务的需求不同。因此，对这些客户进行有效的差异分析，可以帮助会展企业更好地配置资源，使得产品或服务的改进更有成效，牢牢抓住最有价值的客户，与客户保持良性接触，获取最大的收益。客户关系管理一个重要的组成部分就是降低与客户接触的成本，增加与客户接触的收益。

3) 根据客户需要调整会展产品或服务

为了更贴切地满足每一个客户的需要，会展企业就必须及时了解客户的需要，并因人制宜地"个性化"自己的产品或服务。

4) 通过客户关系管理软件来实现 CRM

CRM 的理念要求会展企业完整地认识整个客户生命周期，提供与客户沟通的统一平台，提高员工与客户接触效率和客户反馈率。CRM 系统是一种解决方案，同时也是一套人-机交互系统。过去几年中，欧美国家的不少会展企业都已经用上了 CRM 系统，并取得了良好的实施效果。CRM 系统在中国会展企业中的运用日渐受到广泛的关注。

7.4.2 会展企业 CRM 的模块及其功能

1. 会展企业 CRM 的模块

尽管会展企业之间的实际业务有一定的差别，而且 CRM 软件提供商的功能侧重点各有不同，但是 CRM 的实质是处理会展企业前端部门的业务——市场、销售和服务的系统。通常会展企业客户关系管理系统包含 5 个主要模块，即销售模块、营销模块、客户服务模块、呼叫中心模块和数据处理模块。

1）销售模块

销售模块的主要目标是提高销售过程的自动化和销售效果，主要包括5个子功能模块，即销售功能模块、现场销售管理功能模块、现场销售/掌上工具功能模块、电话销售功能模块和销售佣金功能模块。

销售功能模块是销售模块的基础，用来帮助决策者管理销售业务，其主要功能是额度管理、销售力量管理和地域管理。现场销售管理功能模块为现场销售人员设计，主要功能是联系人和客户管理、机会管理、日程安排、佣金预测、报价、报告和分析。现场销售/掌上工具功能模块是销售模块的新成员。该组件包含许多与现场销售组件相同的特性，不同的是该组件使用的是掌上型计算设备。电话销售功能模块可以进行报价生成、订单创建、联系人和客户管理等工作；还有一些针对电话商务的功能，如电话路由、呼入电话屏幕提示、潜在客户管理及回应管理。而销售佣金功能模块允许销售经理创建和管理销售队伍的奖励和佣金计划，并帮助销售代表形象地了解各自的销售业绩。

2）营销模块

营销模块的主要目标是提高销售过程的自动化和销售效果，主要包括营销子功能模块和其他子功能模块。其中，营销功能模块可以使会展企业营销部门实时地跟踪营销活动的效果，执行和管理多样的、多渠道的营销活动。而其他功能模块，可帮助营销部门管理其营销资料、列表生成与管理、授权和许可、预算、回应管理。

3）客户服务模块

客户服务模块的主要目标是提高那些与客户支持和现场服务相关的业务流程的自动化并加以优化。其主要包括4个子功能模块，即服务功能模块、合同功能模块、客户关怀功能模块、移动现场服务功能模块。

服务功能模块可以完成现场服务分配、现有客户管理、客户产品全生命周期管理、服务技术人员档案、地域管理等。通过与企业资源计划的集成，可进行集中式的雇员定义、订单管理、后勤、部件管理、采购、质量管理、成本跟踪、发票、会计等。合同功能模块主要用来创建和管理客户服务合同，从而保证客户获得的服务水平和质量与其所花的钱相当。它可以使得会展企业跟踪保修单和合同的续订日期，利用事件功能表安排预防性的维护活动。

客户关怀功能模块是客户与供应商联系的通路。此模块允许客户记录并自己解决问题，如联系人管理、客户动态档案、任务管理、基于规则解决重要问题等。移动现场服务模块是建立在特定无线部件的基础上，保证服务工程师能实时地获得关于服务、产品和客户的信息。同时，他们还可使用该组件与派遣总部进行联系。

4）呼叫中心模块

呼叫中心模块的主要目标是利用电话来促进销售、营销和服务，其重要包括10个子功能模块，即电话管理员功能模块、开放连接服务功能模块、语音集成服务功能模块、报表统计分析功能模块、管理分析工具功能模块、代理执行服务功能模块、自动拨号服务功能模块、市场活动支持服务功能模块、呼入呼出调度管理功能模块和多渠道接入服务功能模块。

电话管理员功能模块的主要作用包括呼入呼出电话处理、互联网回呼、呼叫中心运营管理、图形用户界面软件电话、应用系统弹出屏幕、友好电话转移、路由选择等。开放连接服务功能模块支持绝大多数的自动排队机，如 Lucent，Nortel，Aspect，Rockwell，Alcatel，Erisson 等。语音集成服务功能模块支持大部分交互式语音应答系统。报表统计分析功能模块提供了很多图形化分析报表，可进行呼叫时长分析、等候时长分析、呼入呼叫汇总分析、坐席负载率分析、呼叫接失率分析、呼叫传送率分析、坐席绩效对比分析等。管理分析工具功能模块进行实时的性能指数和趋势分析，将呼叫中心和坐席的实际表现与设定的目标相比较，确定需要改进的区域。

代理执行服务功能模块支持传真、打印机、电话和电子邮件等，自动将客户所需的信息和资料发给客户。可选用不同配置使发给客户的资料有针对性。自动拨号服务功能模块管理所有的预拨电话，只有接通的电话才转到坐席人员那里，节省了拨号时间。而市场活动支持服务功能模块管理电话营销、电话销售、电话服务等。呼入呼出调度管理功能模块负责根据来电的数量和坐席的服务水平为坐席分配不同的呼入呼出电话，提高了客户服务水平和坐席人员的生产率。多渠道接入服务功能模块提供与 Internet 和其他渠道的连接服务，充分利用话务员的工作间隙，收看 E-mail、回信等。

5）数据处理模块

数据处理模块支持整个数据处理功能，其中包括数据过滤和数据分析两部分。数据过滤功能基于一个数据整理工具，从大量的销售数据、市场反馈、客户反馈意见等数据中整理出对企业有用的数据。数据分析可以称作是商务智能的一部分，可以为会展企业提供灵活的查询手段，来自销售市场的汇总数据的各种视图和分析图表，为企业决策提供帮助。

2. 会展 CRM 系统软件的基本功能

会展 CRM 系统软件的基本功能主要包括客户管理、联系人管理、时间管理、潜在客户管理、销售管理、电话销售和电话营销、营销管理、客户服务等，有的软件还包括了呼叫中心、合作伙伴关系管理、知识管理、商业智能、电子商务等。

（1）客户管理的功能。包括：客户基本信息的搜集；与此客户相关的基本活动和活动历史；联系人的选择；建议书和销售合同的生成。

（2）联系人管理的功能。主要作用包括：联系人概况的记录、存储和检索；跟踪同客户的联系，如时间、类型、简单的描述、任务等，并可以把相关的文件作为附件；客户的内部机构的设置概况。

（3）时间管理的主要功能。包括：日历；设计约会、活动计划，有冲突时，系统会提示；进行事件安排，如 To-dos、约会、会议、电话、电子邮件、传真；备忘录；进行团队事件安排；查看团队中其他人的安排，以免发生冲突；把事件的安排通知相关的人；任务表；预告/提示；记事本；电子邮件；传真。

（4）潜在客户管理的主要功能。包括：业务线索的记录、升级和分配；销售机会的升级和分配；潜在客户的跟踪。

（5）销售管理的主要功能。包括：组织和浏览销售信息，如客户、业务描述、联系人、时间、销售阶段、业务额、可能结束时间等；产生各销售业务的阶段报告，并给出业务所处阶段、还需要的时间、成功的可能性、历史销售状况评价等信息；对销售业务给出战术、策略上的支持；对地域（省市、邮编、地区、行业、相关客户、联系人等）

进行维护；把销售员归入某一地域并授权；地域的重新设置；根据利润、领域、优先级、时间、状态等标准，用户可定制关于将要进行的活动、业务、客户、联系人、约会等方面的报告；提供类似 BBS 的功能，用户可把销售秘诀贴在系统上，还可以进行某一方面销售技能的查询；销售费用管理；销售佣金管理。

(6) 电话营销和电话销售的主要功能。包括：电话本；生成电话列表，并把它们与客户、联系人和业务建立关联；把电话号码分配到销售员；记录电话细节，并安排回电；电话营销内容草稿；电话录音，同时给出书写器，用户可做记录；电话统计和报告；自动拨号。

(7) 营销管理的主要功能。包括：产品和价格配置器；在进行营销活动（如广告、邮件、研讨会、网站、展览会等）时，能获得预先定制的信息支持；把营销活动与业务、客户、联系人建立关联；显示任务完成进度；提供类似公告板的功能，可张贴、查找、更新营销资料，从而实现营销文件、分析报告等的共享；跟踪特定事件；安排新事件，如研讨会、会议等，并加入合同、客户和销售代表等信息；信函书写、批量邮件，并与合同、客户、联系人、业务等建立关联；邮件合并；生成标签和信封。

(8) 客户服务的主要功能。包括：服务项目的快速录入；服务项目的安排、调度和重新分配；事件的升级；搜索和跟踪与某一业务相关的事件；生成事件报告；服务协议和合同；订单管理和跟踪；问题及其解决方法的数据库。

(9) 呼叫中心的主要功能。包括：呼入呼出电话处理；互联网回呼；呼叫中心运行管理；软电话；电话转移；路由选择；报表统计分析；管理分析工具；通过传真、电话、电子邮件、打印机等自动进行资料发送；呼入呼出调度管理。

(10) 合作伙伴关系管理的主要功能。包括：对企业数据库信息设置存取权限，合作伙伴通过标准的 Web 浏览器以密码登录的方式对客户信息、公司数据库、与渠道活动相关的文档进行存取和更新；合作伙伴可以方便地存取与销售渠道有关的销售机会信息；合作伙伴通过浏览器使用销售管理工具和销售机会管理工具，如销售方法、销售流程等，并使用预定义的和自定义的报告；产品和价格配置器。

(11) 知识管理的主要功能。包括：在站点上显示个性化信息；把一些文件作为附件贴到联系人、客户、事件概况等上；文档管理；对竞争对手的 Web 站点进行监测，如果发现变化的话，会向用户报告；根据用户定义的关键词对 Web 站点的变化进行监视。

(12) 商业智能的主要功能。包括：预定义查询和报告；用户定制查询和报告；可看到查询和报告的 SQL 代码；以报告或图表形式查看潜在客户和业务可能带来的收入；通过预定义的图表工具进行潜在客户和业务的传递途径分析；将数据转移到第三方的预测和计划工具；柱状图和饼图工具；系统运行状态显示器；能力预警。

(13) 电子商务的主要功能。包括：个性化界面、服务；网站内容管理；店面；订单和业务处理；销售空间拓展；客户自助服务；网站运行情况的分析和报告。

7.4.3 会展 CRM 系统的实施

CRM 的选择和实施是一项复杂的系统工程，涉及会展企业 CRM 整体战略规划、技术集成、内容管理等多方面的创新问题。因此，CRM 系统的实施通常应该从两个层面进行考虑：一方面是进行管理的改进，另一方面是向这种新的管理模式提供信息技术的支持。其中，管理的改进是 CRM 成功的基础，而信息技术则有利于提高客户关系管理工作的效率。

1. 管理的改进

从管理的视角来看，客户关系管理的实现首先有赖于管理理念的更新。所谓会展企业 CRM 的管理理念，是指会展企业根据客户终身价值的大小，充分调配可用的资源，有效地建立、维护、发展客户的长期合作关系，从而提高客户忠诚度、满意度，实现企业利润最大化。

CRM 理念不但是会展企业实施 CRM 指导性的原则，而且是企业经营的一种基本方式和指导思想。换言之，理念决定会展企业应该怎么做（充分调配可用的资源），做什么（有效的建立、维护、发展客户的长期合作关系），通过什么方式做（根据客户终身价值的大小），这么做的目的是什么（提高客户忠诚度、满意度，实现企业利润最大化）。值得注意的是，CRM 理念作为企业的指导性原则，与技术没有直接的关系，可以脱离技术的存在而存在。

除了理念的更新，会展企业应该在管理方面进行一系列的改进，从而保证 CRM 的成功实施。其中包括高层领导的支持、战略规划和系统整合、团队的组建、流程的合理设计和分步实施及预算的控制。

1）高层领导的支持

所谓高层领导，一般是指会展企业的总经理、营销副总或销售副总。没有最高层对 CRM 的接受，就很难让中、低层员工来全力支持 CRM 项目。作为项目的支持者，高层领导的主要作用体现在 4 个方面：为 CRM 设定明确的目标；向 CRM 项目提供为达到设定目标所需的时间、财力和其他资源；确保企业上下认识到 CRM 工程对企业的重要性；在项目出现问题时激励员工解决问题。

2）战略规划和系统整合

规划 CRM 时，一定要有一个很清晰的愿景和战略。会展企业 CRM 战略寻求的是投入与收益的平衡，即"信息化企业"利润与"个性化客户"需求的成本的平衡。CRM 战略是一种交互式和不断进化的过程，因此在 CRM 战略实施过程中，需要详细考虑与人、数据、预算和基础设施相关的一系列问题，从而确保整个企业在 CRM 战略、方向和实施时间等各环节有一个清晰的认识。此外，在整个 CRM 规划的过程中应该确保资深主管参与制定领导战略，以便根据企业的实际情况制定现实的、可达到的 CRM 实施目标。

会展企业各个部分的集成对其 CRM 的成功很重要。因为 CRM 的效率和有效性的提高有赖于终端用户效率的提高、终端用户有效性的提高、团队有效性的提高、企业有效性的提高及企业间有效性的提高。

3）团队的组建

组建一个良好的 CRM 项目实施团队是将项目的成功转化为"有利润价值的客户关系"的有效保障。CRM 创新将影响整个企业的多种渠道，因此需要每一个领域的专家参与。通常 CRM 项目团队既包含劳务人员，也包含技术人员、行业实施专家。从技术角度来说，需要数据库、数据仓库、网站和网络成员的参与；从业务角度来说，需要战略专家，以及营销、销售和服务部门成员的参与。

CRM 的实施队伍通常应该在 4 个方面有较强的能力。首先是业务流程重组的能力。其次是对系统进行客户化和集成化的能力，特别对那些打算支持移动用户的企业更是如此。第三个方面是对 IT 部门的要求，如网络大小的合理设计、对用户桌面工具的提供和支持、数据同步化策略等。最后，实施小组具有改变管理方式的技能，并提供桌面帮助。这两点对于帮助用户适应和接受新的业务流程是很重要的。

4）流程的合理设计和分步实施

成功的项目小组应该把注意力放在 CRM 的实施流程上，而不是过分关注于技术。因为从某种角度上讲，技术只是促进因素，本身不是解决方案。因此，好的项目小组开展工作后的第一件事情就是花费时间去研究现有的营销、销售和服务策略，并找出改进方法。除了注重合理的流程设计，CRM 可以通过流程分析，进行业务流程重组。但是在 CRM 的实施上，要确定实施优先级，分步实施，以确保每次只解决几个最重要的问题。

5）预算的控制

在整个会展企业范围内实施一个 CRM 系统需要在硬件、软件、咨询和培训上花费很多资金。因此，合理的预算控制是保证 CRM 实施的先决条件。为了有效地避免由于预算错误给会展企业带来的巨大损失，企业在实施 CRM 的过程中，最好能够聘请一名专家，来分析和评估在推进 CRM 项目的过程中需要花费哪些成本，以便在项目实施之前了解到一些可能发生的潜在成本。

通常，会展企业 CRM 实施的潜在成本主要包括培训成本、数据维护成本、软件集成成本及项目管理成本。在实施 CRM 的过程中，很多企业会低估 CRM 项目的复杂性和长期性，从而使其忽视对员工的培训。对员工运作 CRM 软件的培训成本的低估会在一定程度上降低会展企业 CRM 实施效果。此外，CRM 需要收集庞大的数据，以识别客户，并描绘出他们的购买行为和偏好。而数据需要持续进行维护，不断进行更新，因此数据维护成本是实施 CRM 的一项重要成本。项目管理成本是正确评估和控制 CRM 项目成本的核心所在。

2. 技术的支持

技术支持对 CRM 项目的实施至关重要，而成功的 CRM 项目中，技术的选择总是与要改善的特定问题紧密相关。通常技术选择的标准应该是，根据业务流程中存在的问题来选择合适的技术，而不是调整流程来适应技术要求。从技术的角度而言，CRM 项目的实施必须注重基础设施的配套。

1）获取可靠的数据

数据是实施 CRM 项目的基础，因此会展企业很有必要在项目实施前，对所有数据来源进行彻底的评估。然而很多企业在规划 CRM 的阶段里，往往容易忽视企业数据可靠性的问题，总以为数据问题在实施 CRM 的过程中非常容易解决。事实上，如果在项目实施之前没有解决好数据可靠性的问题，就必定会在后期花费更高的成本来解决这些问题，甚至造成整个 CRM 项目的失败。

所谓不可靠的数据，一般来讲分为 5 类，即不准确数据、过时数据、丢失的或不完整的数据、不统一的数据及难以获得的数据。如果一个会展企业在不准确和不完整数据的基础上进行决策，只能是破坏客户关系和"侵蚀"CRM战略，而不可能很好地把握客户需求。

为了有效提高获取数据的可靠性，会展企业必须确认数据来源，评估每一种数据来源的可获得性、集成性、时效性和可利用性；并且确定需要处理的数据量，包括客户统计数据和交易数据。此外，企业应该确保数据质量的评估和维护成为一种持续处理的过程，并制定用于让客户数据生效的企业级标准，从而保证向CRM应用系统中输入可靠的、综合的和标准化的客户数据。

2）基础设施的配套

CRM的有效实施在很大程度上有赖于企业内部的系统和基础设施。例如，CRM创新可能需要增加带宽，以适应大量的E-mail促销的需求；或者是需要增加信息处理能力，以应对新的数据访问高峰。而项目团队在实际运作过程中往往难以客观地评估企业自身基础设施条件，从而造成在项目实施中和实施后出现很多问题。

为了避免与基础设施配套相关的问题，会展企业要注意在CRM项目实施前对企业基础设施能力的一个彻底评估。确定现有的数据库、应用服务器和网络软件是否能够支持新的应用系统，并确定是否需要购买一些新的硬件设备。此外，评估时还要确定现有的企业信息系统是否会阻碍CRM战略的实施，并且确定公司现有的网站、呼叫中心、订单管理、事务处理和库存管理系统是否能够确保与CRM应用系统的集成。

3. CRM系统的具体实施步骤

受到项目时间及项目规模等因素的影响，会展企业在具体实施CRM系统时所使用的方法和步骤不一而同。一般来讲，CRM的实施可以分外以下6个步骤。

1）确定CRM战略目标

在实施CRM之前，会展企业必须明确企业营销、销售和服务的战略目标，以及如何才能实现该目标。而这个战略目标必须由企业自己来制定，至于详细的目标实现步骤，则可以在咨询相关机构和解决方案供应商之后再制定。

2）确定分阶段实施目标

作为一个复杂的系统工程，CRM的实施需要分阶段来进行。在确立具体实施进程之前，会展企业首先要定位客户的关注点，并据此拟定出CRM实施进程中的阶段目标。

3）分析组织结构

会展企业实施CRM，是为了从以前的"以产品为中心"的商业模式转到"以客户为中心"的商业运作模式。而要想真正完成这样的转变，不仅需要借助于CRM的软件系统，更需要在CRM思想的指导下，变革企业的组织结构。因此，这一阶段的主要工作就是根据行业特性和企业特点，分析企业的组织结构，确定要增加哪些机构，哪些机构可以合并，然后再与客户共同分析每个组织的业务流程。以销售流程为例，需要分析从销售机会到正式获得订单要经过怎样一个流程，以及需要哪些部门的参与；在销售机会分析中，既要分析企业的销售机会的来源，同时也要分析各种机会来源在销售中所占的比例。

4）设计CRM技术结构

一般说来，会展企业CRM的功能可以归纳为三个方面：①对销售、营销和客户服务三部分业务流程的信息化；②与客户进行沟通所需手段（如电话、传真、网络、E-mail等）的集成和自动化处理；③对上面两部分功能产生的信息进行加工处理，为会展企业的战略决策提供支持。而对于每个企业，这三方面功能的实现需要结合企业的业务流程细化为不同的功能模块，然后设计相应的CRM技术结构，包括软硬件产品的选择等。

5) 实施CRM系统

由组建的项目团队来制定、实施相应的步骤。在软件供应商软件产品的基础上进行二次开发、定制化、客户化，然后交付给最终用户。在这个过程中要包括对不同的对象所采取的不同内容的培训，这样才能最终实施项目的客户化。

6) 项目后评价

这是很重要的一步，同时也是常常被忽视的一步。在CRM项目实施完成后，会展企业要对CRM项目的实施效果进行评估，这样做是为了在企业内部顺利推广CRM的使用。事实总是胜于雄辩，让企业内部人员尤其是决策层切实看到CRM的成效，可以赢得他们对CRM的支持，从而使企业内部人员能够自觉利用CRM系统，使会展企业获得最大化的投入回报比。当然这只能是简单的评估，而对一个项目更准确的评价，需要一种长期的、全方位的评价。

阅读材料 7-1

AMT Group 倡导的成功实施 CRM 的原则和具体步骤

AMT Group的前身是AMT——企业资源管理研究中心，成立于从1998年9月。发展至今日的AMT Group，已经成为国内管理理念、管理工具与信息技术领域创办时间最长、最具影响力的权威中立资讯机构，也是率先开展企业管理、应用软件培训推广和企业管理技术应用咨询、研究的领导型组织。

按照AMT的说法，成功实施CRM应当遵循6个阶段的原则。

(1) 总体规划。就是对企业的现状进行诊断，分析客户的问题，寻找商业机会，在此基础上进行规划。

(2) 立项启动。包括如何组织项目的工作班子，从哪个环节开始启动项目。

(3) 流程优化。对现有的流程进行什么样的改革。

(4) 产品造型。选择哪个厂商的产品，选择这个产品中的哪些模块。

(5) 实施应用。如何克服应用阶段的各种困难，理顺各种关系。

(6) 持续改进。CRM项目的实施不可能一蹴而就，原因在于它不是一个基建项目可以一劳永逸。CRM是一个管理项目，它的效果是通过不断的改进而体现出来的。

此外，AMT Group同时归纳了具体实施CRM系统的26步，即：成立CRM选型和实施小组；结合企业的IT规划，制定CRM规划；评价和比较不同的CRM方案；购置服务器、ADSL和其他硬件设备；了解软件与现有ERP系统、硬件和数据库的兼容性和集成性；购置DB、系统软件和应用软件；软硬件服务器的安装；系统软件和应用软件的安装；安装Demo系统，用来进行日常的练习；准备初步的客户需求文档；调查和分析当前的业务流程；网络/系统培训、CRM 功能培训；画出当前的业务流程图，撰写 As-Is 报告；结合软件讨论新流程；进行 Gap 分析，确定新流程；流程确认结束，获得通过；准备测试数据和正式数据；编写操作手册和培训资料；对系统的测试环境进行配置和客户化；录入数据；最终用户的培训；模拟和测试新业务流程；用户接受程度测试准备和测试；对用户接受程度的评价；正式系统的配置和客户化；新旧系统的切换，投入使用。

7.5 会展商务信息管理与电子商务概述

7.5.1 会展商务信息管理概述

1. 会展商务信息管理的含义

会展商务信息是指会展活动中发生的商业信息、商品信息、金融信息以及各种以买卖和交换为主要活动特征的商务信息总称。会展商务信息管理是指应用信息技术，对涉及商业情报信息、商品或服务信息、金融与证券信息、买卖信息及商务活动信息，进行采集、整理、加工、存储、传播、创新、利用的管理过程。简言之，会展商务信息管理的实质是会展商务管理的信息化。因此，会展企业商务信息管理的主要任务就是实现会展商务信息化，也就是实现会展商务活动的信息化、经营过程信息化、服务支撑环境信息化的过程。

随着经济的发展，会展商务信息管理经历了由商务信息初级管理阶段，经商务信息高级管理阶段，到电子商务与协同商务阶段的发展。这三个阶段的特点具有很大区别。商务信息初级管理阶段的主要特点是应用售价管理与单品管理的思想；商务信息高级管理阶段的主要特点是应用以人为本和以客户为中心的管理思想进行商务信息的管理；而电子商务与协同商务阶段的主要特点是强调跨越时空、个性化定制、网络营销及满足需求的服务思想。

2. 会展商务信息管理的目标

会展商务信息管理的目标主要包括 6 个方面，即商务信息发布与传播；商务信息双向互动与扩展；商务信息定制、存储及跟踪；协同工作环境整合；数字认证和电子支付；信息集成与系统平台整合。其中，商务信息发布与传播的主要任务是实现信息发布、信息维护和信息导航搜索。商务信息双向互动与扩展的主要任务是满足会展企业和参会（展）商进行商贸洽谈与咨询信息等双向交流，从而进一步通过扩大与用户的双向交流而开拓市场。商务信息定制、存储及跟踪的主要任务是以客户需求为中心进行网上销售、实现集中存储、独立进出、自由调配、定向反馈目标跟踪，从而为服务增值。数字认证和电子支付，是对相关信息进行身份验证，从而实现货币支付和电子账户管理。信息集成与系统平台整合，有助于实现会展企业内部不同应用系统之间的数据共享，以便支持正确的决策和操作。

3. 会展商务信息管理的内容

会展商务信息管理的内容广泛，几乎囊括了与会展相关的各种社会与经济活动，如参展商品的信息采集、商业情报综合处理、商情交换与发布、广告发布。此外，会展产品的售前售中售后服务也是会展商务信息管理的主要内容，其中包括提供产品和服务细节、参会（展）指南、用户意见处理、自动解惑答疑等。而营销促销、网上销售、电子支付、虚拟企业乃至旅游服务等均是会展信息管理的内容。电子商务是会展商务管理信息化的核心内容。

4. 会展商务管理信息系统

会展商务管理信息系统（C&E BMIS）是会展商务信息化建设的核心。会展商务管理信息系统的建立，包括建立会展商务信息系统、会展商务运营系统和会展商务管理系统。其中，会展商务信息系统负责进行会展商务信息的采集、加工、处理、存储、传播；会展商务运营系统负责完成会展产品的交易过程，包括建立会展商务过程中的前台运营、中间运营和后台营运系统；会展商务管理系统涉及的范围最广，它的建立有赖于建立价值链管理、客户关系管理、网络调度管理、订单跟踪管理等各种管理系统。

7.5.2　会展电子商务概述

随着电子商务的开展与应用，会展企业面临的内外部环境也随之发生变化，因而企业战略的内容、制定发展战略的方式和方法也将发生变化。电子商务的运用可以改变会展企业与外部的合作和交流方式。换言之，电子商务不但可以使会展企业与业务合作伙伴的关系更加紧密，而且可以帮助企业接触新的客户并增加客户信任度，使企业以更快的方式将服务推向市场。此外，电子商务的实施可以大幅度提高会展企业运作和管理效率，并且降低管理成本，从而进一步加强会展企业的核心竞争力，乃至推进整个会展业的发展。

1. 会展电子商务的含义

目前，电子商务尚未有一个严格的科学定义。世界电子商务大会将电子商务（Electronic Commerce）描述为实现整个贸易活动的电子化，这个定义侧重从应用范围、应用技术方面对电子商务加以界定。世贸组织认为，电子商务就是通过电信网络进行的生产、营销、销售和流通活动。可见，电子商务不仅是指因特网上的交易活动，还是所有利用电子信息技术（IT）来解决问题、降低成本、增加价值和创造商业和贸易机会的一切商务活动，其中包括通过网络实现从原材料查询、采购、产品展示、订购到出品、储运、电子支付等一系列的贸易活动。

会展电子商务，可以分别从广义与狭义的角度加以定义。广义的会展电子商务是指将电子商务广泛运用到会展运作过程中；而狭义的会展电子商务是指以计算机网络为基础所进行的各种会展商务活动，其中包括会展产品和服务的提供者、广告商、消费者、中介商等有关各方行为的总和。通常说的会展电子商务是狭义上的电子商务。

会展电子商务涵盖的业务范围广泛，包括 EDI、信息交换、售前售后服务、电子销售和支付、组建虚拟商店或虚拟企业、参展（会）商的商业运作方法共享等。其中，电子支付是指使用电子资金转账、电子信用卡、电子支票、电子现金进行付款；组建虚拟商店或虚拟企业是指组建一个物理上不存在的企业，集中一批独立的中小参展（会）公司的权限，提供比任何单独公司多得多的产品和服务。

2. 会展电子商务的产生和发展

随着会展业的迅速发展，全球对传统意义上以纸为载体的商业活动文件的数量需求激增。为了节省纸资源，提高商业文件的传递和处理速度及空间跨度和准确度，并实现会展商业贸易的"无纸化"，会展电子商务模式应运而生。而计算机运行速度的提高和价格的降低，以及 Internet 的出现和迅速发展为电子商务提供了坚实的物质基础和应用条件。此外，以电子支付技术为基础的信用卡与电子货币的普及和应用为会展电子商务的网上支付提供了重要的技术手段。安全电子交易协议（SET）的出台和网络身份的安全认证技术，为开发网络上的电子商务提供了关键的安全环境。目前，信息和数据的网上传播和自动化处理、网上商品交易系统等电子技术都已经随着电子商务设备特别是网络的发展而广泛地运用到会展业中来了。

与电子商务的发展相一致，会展电子商务的发展历程主要分为三个阶段。

1）基于 EDI（Electronic Data Interchange）的电子商务阶段

作为电子商务的一种工具，EDI 可以将商业文件如订单和发票等票证，按统一的标准编制成计算机能识别和处理的数据格式，在计算机之间进行传输。它通过 VAN（Value-Added Network，增值网）传输信息，费用较高。因此，在这一阶段会展企业及其客户之间的电子商务的主要任务是将符合标准、协议规范化和格式化的经济信息通过电子数据网络，在组织的计算机系统之间进行自动交换和处理。

2）基于 Internet 的电子商务阶段

该阶段的电子商务，通过 Internet 传输信息，因此费用低、覆盖面广、服务比基于 EDI 的电子商务阶段有很大提高。

3）基于 e-概念的电子商务阶段

随着网络技术的迅速发展，会展的 e-概念日渐成熟。所谓会展的 e-概念，也可称为 e-会展或电子会展，是电子信息技术同会展商务技术相结合的产物。目前电子会展通常是指基于网络的电子会议和网络展览。电子会展不仅使会展企业实现管理的自动化，而且整合了企业的内外资源信息和资源，从而推动企业的可持续发展。

3. 会展电子商务的分类

1）按其采用的网络类型划分

基于所采用的网络类型，会展电子商务可以分为两类，即基于专用网与增值网的电子商务、基于因特网（Internet）的电子商务。其中基于专用网、增值网的电子商务，即基于 EDI 的电子商务，主要在会展企业和参会（展）商之间进行。而基于因特网的会展电子商务是近年来兴起的，并随着网上广告、网上营销、网上公司、网上银行等应用的相继推出而快速发展。

2）按电子商务的应用对象划分

按照电子商务的应用对象，会展电子商务分为 5 种，即企业内部的电子商务、企业对企业的电子商务、企业对消费者的电子商务、消费者对消费者的电子商务及企业对政府的电子商务。所谓企业内部的电子商务，是指在会展企业内部服务、销售和市场等部门之间进行的信息与业务交换。企业对企业（B2B）的电子商务，是指会展企业和参展（会）企业之间使用因特网或各种商务网络进行商务活动的电子商务运营模式。而企业对消费者（B2C）的电子商务和消费者对消费者（C2C）的电子商务在当前主要是以网络营销的形式出现的。这两种类型的电子商务可以理解为某会展企业借助互联网搭建平台，为消费者或其他企业展示商品并进行交易的电子商务。例如，阿里巴巴、亚马逊（Amazon）网上书店和"易贝"（eBay）分别是 B2B、B2C 和 C2C 的典型案例。企业对政府（B2G）的电子商务则主要是指利用因特网，完成政府对会展企业的税收和管理条例发布等各项政府事务活动的电子商务运营模式。

3）按商务交易的过程划分

按商务交易的过程，会展电子商务可分为交易前、交易中和交易后电子商务。交易前电子商务是指会展交易各方在合同签订前的各种商务活动，其中包括在各种商务互联网络上发布和寻找交易机会，通过交换信息来比较价格和条件，了解其他国家或地区的商贸政策、选择交易对象等。简言之，在交易前的会展电子商务的主要任务包括会展项目宣传、会展项目的选择、参展（会）商与举办者和组织者之间的多种契约和业务往来、发运人与承运人之间的联系和约定，以及参展商与海关之间的联络等基于互联网的大量数据和信息的传播功能。交易中电子商务是指合同签订后的会展交易活动，涉及银行、税务、法律等方面的电子数据交换（EDI）。而交易后电子商务是指在会展交易双方办完各种商务交易手续后，会展企业提供的参会（展）服务和售后服务以及银行提供的付款服务等。

4. 会展电子商务的优越性

电子商务的推广大大提高了有关会展活动参与人和展品的信息和数据的收集、传递、处理功能。相对于传统的会展经营管理方式，会展电子商务的优越性体现在以下三个方面。

1）突破时空限制，降低会展成本

时间、空间限制是传统会展活动的主要障碍，也是构成会展企业经营成本的重要因素。基于互联网的会展电子商务突破了会展活动所受的时空限制，不但可以使企业随时更新所要展示的内容，而且可以通过网络快捷地扩大会展活动的宣传范围，从而有效地降低会展企业的成本。此外，电子商务使参展商和会展活动的举办者同时获得比以往更广泛和深入的信息资料，从而避免选择项目时的盲目性及由此带来的经济损失。另外，基于网络的通信联络方式可以大幅度减少会展活动举办和参与者之间的由于传统的联络方式而产生的成本。

2）提高工作效率，简化中间环节

电子商务使会展活动的信息反馈、收集、处理、统计等自动化程度提高，从而提高会展运作各个环节的工作效率。此外，会展项目的网上发布使得组织者与参展商的联系更为直接，从而避免一些中间环节及由这些环节产生的错误和时间耗费。

3）促进会展业务活动的标准化发展，提高行业管理水平

电子商务中信息资源的可存储、可再用特性是使会展业务流程标准化的技术基础。而商务信息资料的有效积累和电子技术本身的标准化将促成会展业务活动的运作流程和操作逐步趋于标准化。虽然目前还没有一套关于组织、参加展览会的标准程式规范，但是会展活动的举办者和参加者可以根据自身的实际情况，总结形成一些程式化的业务处理流程，并在业务实践中不断增补流程环节、修订业务内容的标准，从而促使会展的组织管理走向最优化，并进一步促进会展业整体行业管理水平的提高。

5. 会展电子商务系统的组成和功能

会展电子商务系统通常包括6个部分，每个部分实现不同的功能。

1) 会展企业内部信息管理系统

企业内部信息管理系统是企业内部经营管理信息化的具体应用，主要包括 EDP、MIS、DSS 和 OA 等。其主要功能为收集和处理会展企业经营和管理过程中的相关信息，并为管理决策过程提供支持。

2) 会展电子商务的基础平台

会展电子商务的基础平台是会展企业电子商务的运行环境、管理工具以及与内部系统的连接纽带，主要用来实现负荷均衡、连接与传输管理、事务管理、网站管理、数据管理和安全管理等功能。

3) 会展电子商务的服务平台

会展电子商务的服务平台主要由支付网关接口、认证中心（CA）接口、客户关系管理、内容管理、搜索引擎和商务智能工具等部分组成，是会展电子商务系统公共服务的基础。该平台具有支持会展企业商务活动、增强系统服务功能，简化软件开发的技术支撑的功能。

4) 会展电子商务的应用系统

会展电子商务的应用系统是会展电子商务系统的核心，对会展企业电子商务活动提供具体的支持。会展企业内部信息管理系统及会展电子商务的基础平台和服务平台均为这部分提供不同的环境和技术支持。电子商务应用系统一般以在 Web Server 之上运行的某种软件的形式出现。而该软件是开发人员根据企业特定的背景和需要开发的，具有实现会展企业应用逻辑所需要的各种功能。通常，会展电子商务的应用系统分为两部分，即业务处理系统和电子支付系统。业务处理系统的主要功能是完成会展企业内部的业务处理并向其他企业和客户提供相关的服务；电子支付功能保障客户实现安全的网上支付。

5) 会展电子商务的应用表达平台

会展电子商务的应用表达平台通常以 Web 服务器为核心，并直接面向会展电子商务系统的终端用户。该平台主要具有两个基本功能：作为与用户的接口，接受用户的各种请求，并传递给应用系统；将应用系统的处理结果以不同的形式进行表达，并将其提供给不同的用户信息终端。

6) 安全保障环境

会展安全保障包括安全策略、安全体系、安全措施等内容。OSI（Open System Interconnection）安全体系、"防火墙"（Firewall）技术及密码技术为会展电子商务提高了安全的技术保障。

6. 会展电子商务系统的应用技术

会展电子商务系统的应用技术主要分为三类，即网上信息交流技术、网页制作技术及网络安全技术。

1) 网上信息交流技术

支持会展电子商务系统的网上信息交流技术主要有三种，即 Web 技术、HTTP 协议和 Intranet 技术。Web 技术是 WWW（World Wide Web）技术的简称，该技术可以把任何地方与 Internet 连接的计算机信息有机地结合在一起，而且各个地方的计算机都可以建立自己的 Web 服务器，向 Internet 上的用户提供多媒体信息，实现全球信息资源共享。HTTP（Hyper Text Transfer Protocol）协议的主要功能为实现 Web 客户机与服务器的连接、发出带文件名的访问请求、接受文件及开通和关闭连接等。而 Intranet 技术实现了在会展企业内部的通信和信息交换。

2）网页制作技术

网页是用浏览器从网上看到的信息的统称，其主要组成元素有文本、列表、图像、书签、音频、视频、表格、表单和超链接等。超链接是指 Web 服务器使一个 HTML 文件链接到另一个 HTML 文件的能力。网页的制作技术可以分为两类，即通过 HTML 语言直接编程设计和使用网页编辑器。常用的网页编辑器有 FrontPage、Netscape 网页编辑器、Dream Weaver、Fireworks 和 Flash 等。

3）网络安全技术

OSI 安全体系、"防火墙"（Firewall）技术及密码技术是网络安全技术的三大支柱。OSI 安全体系为国际标准化组织在 1989 年针对开放系统互联（Open System Interconnection）所制定的安全体系，其中规定了 5 种标准安全服务，即对象认证服务、访问控制服务、数据保密服务、数据完整性服务和防抵赖服务。作为防止未经许可擅自闯入内部网络获取信息的有效手段，防火墙是一种网络分隔技术，可以把各种病毒或恶意使用的影响限制在小范围之内。密码技术使企业的核心机密和专门技术只能由高级主管和少数有关技术人员接触和掌握。密码技术与防火墙技术相结合，可以更有效地保护企业的商业机密。此外，计算机病毒防护技术、操作系统安全及数据库系统安全均是提高会展电子商务安全的有效保障。

7.5.3 网上会展

近年来，国内各种网上会展越来越多。很多成熟的品牌展会，都已经全面启动了网上服务功能。例如，广交会、东盟博览会、科博会都在办展会的同时，均开设了网上会展。目前，我国已经出现一些展览专业网站如中国出口商品网、在线广交会等，仅中国出口商品网就已经吸纳了 19 万家出口企业和 100 多万种商品。网上会展已经由单纯作为调节企业参展热情与解决展位不足矛盾的解决方案，逐渐发展成为具有相对独立性的会展模式。

1. 网上会展的含义

网上会展又称虚拟会展，是指将互联网作为会展平台，并通过互联网进行展示营销的会展活动。网上会展又可分为网上展会（览）和网上会议两类。网上展会（览）是对实物展览会的虚拟，并将展览活动的各个环节电子化，使组展者、参展商和观众之间通过计算机和互联网络进行交流。网上会议是基于网络实时交互式多媒体通信平台技术的虚拟会议，使参会方通过网络实现语音、视频、数据共享的实时的在线会议。

参与网上会展活动通常不需在用户端添置设备，也不需要启动费用。用户只需拥有电信服务账号并上网访问相关会展网站，即可获得网上会展服务。随着科技的发展，出现了以宽带为主，兼容窄带接入的一种交互型视频多媒体会议。这种被称为视频会议的网上会议,不但可以实现点对点、点对多点的视频传输,将不同地点的图像信息和语音信息安全可靠地、实时地相互传递,而且支持多组会议的并行召开并使其彼此不干扰。此外,视频会议也可以支持多种协议速率的终端同时接入召开一个会议。

2. 网上会展与传统会展的区别

因为网上会展是对传统会展的虚拟,所以二者的组织运营环节是相似的,二者的区别主要表现在以下4个方面。

1)内容和手段不同

网上会展主要依靠在网上发布信息并辅以在其他媒介上进行宣传,其展示的是虚拟产品,以及通过与企业和产品相关文字、图片、声音、动画等对产品加以介绍。传统会展主要依靠对企业和参展者的针对性宣传,其主要手段是文件、传真、电话等并辅以电子邮件和互联网。传统展会展示的是真实的产品,以直观的形象展开宣传。

2)形式不同

传统会展需要占用场地并一般具有固定的期限,且参会(展)者需要在固定的时间参加会展活动。网上会展以互联网为展示平台,所占用的为虚拟空间而非实际空间。此外,会展的举办者和参与者之前通过计算机和互联网进行交流,各方通过网络进行的交流一般不受时间限制。网上会展突破了传统会展的时间和空间的限制。因此,网上会展在一定程度上扩充了传统会展的举办规模和空间。特别是对一些以外贸客户为主的展览来说,网上会展相对于实际会展具有更大的吸引力。

3)费用和参与者不同

参加传统展会的费用高昂,通常需支付展品运输费、场馆租金、施工费用、人员费用等。而参加网上会展通常只需支付远程登录费。因此,网上会展的成本相对较低,可以使更多的企业,特别是无法承担高昂费用的中小企业享受了同等的参加会展活动的机会。此外,传统会展通常面向的是特定区域或特定专业的参与者,有的会展只面向专业贸易参与者。而因为费用低廉、参与方便,所以网上会展的参与者理论上讲可以是任何对相关活动感兴趣的、能够上网的人。

4)合作方式不同

合作方式的不同包括寻找目标参展商的方式不同,以及交流和达成契约的方式不同。传统的展会上参观者必须亲身在展出场地中按照产品分类、展馆和摊位编号等查找目标参展商;而网上展会的参观者只需要借助计算机和鼠标单击到达包含参展商信息的网页即可。传统的展会参与者通常需要进行面对面的交流和谈判,而网上会展的参与者可以借助网络技术,通过电子邮件、聊天室等完成彼此间的交谈与磋商。此外,网上会展多依赖数据信息、电子文件等完成组展者、参展商、观众之间的约定和责任规范;而传统会展需要通过书面材料证明契约的达成和执行。

3. 网上会展的功能

1)信息管理

信息管理是网上会展的最基本功能。所谓信息管理功能,主要包括通过互联网为会展活动的参与者提供信息发布、信息查询、信息交流和信息维护服务。除了网上会展的举办者具有信息管理的权力和职能以外,参展商也可以通过操作简单的界面对本企业的信息及展品信息进行自行管理和维护。

信息发布功能是指会展活动的组织者为参加展会发布信息，帮助其树立网上形象和建立展品陈列柜台，并且对参展企业的展品进行在线宣传。网上信息发布之后，举办方和参展商可以能动地跟踪信息，并及时对信息反馈加以处理。除了信息发布，会展组织者同时为参展商和观众提供了简便快捷的信息查询系统，从而使其迅速准确地找到相关信息。目前，信息搜索功能正在向定向邮件搜索技术方向延伸，为参展商寻找并锁定网上营销目标提供了很大帮助。此外，多数会展举办方会为参与者提供BBS论坛、FAQ（常见问题解答）及聊天室等各种即时信息服务，以方便顾客对各种展品发表意见、交流看法和经验，来提高其满意度。

2）网络营销

与传统的通过会展的营销功能相比，会展的网络营销功能具有更广的传播范围、更快的信息传播和反馈速度、无时间与地域限制及内容详尽等优点。网上会展主要通过展品推荐、刊登广告和品牌代理等方式增进参展商的网络营销。在为参展商发布信息的同时，网上会展的举办方还为广大客户推荐产品，并为参展商刊登广告，从而拓宽其信息传播渠道。此外，为知名品牌企业设计专门的代理专区并为其定制个性化的网站空间，正在成为网上会展的重要栏目。而网上会展所提供的在线收听、收视、订购、付款等选择性服务，以及无假日的网上选购和送货到家的上门等服务，均是有效的网络营销手段。

4. 中国网上会展的现状和发展

1）网上会展的现状

目前国内的网上会展发展迅速，已经出现一些具有实力的综合性展览网站。例如，中国网交会、中国国际会展网、中国出口商品网、在线广交会等。其中在原信息产业部、原国家经贸委等单位指导下建立的中国网交会，是我国规模最大、运作最规范、信息最真实、突破地域限制覆盖全国的网上展示交易共享平台。区别于任何一个单一网站，中国网交会是由中国电信密布全国的经营网点、优势网站和高效强大的数据网络组成的一套网络体系。各类会展活动一旦纳入中国网交会，其信息均能通过全国信息共享的互联机制，实时在全国范围内发布。此外，中国网交会可以通过全国统一的中心平台，将不同时间和地域正在召开的网交会信息有机地集中处理并辐射到联盟中的各个平台。

同时，一些专业性的会展网站也相继推出大型网上展会。例如，2007年3月由中国旅游网举办的中国旅游网上博览会在广州开幕，利用自身的网络营销总平台，中国旅游网向广大旅游同业推出了全年免费的旅行服务商招募计划，并在网上博览会设置了各种类型的服务商免费注册体验。此外，2007年6月启动的中国药都网网上展会，利用互联网展示参会参展的企业和产品。这次网上展会在不到3个月时间内吸引了近百家参展的企业参与，从而使得首届中国生物产业大会实体展的空间和展期得以拓展和延伸。

进入WTO以来，国内网上会展和国际会展业的合作日趋紧密。2007年阿里巴巴分别与德国汉诺威展览公司及科隆国际展览有限公司签署战略合作协议。汉诺威展览会有限公司和科隆国际展览有限公司正式加入阿里巴巴的网上展会合作计划。此前香港建发国际（控股）有限公司已经成为阿里巴巴的展会合作伙伴。此次与汉诺威展览会（上海）有限公司的合作，阿里巴巴将向其千万买家和卖家推广亚洲信息及通信技术展览会（CeBIT Asia）。与此同时，另一家电子商务网站沱沱网，在广州举办了照明业国际买家与国内供应商见面会，并致力于一系列其他国际会展的推广工作。

尽管与传统会展相比，网上会展具有参会者不受地域限制、交易成本低、组织工作简单、持续时间长等优点，但是它目前的发展还受到一些问题的困扰。例如，展出范围受到限制、展出信息的不完整性、观众的不确定性、信息统计上的偏差。此外，与观众或参展商缺乏感情交流，且由于技术限制，交流时要获得回应需要等待一段时间。而技术不过关、客户信用度难以证实、相关政策法规滞后等均为阻碍我国网上会展发展的主要障碍。

2）网上会展的发展

2003年以前是中国网上会展的萌芽阶段。这个阶段的网上会展，只限于小型化、专业化的会展，网页设计水平普遍不高。由于上网人数不多，所以交易额不理想。2003年受到"非典"的影响，人们的出行受到很大的限制，无法去亲身参加实际的会展活动。因此，当时各种网上会展活动普遍取得了较好的效果。例如，2003年的广交会开幕仅两天，官方网站日浏览量就达到了266万次的点击量，大大超过上届交易会的日浏览量。有487位参展商、339位客商参与了网上洽谈，并达成一定成交意向。参展商与客商相互发出洽谈预约信息3 658宗。从这个角度上说，中国的网上会展在2003年进入了兴起阶段。

兴起阶段的网上会展大多依附于大型实地会展活动。作为实际会展的附属品，其主要功能是调节参与者参加会展活动的热情并且解决实地会展中展位不足的矛盾。此外，这一阶段的网上会展对优化传统展会的资源，并通过网络技术加强对参展商的宣传、促进其与买家的沟通起到了重要的推动作用。

随着网络技术的发展和观念的提高，网上会展正在步入全面发展的阶段。越来越多的网站开始推出网上会展的业务，而各种网上会展的独立性日渐加强，开始逐步摆脱对实地会展的依附。目前，国内会展业的市场竞争日益激烈。市场竞争不仅表现在各种虚拟会展之间的竞争，也表现为虚拟会展和实地会展的竞争。竞争推动了会展业的专业化和品牌化发展，有利于实现行业结构的进一步优化。

阅读材料7-2

3S·中国网上会展[1]

3S·中国网上会展缘起于第九届中国住博会。2004年9月，3S·中国网向中国住博会组委会提出"网上住博会"的概念，得到对方的积极响应。双方决定合力打造3S·中国网上住博会（以下简称网上住博会）。从筹划初期到正式运作，双方配合无间。

3S中国网是以"装饰、建材、家居用品、房产、会展、汽车、人才"等行业为依托的综合类门户网站，通过互联网平台向用户提供"商业资讯、网店、团购、加盟连锁、广告、装饰顾问、企业E化"等服务，缩短企业与客户、企业与企业、客户与客

---

[1] 资料来源：《3S·中国》编辑部

户之间的距离，提高效率，增加商务效益。其主要业务包括商业资讯、网店服务、团购服务、加盟连锁、广告服务、装饰顾问和企业服务。

2004年11月11日与第九届中国网上住博会同步亮相，原建设部原部长林汗雄、国家科技部原副部长黄齐陶、宁波市市长毛光烈等众多领导莅临指导，宁波市余红艺副市长还亲自主持了网上住博会的开通仪式，众领导和行业同仁、专家对网上住博会的创举深表赞赏。

此后，3S·中国网上建材展（广州）、3S·中国网上住宅办公设施展（北京）等一一亮相。瞬间，3S·中国网上会展服务成为了热点，也成为业界人士和广大网民谈论的焦点。

本 章 小 结

会展信息管理分为三个层次，即高层战略管理、中层管理和基层管理，其主要对象是信息和信息活动；其主要职能包括计划、组织、领导和控制。基于诺兰的思想，会展企业信息化发展过程可以分为会展企业信息化初级阶段、系统集成阶段、网络化管理阶段、电子商务与协同商务阶段。会展企业信息管理的规划既有长期的规划又有短期规划，而规划的常用方法有三种，即企业系统规划法、关键成功因素法、战略目标集转化法。此外，会展企业信息管理的组织结构模式主要包括集中型结构模式、分散型结构模式、集中-分散型结构模式。

会展客户关系管理的主要内容包括顾客分析、企业对顾客的承诺、客户信息交流、通过良好的关系留住客户、客户反馈管理。客户关系管理可以分为4个阶段，即识别客户、对客户进行差异分析、根据客户需要调整会展产品或服务、通过客户关系管理软件来实现CRM。通常，会展企业客户关系管理系统包含5个主要模块，即销售模块、营销模块、客户服务模块、呼叫中心模块、电子商务模块。CRM的选择和实施是一项复杂的系统工程，因此通常应该从两个层面进行考虑：一方面是进行管理的改进，另一方面是向这种新的管理模式提供信息技术的支持。

会展企业商务信息管理的主要任务是实现会展商务信息化，其主要目标包括6个方面：即商务信息发布与传播；商务信息双向互动与扩展；商务信息定制、存储及跟踪；协同工作环境整合；数字认证和电子支付；信息集成与系统平台整合。电子商务的运用可以改变会展企业与外部的合作与交流方式。会展电子商务系统的应用技术主要分为三类，即网上信息交流技术、网页制作技术、网络安全技术。网上会展的主要功能包括信息管理和网络营销。目前国内的网上会展发展迅速，已经出现一些具有实力的综合性展览网站。同时，一些专业性的会展网站也相继推出大型网上展会。

练习题

1. 名词解释

   会展信息管理　企业系统规划法　关键成功因素法　战略目标集转化法　会展客户关系管理　会展商务信息管理　会展电子商务　网上会展

2. 思考题

   (1) 简述会展信息管理的内容和层次。
   (2) 简述会展信息管理的职能。
   (3) 简述会展信息管理规划的内容和常用方法。
   (4) 简述会展企业信息管理组织机构设置。
   (5) 简述会展企业 CIO 的主要职责。
   (6) 简述会展客户关系管理的主要内容和 4 个重要阶段。
   (7) 简述会展企业 CRM 的模块。
   (8) 简述会展商务信息管理目标和内容。
   (9) 简述会展电子商务系统的组成和功能。
   (10) 简述网上会展与传统会展的区别。
   (11) 简述网上会展的功能。
   (12) 结合实际谈谈如何进行会展信息管理规划。
   (13) 论述会展企业如何实施 CRM。
   (14) 论述会展电子商务的优越性及其发展前景。
   (15) 论述中国网上会展的现状及其发展趋势。

参考文献

[1] 刘大可，陈刚，王起静，等. 会展经济理论与实务. 北京：首都经济贸易大学出版社，2006.

[2] 胡平. 会展管理. 北京：高等教育出版社，2004.

[3] 胡平. 会展管理：理论与务实. 上海：华东师范大学出版社，2007.

[4] 马勇，冯玮. 会展管理. 北京：机械工业出版社，2006.

[5] 马勇，肖轶楠. 会展概论. 北京：中国商务出版社，2004.

[6] 戴聚岭，卢文芳. 会展信息管理. 上海：上海人民出版社，2006.

[7] 贺刚，金蓓. 会展管理信息系统. 北京：中国商务出版社，2004.

[8] 杨顺勇. 会展信息技术应用. 北京：中国人民大学出版社，2007.

第 8 章 会展财务管理

本章导读

作为企业组织财务活动、处理财务关系的一项综合性管理工作，会展企业财务管理是其日常经营管理的重要内容。通过本章的学习，可以掌握会展企业财务管理的基本理念，会展企业财务工作的主要特点和内容，会展企业资金运动的过程，以及会展企业预算管理和成本管理的方法。此外，本章简要介绍了会展企业财务报表分析的主要内容和方法。

8.1 会展财务管理概述

8.1.1 会展企业财务管理的内涵

1. 会展企业的财务关系

财务是一门涉及决定价值和制定决策的学科，其功能是配置资源。会展企业的财务关系是指会展企业在组织财务活动过程中与有关各方发生的经济关系。会展企业的筹资活动、投资活动、经营活动、利润及其分配活动与企业内外各方面有着广泛的联系。会展企业的财务关系可概括为以下几个方面。

1) 会展企业与投资者和受资者之间的财务关系

会展企业与投资者和受资者之间的财务关系，是一种投资和受资的关系。会展企业与投资者的财务关系主要指企业的投资人向企业投入资金，而企业向其支付投资报酬所形成的经济关系。而会展企业与受资者的财务关系主要指企业以购买股票或直接投资的形式向其他企业投资而形成的经济关系，会展企业需要按约定履行出资义务，并以其出资额参与受资企业的经营管理和利润分配。简言之，会展企业与投资者、受资者的关系是投资同分享投资收益的关系，在性质上属于所有权关系。处理这种财务关系，会展企业必须维护投资、受资各方的合法权益。

2) 会展企业与债权人、债务人之间的财务关系

会展企业与债权人的财务关系主要指企业向债权人借入资金，并按合同定时支付利息和归还本金，从而形成的经济关系。会展企业的债权人主要有贷款银行及其他金融机构、商业信用提供者和其他出借资金给企业的单位和个人。会展企业与债权人的财务关

系在性质上属于债务与债权的关系。而会展企业与债务人的财务关系主要指会展企业将其资金以购买债券、提供借款或商务信用等形式出借给其他单位而形成的经济关系。在这种关系中，会展企业有权要求其债务人按约定的条件支付利息和归还本金。

3) 会展企业与政府之间的财务关系

政府可以无偿参与企业利润的分配。换言之，会展企业必须按税法规定向政府缴纳各种税款，其中包括企业所得税、流转税、资源税、财产税和行为税等。这种纳税和征税的关系体现为一种强制的和无偿的分配关系。

4) 会展企业内部各部门之间的财务关系

会展企业内部的各职能部门既分工又合作，共同形成一个企业系统。企业内部各部门之间的财务关系主要指企业内部各单位之间在会展经营管理各环节中相互提供产品或劳务所形成的经济关系。尽管在同一企业，各个部门内部以及各个部门之间，相互提供劳务费和产品也要计价结算，而这种在企业内部形成的资金结算关系就是会展企业内部各单位之间的财务关系。

5) 会展企业与职工之间的财务关系

会展企业和职工之间的财务关系是企业向职工支付劳动报酬的过程中形成的经济关系。职工以自身提供的劳动参加会展企业的分配，而会展企业则根据职工的劳动情况，用其收入向职工支付工资、津贴和奖金，并按规定提取公益金等。会展企业和职工之间的财务关系体现着职工个人和集体在劳动成果上的分配关系。因此，会展企业与职工的分配关系会直接影响企业利润并由此影响所有者权益。

2. 会展企业财务管理的概念

财务管理是指通过决策制定和适当的资源管理，在组织内部应用财务原理来创造并保持价值。从企业的角度看，财务管理就是对企业财务活动过程的管理。具体地说，就是对企业资金的筹集、投向、运用、分配及相关财务活动的全面管理。会展企业的财务管理就是会展企业遵循客观经济规律，根据国家计划和政策，通过对会展企业资金的筹集、运用和分配的管理，利用货币价值的形式对会展企业的经营活动进行综合性的管理。

由此可见，会展企业财务管理主要是资金管理，其对象是现金及其流转，其目的是有效地利用资源实现企业的目标。当然，会展企业的财务管理也会涉及成本、收入和利润问题。从财务的观点来看，成本和费用是现金的耗费，收入和利润是现金的来源。因此，会展企业的财务管理主要从这种意义上研究成本和收入，既不同于一般意义上的成本管理和销售管理，也不同于计量收入、成本和利润的会计工作。

3. 会展企业财务管理的特点

会展企业财务管理从计划开始，通过对整个经营过程实施必要的控制，以求达到预定目标，并且通过对会展企业财务状况的分析，对经营情况做出评价。其主要职能包括财务预算、财务控制和财务分析等。与一般企业相比，会展企业财务工作具有自己的特征，具体如下所述。

1) 涉及面广

会展企业经营活动的各个方面、各个领域、各个环节都与财务管理密切相联系。会展企业营销的开展、资产的管理、人事与行政的管理、分配的进行等活动，无不伴随着资金或资本的运动。每个部门或环节在如何使用资金、成本的大小及如何实现收入等方面，都受到财务管理制度的制约。从有效利用资源的角度看，财务管理涉及会展企业经营和管理的各个方面。此外，会展企业的收入内容多，弹性大，其中包括摊位费、会务费、报名费、赞助费、代办费等。如果不进行严格的财务控制和管理，很容易出错。

2) 综合性强

会展企业财务管理能以价值形式综合反映企业的经营及管理的效果、财务信息和财务指标，能综合地反映出企业的资产负债情况、成本与收益大小、资源利用效率等，进而反映出企业的管理水平、竞争力及市场价值。通过财务信息把会展企业经营的各种因素及其相互影响全面地、综合地反映出来，进而有效地促进企业各方面管理效率的提高，是会展企业财务管理的一个突出特点。此外，在进行财务分析和决策时，财务管理人员必须了解和掌握现代经济学、金融学、会计学、统计学、会展管理等相关知识和方法。从这个意义上说，会展企业财务管理决策具有知识综合性的特点。

3) 会展企业管理的核心

会展企业管理包括现场管理、技术管理、人力资源管理、财务管理、营销管理、资产管理、战略管理等许多内容，然而其核心是资源配置和价值创造。换言之，整个会展企业经营管理，最终都归结为财务管理的基本问题，都要通过财务指标来反映。再好的会展企业，如果长期处于亏损状态，就不能说是一个好的企业。再好的管理，如果不能实现会展企业的价值目标，不能使企业价值增加，就不能说是一个有效的管理。从这个意义上说，财务管理是会展企业管理的核心。

4) 不确定性和复杂性

由于信息不完全或信息不对称，以及委托代理关系的普遍存在，使得会展企业在进行财务管理决策时，受到众多不确定性因素的影响。例如，利率及汇率的变化、决策者偏好、竞争对手策略、市场结构与市场需求的变化、国内外金融市场的波动、宏观经济政策的调整、技术创新与变革、制度变化等，都将对会展企业的财务管理活动和财务管理决策产生重要影响。此外，会展企业的商品是服务，而服务具有无形性、不确定性或不可预知性，这使得会展企业财务管理和成本控制面临着很大的不确定性，而其财务管理决策也变得更加复杂。

4. 会展企业财务管理的过程

会展企业的财务管理及资金运动过程如图8-1所示。

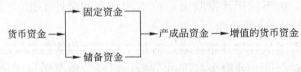

图8-1 会展企业的资金运动过程

根据会展企业财务活动的过程，财务管理的主要过程可概括为：筹资供应管理、营运服务管理、收入与分配管理。第一阶段为筹资供应管理，使货币资金转化为固定资金和储备资金形态，具体表现为筹资和采购活动；第二阶段为营运服务管理，使固定资金和储备资金转化为产成品资金形态，具体工作表现为成本管理；第三阶段为收入和分配管理，使产成品形态恢复到货币资金形态，具体工作表现为收入管理和利润管理。

5. 会展企业财务管理的战略价值

会展企业财务管理战略是资源配置的战略。只有站在战略高度才能看到会展企业财务管理战略的价值，其价值包括以下三个方面。

1）支持会展企业发展战略的实现

会展企业发展战略的基础是分析企业资源状况，然而资源定价的不确定性及负债性，往往造成会展企业发展战略缺少现金流量支持，从而成为无米之炊。财务管理战略能够准确预测会展企业最大现金流量，即会展企业拥有最大化资源的价值表现。这种预测能够准确知道会展企业资源状况，从而修正会展企业发展战略，使之更加符合实际，当会展企业发展战略落实后，财务管理战略才能够落实各阶段的现金流量，为会展企业发展战略的实现提供有力支撑。

2）发现盈利空间，防范运营风险

财务管理战略分析会展企业价值链，表现会展企业利润在价值链上的时空分布，从而提示会展企业管理重点，也界定价值链上各责任中心对会展企业价值实现的具体贡献。在价值链的分析过程中，也会看到资源配置的风险，为运营风险控制提供预警。此外，财务管理战略为会展企业管理精细化、科学化提供有力支持。

3）建立会展企业稳定运行机制

财务管理战略通过财务管理权限的分配，支持会展企业法人治理结构的有效运行，同时形成出资人和经营者财务体系，保证企业稳定运行。再者，财务管理战略分析会展企业利益相关者的利益要求及利益冲突，从战略高度解决利益矛盾，从而为会展企业稳定运行提供有力支持。事实上，如果利益相关者达不到预期利益满足，会展企业也就没有稳定的运营环境。

8.1.2 会展企业财务管理的原则和内容

1. 会展企业财务管理的原则

1）成本效益原则

成本效益原则的核心就是要求会展企业耗用一定的成本能够取得尽可能大的收益，以及在效益一定的条件下最大限度地降低成本。按照成本效益原则的要求，在较长的时间内，会展企业的成本必须呈下降趋势，而效益必须呈上升趋势。这是投入产出原则的价值体现，是会展企业得以延续和发展的基本要求。

2）风险与收益均衡原则

一方面，投资的风险与收益成正比，盈利往往要冒较大的风险。另一方面，只有获利能力强的会展企业才能真正有实力维护资本经营的安全，而获利能力低下的企业在激烈的市场竞争中，往往无法避免风险。风险与收益均衡原则的核心就是要求会展企业不承担超过收益限度的风险，在收益既定的条件下，最大限度地降低风险。

3）资源合理配置原则

财务管理使得各项经营要素的搭配情况直接体现在有关的财务指标和各相关财务项

目上。资源合理配置原则的核心就是要求会展企业的相关财务项目必须在数额上和结构上相互配套与协调，以保证人尽其才、财尽其用、物尽其用，从而获得较为满意的效益。

4）利益关系协调原则

利益关系的协调直接影响到会展企业财务管理目标的实现。利益关系协调原则的核心就是要求会展企业在收益分配中（包括税金的缴纳、奖金的发放、利息的支付、工薪的计算等），既要保证国家的利益，也要保证自身和员工的利益；既要保证投资人的利益，也要保证债权人的利益；既要保证所有者的利益，也要保证经营者的利益。并且以此不断改善财务状况，增强财务能力，为提高效益创造条件。

2. 会展企业财务管理的主要内容

会展企业财务管理的内容一般包括4个方面，即筹资管理、投资管理、营运资金管理及资金分配管理。

1）筹资管理

会展企业为了保证正常经营或扩大经营的需要，必须具备一定数量的资金。会展企业要考虑从多种渠道，用多种方式来筹集资金。会展企业的资金来源，主要有两种方式：一是企业的自有资金，会展企业可通过向投资者吸收直接投资、发行股票、企业内部留存收益等方式取得；二是企业的债务资金，会展企业可通过从银行借款、发行债券、利用商业信用等方式取得。企业通过发行债券或股票等方式筹资，会产生资金的流入，而支付利息、股利等会发生资金的流出。这种因为资金筹集而产生的资金收支，便是由企业筹资而引起的财务活动。在进行筹资管理时会展企业要考虑资金的期限使用长短、附加条款和使用成本的大小等。

2）投资管理

会展企业筹集的资金要尽快用于经营。任何投资决策都有一定的风险性，因此必须做可行性分析，而对于新的投资项目，必须作更加深入细致的分析和研究。会展企业的投资可分为对内和对外两种方式。会展企业的对内投资是指企业把筹集到的资金投资于企业内部，用于购置固定资产、无形资产。会展企业的对外投资是指企业把筹集到的资金投资于购买其他企业的股票、债券或与其他企业联营进行投资。无论是购买内部所需各种资产，还是购买各种证券，都需要会展企业支出资金。而当企业变卖其对内投资的各种资产或收回其对外投资时，则会产生资金的收入。这种因企业投资而产生的资金的收支，便是由投资而引起的财务活动。

3）营运资金管理

营运资金一般指流动资产减去流动负债所得的余额，即会展企业存于银行的现金，投资于易售有价证券，占用于应收账款与应收票据和存货储备等项流动资产的总额，减去在经营过程中发生的流动负债（应付账款和应付票据等）。会展企业的营运资金，主要是为了满足企业日常经营活动的需要而垫支的资金，在一定时期内，资金周转越快，资金的利用率就越高，就可能获得更多的收入。因此，如何加速资金周转，提高资金利用率，也是财务管理的主要内容之一。

4）资金分配管理

会展企业在经营过程中会产生利润，也可能会因对外投资而分得利润，这表明企业有了资金的增值或取得了投资报酬。会展企业的利润要按规定的程序进行分配。首先要依法纳税；其次要用来弥补亏损，提取公积金、公益金；最后要向投资者分配利润。这种因利润分配而产生的资金收支便属于由利润分配而引起的财务活动。随着利润分配过程的进行，资金的退出或留存必然会影响会展企业的资金运动，这不仅表现在资金运动的规模上，而且表现在资金运动的结构上，如筹资结构。因此，如何依据一定的法律原则，合理确定分配规模和分配方式，确保会展企业取得最大的长远利益，也是财务管理的主要内容之一。

8.2 会展企业预算管理

8.2.1 会展企业预算概述

1. 会展企业预算的概念

所谓预算，就是用数字、特别是用财务数字的形式来描述企业未来的活动计划。预算是行为计划的量化，这种量化有助于管理者协调、贯彻计划，是一种重要的管理工具。会展企业的财务预算就是指会展企业未来某一段时间的各种资源的来源和使用的详细计划。它以数字形式对会展企业未来一段时间的经营活动进行概括性表述。

会展企业总预算，即全面预算，由营业预算、资本预算、财务预算、筹资预算等各项预算有机组合构成。预算管理可优化会展企业的资源配置，全方位地调动会展企业各个层面员工的积极性，是促使会展企业效益最大化的基础。

2. 会展企业预算的主要作用

1）确定目标和标准

预算管理有助于会展企业管理者通过计划具体的行为来确定可行的目标，同时能使管理者考虑各种可能的情形。预算的编制与执行，可以为会展企业的工作开展和控制提供依据。此外，预算也为会展企业的经营管理活动确立了财务标准。由于预算是数字化的标准，因此可以客观可靠地进行量化、比较、考核和衡量。

2）促进合作与交流

总预算能协调会展企业的活动，使得会展企业管理者全盘考虑整个价值链之间的相互联系。因此，预算可以成为一个有效的沟通手段，触及到会展企业的各个角落，促进各部门的合作与交流。

3）有助于业绩评价

通过预算管理各项目标的预测、组织实施，能促进会展企业各项目标的实现，保证会展企业各项目标的不断提高和优化。因此，预算是体现会展企业业绩的一种好的管理模式。而会展企业通过本期和各期的会展活动预算可以进行横向和纵向的比较。此外，预算管理可以为纠正偏差奠定基础。

4）激励员工

预算的过程会促进管理者及全体员工面向未来，促进发展，有助于增强预见性，避免盲目行为，激励员工完成企业的目标。会展企业在实行财务预算中，可以将最后追求的目标和企业管理层人员的薪酬进行结合，以达到最好的激励效果。

3. 会展企业预算管理的局限性与应注意的问题

因为预算是预算期前编制并获得通过的，所以环境变化不但会影响预算的执行效果，而且可能使预算不符合企业本期的实际要求，并在一定程度上制约会展企业的发展。虽然预算管理在会展企业管理中处于很重要的地位，但不能替代会展企业管理的全部职能。由此可见，预算管理具有一定的局限性，其中包括：很难将无法用数量衡量的企业文化、企业形象等指标整合到预算中；在预算的编制上过多地依赖以前的结果，从而可能忽略本期的实际需要等。

为了获得管理成效，预算管理中应注意的问题包括：编制足以反映现实的预算，避免预算过于烦琐；划定预算的控制责任，以及各责任人的实际业绩；注意防止各部门从本部门出发以预算目标取代企业目标；预算控制不是对现状本身的控制，而是对发展趋势的控制；做好预算执行过程中的业绩记录，以便分析比较；预算责任必须落实到人。

8.2.2 会展预算管理的原则和程序

1. 会展预算管理的基本原则

会展预算管理的原则包括责任制原则、例外管理原则、有效性原则、经济效益原则、动态管理原则。

1) 责任制原则

责任制原则是指成立预算管理组织机构，确定预算管理的第一责任人为各单位、各部门的行政主要负责人，使其对所负责工作范围内的可控制事项负责。例如，在进行预算管理时把各责任区域的成本划分为可控成本和不可控成本，并责令各责任区域的负责人对本区域发生的可控成本负责。

2) 例外管理原则

该原则强调在进行会展的预算管理时要把注意力集中在超乎常情的情况，因为实际发生的情况往往与预算有出入。如果发生的差异不大，一般不用逐一查明其原因，可以只把注意力集中在非正常的例外事项。例如，在某一段时间若发现会展现场设备磨损严重等情况，经过核查是因非程序性操作造成的，可以通过重新修正操作控制程序，并随时检查该程序的有效性来解决问题。

3) 有效性原则

该原则是指会展企业应该科学地编制预算，从而使预算控制程序具有可操作性，能有效达到既定的管理目标。此外，会展的预算编制应该尽量简练，便于更好地为提高企业的经济效益服务。

4) 经济效益原则

该原则强调会展企业的经营管理以追求最大经济效益为基础，因此，预算管理所发生的费用应该小于其所带来的收益。换言之，进行预算管理时应该在不降低会展服务和管理水平的基础上，尽量降低预算管理的成本。

5) 动态管理原则

从编制会展企业的预算，到批准预算，再到预算执行，其间的时间跨度较大，情况变化复杂，因此会展企业需要定期对预算进行调整。换言之，由于市场环境和内部状况的不断变化，会展企业的预算管理必须遵循动态管理原则，以避免预算偏差和执行偏差。通常，会展企业应于年末调整预算，并且于每季度末分析评价本季度预算执行差异，预测调整年度内以后各季度预算，编制管理报告书，以指导下一阶段工作。

2. 会展预算管理的主要内容

1) 收入预算

收入预算的主要内容是会展企业的销售预算。而销售预算是在销售预测的基础上编制的会展预算，其作用在于通过分析会展企业过去的销售状况、目前和未来的市场需求特点及发展趋势，比较竞争对手和本企业的经营实力，确定会展企业在未来时期内为了实现目标利润必须达到的销售水平。

2) 支出预算

支出预算一般包括直接材料预算、直接人工预算、附加费用预算等。通常，支出包括固定支出和不定支出。不论参加会展活动的人数多少，固定支出都是一样的，包括场地设施费、讲演者酬金、旅费和支出、市场费、行政费、视听费等。而不定支出则会因为参加会展活动的人数而浮动。会展的不定支出主要包括餐饮、住宿、娱乐、会议装备（如文件夹、徽章等）、文件费（如材料邮寄、注册）等。

3) 现金预算

会展的现金预算主要指对现金的流入流出进行预测，使企业的现金持有量接近于最优水平，从而保证会展企业在某一时点或时段的经营管理活动顺利进行。换言之，通过编制现金预算可以帮助会展企业有效地预计未来现金流量，使企业得以从容地筹集资金。

4) 资金支出预算

资金支出预算是一种长期的具有投资性质的预算，其中包括会展企业更新改造场馆设备的预算，人事培训与发展支出、市场发展支出（如宣传促销费用等）。

5) 资产负债预算

资产负债预算是在编制会展企业预计的资产负债表的基础上进行的。会展企业预计的资产负债表在一定程度上总括地反映了企业预计的全部业务活动，即企业与企业之外的社会各界的契约关系，因此对于预计特定时点或时段会展企业的财务结构具有很大的帮助。

阅读材料 8-1

某会展中心对音乐节预算如表 8-1 所示。

某音乐节预算

一、收入		
1. 票务收入	常规预订票款	50 000
	学生预订票款	25 000
	常规门票收入	100 000
	学生门票收入	50 000
	团体收入	25 000
	小计	250 000
2. 市场营销	赞助费	50 000

续表

		广告费	25 000
		商品	30 000
		小计	105 000
	3. 投资	利息收入	3 000
		小计	3 000
	4. 捐赠	赠款	10 000
		个人礼品	0
		公司礼品	25 000
		小计	35 000
收入合计			393 000
二、费用			
	1. 日常管理费	现场办公家具租赁费	500
		现场用品	500
		现场租赁费	10 000
		现场电话费	1 500
		小计	12 500
	2. 印刷费	设计费	1 000
		印刷费	5 000
		小计	6 000
	3. 娱乐费	治理费	50 000
		交通和住宿费	5 000
		音响	5 000
		灯光照明	5 000
		小计	65 000
	4. 交通费和停车费	职员交通费	500
		停车场租赁费	3 000
		小计	3 500
	5. 保险费	取消险	1 000
		主办人责任险	500
		一般综合责任险	2 000
		焰火施放险	1 000
		小计	4 500
三、预测费用合计			91 500
四、预测收入合计			393 000
五、总收益			301 500
六、固定间接费用比例			150 000
七、净收益			151 500

3. 会展预算管理的工作程序

会展年度预算工作一般在上一年末编制下一年度的预算,预算管理计划时间如表8-2所示。

表8-2 企业年度预算管理计划时间表

责任人员	工作内容	时间
总经理、总监、部门经理	企业预算计划会议	10月1—31日
部门经理	部门预算计划准备	11月上旬
财务部门	部门预算计划综合	11月中旬
总经理、财务总监	总经理预算报告的准备	12月
董事会、职代会	审定和批准总经理的预算报告	12月底

如表8-2所示,会展预算管理的具体工作程序如下。

1) 预算计划会议

预算会议由会展企业的高级管理人员主持、参与,其主要工作内容是:审视当年的经营情况;分析企业总体经营条件;目前的经营形势;市场价格;并计算总的销售额。预算会议通常在每年的10月份进行,对部门预算计划的制订具有一定的指导性。

2) 部门预算计划

预算计划会议之后是编制各部门的预算计划,由各部门的经理负责。预算计划的内容主要包括:部门的营业收入、成本费用、利润等。在完成预算计划后,各部门需要将其部门预算计划汇总到财务部门,由财务部门综合性地制订整个会展企业的预算计划。部门预算计划通常在每年的11月份完成,为总经理的预算报告提供依据。

3) 总经理的预算报告及审定

顾名思义,总经理的预算报告由总经理负责准备,其主要内容包括:会展企业的宏观条件、竞争对手、经营建议、特别项目、人事、设施、价格及现金流的管理。在当年的12月底,董事会和职代会要对总经理的预算报告进行最终的审定和批准。

8.3 会展企业的资金筹集和成本管理

8.3.1 会展企业的资金筹集

1. 会展企业筹资考虑的因素

1) 资金市场

资金市场又称金融市场,是金融资产交易的场所。从广义讲,一切金融机构以存款货币等金融资产进行的交易均属于资金市场范畴。资金市场有广义和狭义之分。广义的资金市场泛指一切金融性交易,包括金融机构与客户之间、金融机构与金融机构之间、客户与客户之间所有的以资本为交易对象的金融活动;狭义的资金市场则限定在以票据和有价证券为交易对象的金融活动。一般意义上的资金市场是指狭义的资金市场。

2）金融资产

金融资产，又称金融工具，是指可以用来融通资金的工具，一般包括货币和信用工具。所谓信用，就是以他人的返还为目的，给予他人一段时间的财物支配权。通俗地讲，就是把财物借给别人使用一段时间，到期归还。金融资产是对于某种未来收入的一种债权。金融资产有两种主要功能：第一，通过金融资产，资金剩余者可以把它转移给能对这些资金作有利投资的人；第二，金融资产提供一种手段，把风险从进行投资的人那边转移给这些投资提供资金的人。

此外，资金的供给者和使用者之间可以不经过有组织的资金市场来实现这种交易。如在信用活动中，债务人得到货币使用权，把借据开给货币出借者；债权人持有借据即债权证明，在归还期到来之前，则失去了货币使用权。

2. 会展企业筹资的渠道选择

从筹集资金来源的角度看，会展企业的筹资渠道可分为内部渠道和外部渠道。

1）内部筹资渠道

会展企业内部筹资渠道是指从企业内部开辟资金来源。从会展企业内部开辟的资金来源有三个方面，即企业自由资金、企业应付税利和利息、企业未使用或未分配的专项基金。一般在企业购并中，会展企业都尽可能选择这一渠道。因为这种方式保密性好，企业不必向外支付借款成本，因而风险很小。

2）外部筹资渠道

外部筹资渠道是指会展企业从外部所开辟的资金来源，其主要包括专业银行信贷资金、非金融机构资金、其他企业资金、民间资金和外资。从会展企业外部筹资具有速度快、弹性大、资金量大的优点。其缺点主要表现在保密性差，企业需要负担高额成本。因此利用外部筹资渠道，可能会产生较高的风险，在使用过程中应当注意。

3. 会展企业的筹资途径

在市场经济条件下，企业筹资的途径很多。从目前的情况看，会展企业的筹资途径主要有以下几种。

1）自主积累资金

通过资本循环积累自有资金，让资本最大程度地增值，这是会展企业最基础、最根本的筹资渠道。要搞好会展企业经营的资本循环，必须从市场需求的实际出发。其中，资金积累的关键在于两点。首先是附加值的大小，其重点是提高服务的附加值、销售的附加值与品牌附加值；其次是加速资金周转，提高资金周转次数。

2）国家财政投入筹资

由于会展活动往往带有政府公益性质，对于国家或地方的重点支持的会展项目，可以申请国家财政或地方财政投资。根据国家的宏观政策，政府财政中还有各种重点项目贷款等低息或贴息贷款，这也是会展企业可争取的筹资渠道。

3）银行贷款筹资

银行贷款筹资是会展企业筹资的主要渠道之一。银行贷款以贷款是否需要担保为标准，可分为信用贷款与抵押贷款。信用贷款主要凭借款企业或担保人的信誉，没有实物担保，只能用于具有良好信誉的优秀企业；抵押贷款则是由借款企业提供一定的固定资产、有价证券来作为抵押品，也有少数情况可用名牌商标的无形资产价值进行抵押，如果借款方违约，不能如期归还贷款，则可拍卖商标权进行还贷。银行贷款有短期、中期与长期之分，利率各不相同，企业需根据贷款的用途与期限，选择恰当的贷款种类。

4) 企业利用外资筹资

会展企业利用外资筹资不仅指货币资金筹资，也包括设备、原材料等有形资产筹资与专利、商标等无形资产的筹资。

5) 租赁筹资

租赁筹资是会展企业作为承租人，根据与出租人签订的租赁契约，付出一定的租金，来获得在规定时期内租赁物的使用权或经营权的一种筹资方式。租赁筹资有对生产设备的租赁筹资和对企业的租赁筹资两类。对生产设备的租赁筹资又分为融资租赁方式与服务性租赁方式两种。

6) 商业信用筹资

商业信用是在会展经营活动中的临时短期性借贷融资形式，其中包括预收货款、预收服务费、汇票贴现、拖后纳税及企业之间的资金拆借等方式，这些企业间相互提供的信用都能直接解决资金缺乏的问题。

8.3.2 会展成本管理

1. 会展成本管理的概念和类型

会展企业的成本是指会展企业在一定时期内业务经营过程中所发生的各种支出的总和。根据不同的分类方法，可以将会展企业的成本分为不同的类型。

1) 按成本与产品关系划分

按成本与产品关系，可以将会展企业的成本分为直接成本和间接成本。直接成本是指直接计入企业内部某一部门或项目的成本，如购买某一产品的进价，原材料成本。间接成本是指不能直接计入某一部门或项目，需要分摊的项目，如电话费、办公费用比例数额。

2) 按成本与接待业务量关系划分

按成本与接待业务量关系可以将成本分为固定成本和变动成本。固定成本是指成本总额不随业务量的增减而变动的成本，如固定资产折旧；变动成本是指总额随业务量的变化而呈正比例变化的成本，如各类消耗品。

3) 按成本构成划分

按照成本构成，可以将会展企业的成本分为4类，即营业成本、营业费用、管理费用及财务费用。

(1) 营业成本。是指会展企业各部门经营中所发生的直接成本。其中包括主营业务成本和其他业务成本。主营业务成本包括直接材料费、直接工资等。

(2) 营业费用。是指会展企业营业部门在经营中所发生的各项费用，其中包括运输费、装卸费、包装费、保管费、保险费、燃料费、水电费、展览费、广告宣传费、邮电费、差旅费、洗涤费、清洁卫生费、物料消耗、经营人员工资（含奖金、津贴和补贴）、职工福利费、工作餐费及服装费等。

(3) 管理费用。是指会展企业为组织和管理经营活动而发生的费用以及由企业负担的费用，其中包括公司费（管理部门人员工资、职工福利费、工作餐费、服装费、办公费、会议费、差旅费、物料消耗及其他行政费用）、工会费、职工教育费、劳动保险费（退休人员费用等）、待业保险费、劳动保护费、董事会费、外事费、租赁费、咨询费、审计费、诉讼费、排污费、绿化费、土地使用费、土地损失补偿费、技术转让费、研究开发费、税金、燃料费、水电费、折旧费、修理费、无形资产摊销、开办费摊销、交际应酬费、坏账损失、存货盘亏和毁损及上级管理费等。

(4) 财务费用。是指会展企业经营期间发生的利息净支出、汇兑净损失、金融机构手续费、加息及筹资发生的其他费用。各种类型会展企业成本关系如图 8-2 所示。

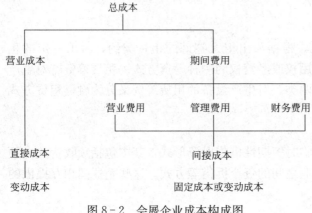

图 8-2　会展企业成本构成图

2. 会展企业的成本控制

所谓成本控制，是指会展企业根据一定时期预先建立的成本管理目标，由成本控制主体在其职权范围内，在与会展服务相关的耗费发生以前和过程中，对各种影响成本的因素和条件采取的一系列预防和调节措施，以保证成本管理目标实现的管理行为。会展企业成本控制的主要内容包括以下两个方面。

1) 全过程成本控制

全过程成本控制是指从计划预算—采购—领用消耗—报告分析等整个过程进行系统分析，而不是偏重于会展企业经营管理的某一个环节。成本控制之所以要贯穿于企业经营管理的全过程，是因为企业的经营管理的过程其实就是成本费用的形成过程。换言之，既然成本费用是在企业经营管理的整个过程中形成的，要想降低成本费用，控制活动就要贯穿于会展企业经营管理的全过程。而对全过程的控制，其实就是通常所说的全面控制。只有实施全面的成本控制，才能对会展企业经营管理过程的每个环节都进行控制。

2) 全员成本管理

会展企业成本控制仅仅依靠财会人员是不够的，还必须靠全体员工积极参与。因为员工最熟悉会展企业经营程序中的一切物料消耗及费用开支情况，所以其最有控制成本的办法。进行全员成本管理时，要树立成本意识，知晓最小投入获得最大产出与保证质量的关系；提高员工的业务和思想素质；落实岗位责任，通过制度强化会展企业的成本控制效果。

8.4　会展企业财务报表分析

1. 会展企业的财务报表

会展企业的财务报表是反映企业财务状况和经营成果的总结性书面材料，主要包括三种类型,即反映财务状况报表、反映收益形成及分配情况的报表内部报表。反映财务状况报表主要有资产负债表、现金流量表。资产负债表是反映会展企业在某时点资金状况的财务报表(见阅读材料 8-2)。反映收益形成及分配情况的报表主要有损益表、利润分配表、营业收支明细表等。损益表反映了会展企业经营的最终财力成果,即反映会展企业在一段时间内的利润情况(见阅读材料 8-3)。内部报表是会展企业根据需要制作的报表,如营业费用明细表、管理费用明细表、财务费用明细表、营业外收支明细表等。

2. 会展企业财务报表分析

会展企业财务报表分析是以财务报表为根据,对会展企业的偿债能力、营运能力和获利能力所作出的分析。财务报表分析中最基本的指标有资产负债率、流动比率、速动比率、存货周转率、应付账款周转率、资金利润率、成本利润率和销售利润率。

会展企业财务报表分析的主要作用包括三点。首先是评价会展企业的财务状况和经营成果,揭示会展企业在生产经营活动中存在的矛盾和问题,为改善经营管理提供方法和线索。其次是预测会展企业未来的报酬和风险,为投资者、债权人、经营者的决策提供科学有效的帮助。最后是检查会展企业预算完成情况,考察经营管理人员的业绩,为完善管理的经营机制提供帮助。

阅读材料 8-2

某会展企业资产负债表如表 8-3 所示。

表 8-3 资产负债表

编制单位:　　　　　　　　　　　年　月　日

会企 01 表　单位:元

资　产	行次	年初数	期末数	负债和所有者权益(或股东权益)	行次	年初数	期末数
流动资产:				流动负债:			
货币资金	1		25 900	短期借款	29		26 500
短期投资	2		2 500	应付账款	30		17 100
应收账款	3		46 000	其他应付款	31		
其中:坏账准备	4		200	应付工资	32		
应收账款净额	5		45 800	应付福利费	33		4 800
应收补贴款	6			未交税金	34		21 500
其他应收款	7			未付利润	35		
存货	8		15 200	其他未交款	36		
待摊费用	9		5 500	预提费用	37		1 300
待处理流动资产净损失	10			一年内到期的长期负债	38		
一年内到期的长期债权投资	11			其他流动负债	39		

续表

资产	行次	年初数	期末数	负债和所有者权益（或股东权益）	行次	年初数	期末数
其他流动资产	12				40		
流动资产合计	13		94 900	流动负债合计	41		71 200
长期投资：				长期负债：			
长期投资	14			长期借款	42		477 300
固定资产：	15			应付债券	43		
固定资产原价	16		1 109 700	长期应付款	44		
减：累计折旧	17		422 600	其他长期债券	45		
固定资产净值	18		687 100	其中：住房周转金	46		
固定资产清理	19			长期负债合计	47		477 300
在建工程	20			递延税项：			
待处理固定资产净损失	21			递延税款贷项	48		
固定资产合计	22		687 100	负债合计	49		548 500
无形资产及其他资产：				所有者权益：			
无形资产	23		61 000	实收资本	50		200 000
递延资产	24			资本公积	51		94 500
无形资产及递延资产合计	25		61 000	盈余公积	52		
其他长期资产：				其中：法定公益金	53		
其他长期资产递延税项：	26			未分配利润	54		
递延税款借项	27			所有者权益合计	55		294 500
资产总计	28		843 000	负债和所有者权益总计	56		843 000

阅读材料 8-3

某会展企业损益表如表 8-4 所示。

表 8-4 损 益 表

会企 02 表

编制单位：　　　　　　　　　　　年　月　日　　　　　　　　　　　单位：元

项目	行次	本月数	本年累计数
一、主营业务收入	1		1 184 700
减：主营业务成本	2		220 000
主营业务费用	3		438 300

续表

项　目	行次	本月数	本年累计数
主营业务税金及附加	4		65 158
二、主营业务利润（亏损以"－"号填列）	5		461 242
减：管理费用	6		203 500
财务费用	7		80 042
三、营业利润（亏损以"－"号填列）	8		177 700
加：投资收益（亏损以"－"号填列）	9		
补贴收入	10		
营业外收入	11		10 000
减：营业外支出	12		10 000
加：以前年度损益调整	13		
四、利润总额（亏损以"－"号填列）	14		177 700
减：所得税	15		58 641
五、净利润（亏损以"－"号填列）	16		119 059

会展企业财务报表分析法主要有趋势分析法和比率分析法。所谓趋势分析法，就是分析若干期的会计报表，作纵向的比较；比率分析法则是分析同一期会计报表上项目之间联系。财务比率包括偿债能力比率、营运能力比率和盈利能力比率。

1）偿债能力分析

（1）资产负债率。

$$资产负债率=\frac{负债总额}{资产净值总额}\times 100\%$$

资产负债率用于衡量会展企业利用债权人提供资金进行经营活动的能力。负债率低说明企业偿债能力强。一般认为资产负债率小于50％，表明会展企业可以安全经营；而大于50％，则经营有风险；若是大于等于100％，则有破产的危险。由此可见，资产负债率是会展企业长期偿债能力的晴雨表。

（2）流动比率。

$$流动比率=\frac{流动资产}{流动负债}$$

流动比率表示会展企业短期变现偿债的能力，流动比率高说明企业偿债能力强。一般认为流动比率为2∶1较好。若该比率过低表明会展企业可能偿债有困难，而过高则表明企业可能有资产闲置或存货结构不合理等问题。流动比率与速动比率同为衡量资产流动的指标。

（3）速动比率。

$$速动比率=\frac{速动资产}{流动负债}=\frac{流动资产-存货}{流动负债}$$

速动比率可用来反映会展企业立即变现偿债的能力。速动比率高，说明企业有较强的清算能力。但是如果该比率太高，则说明速动资产利用不充分。一般认为速动比率等于1或稍大一点为好。

2）营运能力分析

（1）应收账款周转率。

$$应收账款周转率=\frac{赊销收入净额（营业收入）}{应收账款平均余额（期初期末的平均数）}$$

（2）平均收账期。

$$平均收账期=\frac{365}{应收账款周转率}$$

应收账款周转率反映会展企业应收账款的流动程度。应收账款周转率越高，表明会展企业应收账款的回收工作越有成效。但也要注意，适当地延长应收账款期可以便于销售。

3）盈利能力分析

（1）营业利润率。

$$营业利润率=\frac{利润总额}{营业收入净额}\times 100\%$$

营业利润率用于衡量会展企业的盈利水平。该比率越高，说明该企业盈利能力越强。

（2）资本金利润率。

$$资本金利润率=\frac{利润总额}{资本金总额}\times 100\%$$

资本金利润率用于衡量投资者投入会展企业资本金的获利能力。一般来说，资本金利润率越高，投入资本获利越多，说明经营状况越好。

（3）成本利润率。

$$成本利润率=\frac{利润总额}{成本费用总额}\times 100\%$$

成本利润率反映会展企业成本费用和利润的关系，这一比率可以直接反映出企业盈利能力的强弱和综合管理水平的高低。

阅读材料 8-4

某会展企业的盈利分析

某展会主办方租用展馆6 000平方米，场租9/sqm，展期6天。6 000平方米可对外出租展台270个，其中国外展台占20%，标摊市场销售价为2 250美元/个；国内展台占80%，标摊市场销售价为人民币5 800元/个。按销售80%计。市场推广及广告费用500 000元，销售成本300 000元，现场成本100 000元。主场标摊搭建按200个计算，每个550元，大会主场装饰搭建90 000元。汇率按1∶6.9计算。请计算该展会的收入、支出、毛利、毛利率各为多少？

（1）收入：54×2 250=121 500（美元）；216×5 800=1 252 800（元）；

(121 500×6.9+1 252 800)×80%=1 672 920

(2) 支出：9×6 000×6＝324 000元；200×550＋90 000＝200 000；
500 000＋300 000＋100 000＝900 000；
900 000＋324 000＋200 000＝1 424 000
(3) 毛利：1 672 920－1 424 000＝248 920
(4) 毛利率：248 920÷1 672 920＝14.879％
如果发生其他项目的盈利，总利润率可达25％或更高。

本章小结

会展企业财务关系是指企业在组织财务活动过程中与有关各方发生的经济关系，其中包括：会展企业与投资者和受资者之间的财务关系；会展企业与债权人、债务人之间的财务关系；会展企业与政府之间的财务关系；会展企业内部各部门之间的财务关系。而会展企业财务管理主要是资金管理，其对象是现金及其流转，其目的是有效地利用资源实现企业的目标。根据会展企业财务活动的过程，财务管理的主要过程可概括为筹资供应管理、营运服务管理、收入与分配管理。而会展企业财务管理的内容一般包括4个方面，即筹资管理、投资管理、营运资金管理、资金分配管理。

会展企业财务预算就是指会展企业未来某一段时间的各种资源的来源和使用的详细计划，由营业预算、资本预算、财务预算、筹资预算等各项预算有机组合构成。会展预算管理的原则包括责任制原则、例外管理原则、有效性原则、经济效益原则、动态管理原则。会展预算管理的主要内容包括收入预算、支出预算、现金预算、资金支出预算及资产负债预算。从筹集资金来源的角度看，会展企业的筹资渠道分为内部渠道和外部渠道。在市场经济条件下，企业资金来源的途径包括自主积累资金、国家财政投入筹资、银行贷款筹资、企业利用外资筹资、租赁筹资、商业信用筹资。

会展企业成本是指会展企业在一定时期内业务经营过程中所发生的各种支出的总和。为保证成本管理目标的实现，会展企业应该进行成本控制，包括全过程成本控制和全员成本管理。会展企业的财务报表是反映企业财务状况和经营成果的总结性书面材料，主要包括三种类型，即反映财务状况报表、反映收益形成及分配情况的报表、内部报表。对会展企业的财务报表进行分析，可以更加系统地揭示会展企业的偿债能力、营运能力、盈利能力和发展能力等财务状况。会展企业财务报表分析方法主要有趋势分析法和比率分析法。

1. 名词解释

会展企业财务关系　会展企业财务管理　筹资管理　投资管理　营运资金管理

资金分配管理　会展企业的预算　内部筹资渠道　外部筹资渠道　会展企业的成本
会展企业的成本控制　会展企业财务报表　会展企业财务报表分析

2. 思考题

(1) 简述会展企业财务管理的概念、特点和主要内容。

(2) 简述会展预算管理的主要内容。

(3) 简述会展预算管理的作用和局限性。

(4) 论述会展企业的筹资。

(5) 论述会展成本管理。

(6) 论述会展企业的财务报表分析。

参考文献

[1] 胡平. 会展管理. 北京：高等教育出版社，2004.

[2] 胡平. 会展管理：理论与务实. 上海：华东师范大学出版社，2007.

[3] 马勇，冯玮. 会展管理. 北京：机械工业出版社，2006.

[4] 王斌. 企业财务学. 北京：经济科学出版社，2002.

[5] 丁元霖. 中级财务管理. 上海：立信会计出版社，2000.

[6] 财政部注册会计师考试委员会办公室. 财务成本管理. 北京：经济科学出版社，2005.

[7] 王庆成，郭复初. 财务管理学. 北京：高等教育出版社，2002.

[8] 范霍恩. 财务管理与政策. 刘志远，译. 11版. 大连：东北财经大学出版社2000.

[9] 谢志华. 财务分析. 北京：高等教育出版社，2003.

[10] 余绪缨. 企业理财学. 沈阳：辽宁出版社，1995.

[11] 达摩达兰. 应用公司理财. 北京：机械工业出版社，2001.

[12] 邓明然. 财务管理学. 北京：高等教育出版社，2006.

第 9 章 会展风险管理

本章导读

风险管理是会展管理的重要组成部分,它贯穿于会展项目生命周期的始终。了解和掌握会展项目风险的来源、性质和发生规律,强化风险意识,进行有效的风险管理,对会展的成功举办具有重要意义。本章从会展风险管理的概念入手,介绍了会展企业如何对威胁自身的风险进行识别、估计、评价、应对、监控,以及风险的防范。

9.1 会展风险管理概述

9.1.1 会展风险管理的概念

1. 风险和风险管理

会展业是一个比较敏感的产业,对其运行环境有特定的要求,其中包括政治局势相对稳定,经济快速发展,国内贸易和国际贸易发达,交通、场馆、航空运输等配套设施齐全,服务业比较发达等。但这些只是一种相对理想的状态,在很多情况下,总会出现这样或那样的风险,它们破坏了整个会展产业的运行环境,并对其发展造成很大的影响。实施有效的风险管理,可以最大限度地降低风险,对实现会展业的可持续发展至关重要。

风险是指未来的不确定性对企业实现其经营目标的影响。风险管理(Risk Management)是指项目管理机构对可能遇到的风险进行规划、识别、估计、评价、应对、监控的过程,是以科学的管理方法实现最大安全保障的实践活动的总称。根据澳大利亚风险管理的标准,"风险管理"这一术语是指应用于与任何活动、仪式或过程相关的建立背景、确定、分析、评估、处理、监控和传达风险的逻辑和系统方法,这些方法的使用在一定程度上可以最大限度地降低活动的损失,并增加成功的概率。风险管理的要点不仅在于避免或减少损失,还在于发现有利于发展的机会。

从企业管理的角度而言,风险管理可以被定义为:在企业的整个经营管理活动中,建立风险管理的相应机构和人员,并借助于风险管理计划和控制措施,通过对风险的识别、估测、评价和处理,防范风险事件的发生,以及在风险事件发生后,把风险事件的损失和影响降低到最小,从而保护企业的生存和持续发展能力,以取得经济效益最大化的管理过程。

2. 会展风险管理

会展风险管理是指会展活动的管理人员对可能导致损失的会展项目的不确定性进行预测、识别、分析、评估和有效的处理,并以最低的成本为会展的顺利完成提供最大的安全保障的科学管理方法。这种方法是以观察、实验和分析资料为手段,以概率论和数理统计为工具,以系统论为方法,研究会展项目的部门、进度、成本、市场等各方面可能存在的风险,并寻求风险发生的规律及控制措施。

9.1.2 会展风险管理的意义

1. 确保会展活动如期举行

筹备一个会展活动,特别是大型会展活动,需要的时间较长。从策划、立项、招展到会展活动开幕,短则需要一年时间,长则三五年时间,有的大型会展活动(如"世博会")的筹备时间甚至需要10年以上。在这么长的时间内,一些突发的社会、政治和经济事件都会对会展的筹备产生重大影响。有的可能使会展延期举办,有的会使会展活动中途夭折。进行有效的会展风险管理,可以对一些可控的危机事件提前进行有针对性的预防。而对那些不可避免的风险事件,可以进行风险评估,分析其发生的概率及一旦发生这类事件对会展可能带来的影响,并在此基础上,采取必要的应对措施,防止和避免风险损失,最大限度地保证会展如期举行。

2. 保证会展活动的安全举办

作为公众性社会活动,一般的会展活动在举办时都伴随着高度集中的人员流动。例如,每年的广交会都会有十多万外商,几十万国内参展商和其他来宾到会进行各种商务活动。如此众多的人员在短时间内聚集一堂,会场的安全问题当然是头等重要的。如果此时发生火灾、事故性停电甚至恐怖事件,后果都将不堪设想。对会展活动进行风险管理,就可以有效地防止和应对会展现场可能发生的各种风险事件,保证会展活动安全举行。

3. 减少会展举办方的损失

大型会展活动的前期准备工作十分艰巨,不仅任务量大,而且投入也非常大。一旦突发事件致使会展活动被迫延期甚至取消,其前期投资很难收回,因此会给举办方带来巨大的经济损失。对会展进行风险管理,并对一些突发的风险事件建立一套有效的预防措施,可以将会展举办方可能面临的风险减少到最低程度,从而最大限度地减少其经济损失。

4. 取得客户的信任

客户是会展活动最重要的资产。因此,对客户负责,使客户满意,为客户营造一个安全的环境是会展举办方一直以来追求的目标。如果会展现场危机四伏,客户参加该展会就会顾虑重重,甚至放弃参展计划。基于对客户高度负责的精神,会展举办方有必要对会展进行有效的危机管理,尽力将一些可能发生的风险事件消灭在萌芽状态。而对于一些不可控的风险事件,会展举办方也要为客户的利益着想,努力采取措施,尽量减少客户的损失。由此可见,对会展进行有效的风险管理,是举办方对会展活动进行人本管理的一项重要内容,也是其取信于客户的一项重要手段。

9.1.3 会展风险管理的特征和原则

1. 会展风险管理的特征

1) 时效性

所谓时效性,是指会展活动在不同阶段所面临的风险是不同的,而风险的承担者只需在特定的时间内才承担这些风险。例如,延期或停办的风险只存在于会展的前期准备阶段;而在会展的现场,风险则主要是火灾、意外伤害等。

2) 有偿性

会展风险的计划编制、识别、分析、监控和处置都需要耗费大量的人力和物力资源。而会展风险管理的有偿性主要表现在用来预防或降低未来可能出现的问题所造成的损失,其真正的价值只有在未来才能体现出来。需要注意的是,用于风险管理的投入将来既有可能抵消,也有可能多于风险事件本身所造成的损失。

3) 动态性

会展的风险管理是一个动态的过程。一旦某一会展活动的目标、时间和费用计划确定下来,其风险管理计划也应当随之完成。而在进行风险管理过程中,如果会展活动的时间、费用等因素有重大变化时,相对于这些因素的风险也需要重新进行评估。

4) 信息依赖性

会展风险管理是在收集与分析风险情报和外界信息的基础上进行的,因此具有较强的信息依赖性。换言之,对会展风险的识别、预测和评估的准确性与会展风险管理部门的信息处理能力密切相关。此外,有效的会展管理还有赖于会展企业与其他负责安全保障部门之间及时地进行信息沟通和紧密合作,共同制订相应的行动计划和风险处理措施。

2. 会展风险管理的原则

1) 目标一致性原则

战略管理目标是会展举办过程中一切活动的出发点和归宿。会展风险管理是会展管理的一部分,因此,其目标的制定也必须与会展企业的战略管理目标相一致。

2) 经济性原则

所谓经济性原则,是指要以最合理、最经济的方式达到会展安全管理的目标,并把其成本降到最低。换言之,在制订会展风险管理计划时要以总成本最低为总目标。这就要求会展风险管理人员要对各种效益与费用进行科学的分析和严格的核算。

3) 全面性考虑原则

会展风险管理的计划和实施应该全面考虑各种法律、法规,从而保证会展风险管理的每一步骤都具有合法性。此外,在进行风险管理时还应该考虑周围地区一切与项目有关并受其影响的单位、个人等利益相关者对该会展活动的风险影响评价及管理的要求。

4) 适度满意性原则

适度满意原则是指不管采用何种方法,投入多少资源,会展活动的不确定性风险都是存在的。因此,在风险管理过程中要允许一定的不确定性。换言之,只要会展的风险管理能达到适当的要求,基本令人满意就可以了;没有必要为了一味追求风险管理的效果,而无限制地追加资源投入,以免造成不必要的浪费。

9.1.4 会展风险的种类和来源

为了进行有效的会展风险管理，会展活动举办方必须清楚会展活动可能会遇到哪些风险，以及这些风险是如何产生的。这样，会展组织者便可有针对性地对各种风险采取有效的防范措施，从而规避或者克服这些风险以及它们所造成的影响。按风险所产生的诱因来划分，会展所面临的风险大体上可划分为外生型风险和内生型风险两大类。

1. 外生型风险

外生型风险是指由于外部环境变化给会展活动举办方带来的风险。这类风险是由市场、社会宏观环境和自然环境等外部环境的变化而造成的，仅靠会展企业自身的力量很难抵挡其不利影响。外生型风险一旦发生，就会给会展带来灾难性的影响，其中典型的事例包括2003年的"非典"疫情及美国"9·11"恐怖袭击事件。为了回避和降低外生型风险，在组织展会之前，会展活动举办方要对相关的自然和政治经济环境进行研究，并对有关风险因素进行预测和预防，慎重选择活动举办的地点和时间，尽量减少"不可抗力"对会展造成的不利影响。

常见的外生型风险因素包括以下三个方面。

1) 自然灾害

虽然不断发展的现代科学技术已经为人们预防自然灾害提供了强有力的工具，某些灾害的突然发生还是令人猝不及防。而这些突发自然灾害给会展带来的影响也往往是灾难性的，其中一个典型的事例是2003年爆发的"非典"疫情。在疫情严重的4—5月间，很多会展活动举办机构由于没有进行有效的风险管理，盲目地对外宣布取消将在8—9月间举办的会展活动。结果到了8—9月，非典疫情得到了很好的控制，这些办展机构因为已经宣布取消会展活动而遭受了巨大的经济损失。

2) 政治风险

政治风险主要指的是战争、内乱、政权更迭、国有化没收外资、拒付债务、政府干预等。政治风险具有一定的特殊性，一旦发生往往无法挽救，且后果严重。会展活动是人流、物流和资金流高度密集的活动，对外界的环境安全要求非常高。战争和内乱会从根本上破坏会展活动的外部环境。另外，战争、内乱过后，经常伴随着政权更迭，而不同的政权对待会展产业的态度通常情况下也不一样。因此，对于会展这样一个敏感性行业，战争、内乱和政权更迭无疑是其经营过程中面临的一大风险。

3) 经济风险

(1) 宏观经济稳定性风险。从会展业发展的历史和布局可以看出，一个国家整体的经济环境对于会展业的影响十分巨大。产业和市场是会展业发展的两大基石。换言之，会展业的发展及会展市场的形成有赖于快速增长的经济、完备的产业体系、较丰富的物质产品及较高的人均收入。因此，有人把会展比作经济的"晴雨表"，可见会展产业的发展与整体经济之间的密切关系。所谓宏观经济稳定性风险，是指当经济发展不景气时，企业生产的大量产品销售不出去，失业人口大批增加，工资水平大幅度降低，居民也没有购买力。在这一时期，没有可供展览展示的产品，也没有对展览展示产品的需求,会展业也就失去了其发展的基础。

(2) 市场风险。除了一些不可控的市场因素,对会展市场不熟悉是会展企业市场风险的主要来源。与其他行业不同的是,会展企业所面临的市场风险,不仅来自会展业本身,而且也与参展产品所在的行业有关。为了规避这类风险,会展企业不仅要对会展市场有一个很好的把握,同时还必须了解与参展产品相关的行业的发展状况。

(3) 通货膨胀风险。通货膨胀对包括会展业在内的整个经济系统都有十分严重的影响。通货膨胀可分为需求拉动型和成本推动型。一般而言,需求拉动型通货膨胀对于会展业的发展有一定的促进作用。而成本推动型通货膨胀不利于会展业的发展,因为通货膨胀率与经济负增长并存,各种产品的价格居高不下,对产品的需求被抑制。另外,从会展业本身来说,各种人工服务成本也在通货膨胀期间大幅度上升,从而增加了展会的成本并提高了展会的价格,最终抑制了展会需求。

经济风险中的这三个因素是相互联系,相伴而生的。例如,经济危机时期,通货膨胀也非常严重。会展企业为了防范经济风险,一定要在投资之前进行深入的市场调研,以了解投资所在地整体的经济和市场情况。一般来说,经济较发达地区的经济运行环境比较平稳,市场化程度也较高。因此,在这些地方投资,面临的风险也不会太大。

2. 内生型会展风险

内生型风险,也称之为企业风险,是指由于会展企业内部管理不善在经营中面临的风险。这意味着如果会展企业经营得当,可以在一定程度上避免这类风险。常见的内生型风险包括以下三类。

1) 经营风险

经营风险是指因举办方企业经营方面的原因给所举办的会展活动带来的不确定性。常见的经营风险有展会定位不当、主办方招展不力、招商不顺、宣传推广效果不佳、人力资源及人员结构不合理、展会出现新的竞争者、展会现场的饮食卫生出现问题等问题。经营风险一旦出现,很容易给相关会展企业的声誉造成伤害。然而与外生型风险不同,经营风险是可以抗拒的。如果会展活动的举办方企业能够提前做好预防工作,上面所列举的很多经营风险都是可以控制和消除的。

2) 财务风险

财务风险包括举债筹措资金给会展企业的财务带来的不确定性,以及会展活动举办方企业资金投入所带来的不确定性。如果举办会展活动的资金是企业举债筹措来的,息税前资金利润率和借入资金利息率之差可能具有很大的不确定性,这种不确定性会使会展活动举办方企业自有资金的利润率变化无常。另外,会展活动举办方企业在筹备展会期间投入的资金能否按期收回也存在一定的风险。

3) 合作风险

合作风险指的是各个会展企业之间、会展企业与展馆之间、会展企业与会展各服务商和各营销中介之间在合作条件、合作目标和合作事务各环节上可能出现的不协调、不一致和其他的不确定性。合作风险的出现不仅会影响各会展企业、机构、会展服务商和会展营销中介之间的合作,而且还可能会给展会本身、展会服务及展会的展出效果等方面造成不良影响。

阅读材料 9-1

会展的高风险性[1]

在创造经济和社会综合性效益的同时，会展活动也存在着很高的风险性。会展能否成功举办，受很多因素影响：政治、军事、文化、法律、自然灾害甚至一些突发事件的影响。当今世界每一届奥运会、世博会的申办过程中，都有很多国家同时竞争申办，每个国家都投入大量的人力、物力、财力，成功者最后只有一个，对于申办失败的国家而言，其大量的投入便成为申办失败的风险损失。一般来说，在某个地区举办展览首先需要有着稳定的政治局势。2008年北京奥运会和2010年上海世博会之所以选址中国是与中国拥有稳定的政治环境分不开的。2003年突如其来的"非典"，使得中国会展业受到重创，很多展会被迫取消，一些小型会展公司宣告破产。

伊拉克战争带来两个结果——石油价格浮动和安全环境恶化。前者必然使会展活动的重要环节——航空运输成本大增，而安全环境的恶化使得展商和客商谨慎出行，这两个结果会直接影响到世界会展业。战争对中东地区会展业的打击是毁灭性的。当前的中东地区，莫说作为特殊贸易活动的展览会，就是正常的贸易活动都受到影响。对于中东地区企业来说，出去参展的积极性也因战争而大大挫伤。美国客商考虑出行安全问题，出境参展因此减少。9·11事件对美国会展业的影响到现在还未消除，许多商业性展览会效果大减，伊拉克战争无疑又使尚未复苏的美国会展业雪上加霜。这会使美国会展业在很长一段时间里萎缩下来。

9.2 会展风险管理的实施

会展风险管理的实施通常由三个主要阶段组成，这些阶段不仅相互作用，而且也与其他会展管理内容相互影响。图9-1显示了实施会展风险管理的具体过程。

9.2.1 前期风险管理

前期风险管理是指风险发生之前的会展风险管理，其中主要包括三个部分，即加强风险管理教育、建立风险管理机构及建立风险预警机制。

1. 加强风险管理教育

风险管理教育是会展企业预防风险的有力保障。风险管理教育包括风险意识教育和专业知识的培训和学习。风险管理教育可以使会展企业的员工"居安思危"，树立正确的风险意识和主人翁责任感。此外，利用风险情景的模拟对员工进行演习和培训，可以使其通过接触各类风险情景，提高对风险征兆的识别能力，并且积累处理风险的技能知识。只有树立了正确风险的意识，并且提高了对风险的识别和处理能力，才能增强会展

---

[1] 资料来源：会展的高效益与高风险性. 机电在线，http://www.jdol.com.cn/jdNews/31_191142.html. 2006-07-22.

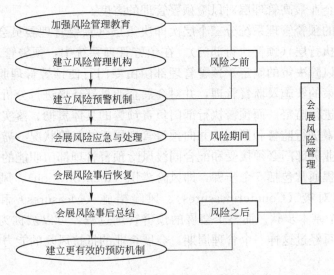

图 9-1 会展危机管理的实施过程

企业抗风险的整体能力,从而使会展服务质量和企业的信誉度得到保障。

2. 建立风险管理机构

会展的风险客观存在于会展企业运行过程中的每一个环节。为了有效地加强风险管理,会展企业要专门建立风险管理机构。该机构的成员不但包括会展企业高层和专业部门的管理人员,而且还包括各级低层和中层干部。其中,会展企业的最高决策者作为会展风险管理机构的主要成员,可以在企业面临风险和难于决策时作出最困难的决定,而这些决定是无法由企业中下层干部能够作出的;各级低层和中层干部作为风险管理机构的成员可以进行日常的风险处理。此外,风险管理机构还应该有会展企业公关部经理和法律顾问的参与。因为,在会展企业同外界针对风险进行沟通的时候,公关部经理的对外联系可以起到非常重要的作用。而法律顾问的作用是为会展企业提供有关法律问题的直接咨询。

3. 建立风险预警机制

所谓会展风险预警机制,是指会展企业通过对政治环境指数、商业环境风险指数和自然环境指数等风险预警指标不断监测,分析风险发生的概率及风险发生后可能造成的负面影响,做出科学的预测和判断,在有信号显示风险来临时,予以及时发布并警示,从而有利于企业自身和会展参加者预先发现问题,并主动采取积极的安全措施。

风险预警管理是在对各种风险现象进行监测的基础上去识别风险、衡量风险并对风险预先进行单项和综合报警,以及寻求预控对策的活动。风险预警管理系统是发挥管理功能、实现管理目标的工具。预警管理系统的监视管理范围,涵盖会展企业高、中、低各管理层次及各横向职能部门的活动范围。预警管理的职能是对会展企业经营的全过程中各个风险事件发生的事前、事中和事后的各个环节进行监测、识别、评价、预测、预控并矫正不良发展趋势,纠正各种管理失误行为,使企业经营状态步入良性轨道。

如果从整个企业来看,风险预警管理系统应是会展企业预警管理的一个分支或一个机构。而风险预警管理的系统是简单还是复杂,主要取决于以下因素:①会展企业规模的大小、复杂性及增长模式;②会展企业经营的性质;③风险管理对会展企业利润的贡献程度;④会展企业最高管理层对风险预警管理的态度。

通常,会展的预警管理系统分三个层次即决策层(预警管理委员会)、管理层(预警管理部门)和执行层(预警执行部门)。在预警管理系统中,预警管理委员会为最高决策机构,负责风险决策的制定。预警管理部门由专门行使预警管理职能的人员组成,负责各项风险决策的实施及监督管理,并对会展企业外部环境进行分析,以及对各管理部门的管理行为进行监督。而预警执行部门负责预警的具体贯彻、落实。此外,该部门还负责对环境因素进行监督和预测,并向预警管理层反映风险状况。需要说明的是,其他各管理部门和业务部门必须接受和配合同级风险预警管理部门职能的发挥。

预警管理过程通常包括5个步骤,即风险辨识(Identification)、风险测定(Determination)、风险对策(Countermeasures)、风险措施(Measures)和管理效果评估(Evaluation)5个基本步骤。而整个会展的预警管理过程,可以被称为一个管理周期。在正常情况下,每经过这样一个管理周期,会展企业的抵抗风险的能力和水平都会有所提高。

9.2.2 中期风险管理

中期风险管理是指风险事件发生过程中会展企业采取的应急和处理措施,其中包括以下5个方面。

1. 及时发布风险信息

要以诚信、透明的态度和各类媒体沟通,只有这样才能最大程度地防止谣言和小道消息的散布,并消除参展商和观众的恐惧心理。为了加强与媒体的合作,会展活动举办方企业可以设立一个新闻中心,以便适时地向社会公众发布客观、准确、诚实、透明的风险信息。在发布信息时,会展活动举办方企业既不能夸大事实,也不能为了达到某种目的而隐瞒或扭曲事实真相。

2. 控制风险发展态势

为了有效控制风险发展态势,风险管理机构应该制订并采取有效的安全保障措施,从而防止风险扩大。在制订安全保障措施时,会展管理企业应该任命专人负责与政府和主管部门进行安全保障方面的联络。此外,建立风险监测系统并组建紧急电话中心,可以使会展企业通过快速信息沟通,随时对风险的发展态势做出分析判断并采取应急措施。

3. 保持与客户的沟通

当风险事件发生后,会展企业应该以电话、传真、互联网及各种新闻媒体等方式,与客户保持沟通,并向其通报企业的情况,从而争取客户的理解和支持。这样可以在一定程度上保持客户对企业的信心,为危机后开展新的会展业务做好准备。此外,会展企业可以根据自身的实际情况,配合政府和媒体,做一些有利于树立企业形象的广告宣传,吸引公众的注意,巩固甚至提升企业形象。

4. 采取应急措施化解风险

通过采取相应的应急措施,会展企业可以在风险事件发生时将其化解。会展企业所采取的应急措施包括以下几点:①建立企业突发重大事件储备金,同时与保险公司合作，投保重大突发事件险种，转移风险；②对于有重要人物参加的会展活动必须对展览现场进行安全检查，布置好安全保卫工作，配备专业医护人员和救护设备；③对于会展活动参加者的信息安全和财产安全也应采取措施予以保障；④在政治危机事件发生时，会展企业必须要加强与政府和主管部门的联系与合作，通报危机事件的进展情况，配合政府的安全应急措施行事；⑤强化危机管理领导小组的职能，保障展览现场设施安全，提供医疗服务和解决参展商的突发性问题。

5. 转变风险为发展机遇

风险给会展企业带来的不仅仅是损害，也可能带来一些新的发展机会。会展企业应充分把握机会，转变风险为生机，使企业获得新的发展，其主要做法是对硬件设施进行更新改造，增强企业的发展后劲。此外，会展企业还可以利用风险事件发生期间的经营淡季，抓紧时间对员工进行全面培训，提高员工的专业化素质。这样在危机过后，企业的服务和管理水平能够有所提高，并可以赢得更多的顾客，从而弥补在危机中遭受的损失。

9.2.3 后期风险管理

后期风险管理是指风险事件发生后会展企业进行的风险管理，其中主要包括会展风险事后恢复、会展风险事后总结和建立更有效的风险预防机制，以及将安全文化纳入到会展企业的企业文化之中去等。

1. 会展风险事后恢复

会展风险的应急与处理主要是为了阻止风险蔓延及减少其造成的损失，而使已经造成的损失部分恢复到风险事件发生前的状态则需要通过风险事后恢复来实现。会展风险事后恢复主要围绕着以下三个目标。

1）恢复会展企业形象

会展企业要配合政府和主管部门有效地利用报纸、电视等新闻媒体，宣传企业的形象，尽快恢复国内外会展活动参加者的信心。必要时，可请国家和地方政府领导人出面，亲自对会展主办方和客户进行宣传促销。

2）恢复会展参加者的客源市场

会展企业要通过市场调查和搜集相关资料，分析主要客源市场和营销渠道受风险影响的程度，进而针对各市场的特点采取应对措施。此外，企业也可请客源市场媒体、专栏作家等进行实地考察，做好会展企业形象宣传，引导会展参加者消费，从而刺激、鼓励并帮助客源市场和营销渠道复苏和繁荣。

3）恢复会展企业内部信心

风险事件的发生不仅会使会展企业的经营效益受到影响，同时也会挫伤内部员工的工作积极性。在风险事件发生后的恢复时期，会展企业可以有效利用企业文化，重塑企业内部信心，增强企业的凝聚力。此外，企业应该及时制定新的发展战略，做好风险过后的新的展览业务，并抓住新的客源市场，开发策划一些新的活动，以便打造新的会展品牌。

2. 会展风险事后总结

会展风险事件消除或告一段落之后，会展企业要对风险事件进行详细全面的总结，其中主要包括对风险预控管理的总结和对风险事件管理的总结。

1) 对风险预控管理的总结

对风险预控管理的总结主要包括三个方面，即确定：①风险预警机制是否为风险管理提供了有用的指导，存在哪些问题，以及与其制定成本比较是否合算；②演习和风险教育是否对风险事件的处理起到了作用，以及有哪些项目有待加强和完善；③风险预警系统是否发出了及时的警报；④是否对预警系统的警报给予了足够的重视并采取了正确的反应。

2) 对风险事件管理的总结

对风险事件管理的总结涵盖的范围比较广泛，其中包括确定：①风险是否能在预防阶段被识别；②识别风险事件发生后的反应行动是否有效阻止或延缓了危机的爆发；③风险事件爆发后，会展企业的反应是否迅速合理；④风险时间处理中的资源供给是否及时，配置是否合理；⑤风险事件处理中成功避免或减少了哪些损失，管理机构运作是否高效；⑥媒体的管理是否合理，向媒体传递的信息是否合理，以及会展企业的形象维护得如何；⑦风险事件过后的恢复目标制定得是否合理，此外，还有风险恢复工作的有效性及存在的问题等。

3. 建立更有效的风险预防机制

总结工作做完后，会展企业要认真回顾风险处理过程中的每一环节，针对当前的风险预防系统进行全面的分析。因为这样可以帮助会展企业的风险管理机构重新修正预防系统的失误，并进行相应的改进或调整，以便建立一个新的更有效的预防机制，加强风险管理预案的指导性和可操作性，从而为应对下一次会展的风险管理做好准备。

4. 将安全文化纳入到企业文化之中

安全文化是一个总体概念，融合了会展企业对健康与安全的关心，是企业对安全的态度、行为及价值观和信念的体现。"良好"的安全文化包括三大要素。首先，要具备克服灾难的社会文化规范，安全价值观与信念要融入社会文化规范中。其次，要有一定规范的安全态度与行为。再次，对安全要能时刻省思。"良好"的安全文化不仅有助于人为作业疏忽或过失的减少，也有助于提升管理风险的绩效。因此，现代会展风险管理越来越重视安全文化的建构。

9.3 会展风险管理内容与风险控制

9.3.1 会展风险管理的内容

1. 会展的风险规划

1) 会展风险规划的内容

会展的风险规划是指会展风险管理的一整套计划，其中主要包括：确定风险管理专职机构及其成员，制订风险管理的行动方案及方式，选择合适的风险管理方法，确定风险判断的依据等。会展风险规划用于对风险管理活动的计划和实践形式进行的决策，其结果将成为整个会展风险管理的战略性和指导性的纲领。风险管理规划的主要内容如下。

(1) 方法。确定风险管理使用的方法、工具和数据资源，这些内容可随会展筹备阶段及风险评估情况作一些适当的调整。

(2) 人员。明确会展风险管理活动中的领导者、支持者及参与者的角色定位、任务分工及其各自的责任。

(3) 时间周期。界定会展活动生命周期中风险管理过程的各阶段及过程评价、控制和变更的周期或频率。

(4) 类型级别及说明。定义并说明会展风险评估和风险量化的类型级别。因为明确地定义类型级别并加以说明对于防止决策滞后、保证过程连续非常重要。

(5) 基准。明确定义由谁、以何种方式采取风险应对行动。合理的基准定义对衡量风险应对计划的有效实施并避免发生对该内容理解的歧义至关重要。

(6) 汇报形式。在进行风险管理规划时要明确规定会展风险管理各过程应汇报或沟通的内容、范围、渠道及方式。汇报与沟通应包括会展企业内部之间的沟通及与投资方、参展商等利益相关者之间的沟通。

(7) 跟踪。风险管理文档可有效用于对当前会展活动的管理、监察，经验教训的总结及对日后举办会展活动的指导。在进行跟踪时要明确规定如何以文档方式记录会展筹备及正式举办过程中的风险及风险管理的过程。

2) 风险规划会议

会展风险管理规划主要通过风险规划会议来制定。参加风险管理规划的人员包括风险管理部门的经理和团队成员。通过风险管理规划会议，可以决定风险管理的方法、工具、报告和跟踪形式及具体的时间计划等。

2. 会展的风险识别

1) 概念

对会展可能面临的风险进行识别是风险管理的基础。会展的风险识别就是将会展风险的因子要素归类，并分层查找出来。换言之，会展风险识别就是要找出风险之所在和引起风险的主要因素，然后在这个基础上对风险的后果作出定性或定量的估计。风险识别的内容包括：确定风险的来源，分析风险产生的条件，描述风险的特征，以及确定哪些风险事件有可能影响会展的正常举办。需要注意的是，不是所有风险都会对会展活动产生严重的后果，然而，几个小风险的叠加则可能会对会展产生严重影响。因此，风险识别不是一次就可以完成的，应当自始至终不断进行。

2) 会展风险识别的方法

(1) 分解项目结构法。这种方法把会展项目分解成可管理的部分，从而帮助会展企业识别风险，并制订风险管理计划，其主要缺点在于不能全面显示复合风险所带来的问题。例如，一个会展的票务人员出了麻烦，就此事本身来讲可能问题不大，但是如果同时伴随着一个主要赞助商撤出的话，结果会导致整个会展活动被取消。

(2) 德尔菲法。这种方法的基本步骤如下：第一步，确定参加风险识别的人员，并让每个人独立地提出自己的意见；第二步，汇总每个人的识别结果，并对所有的结果进行分类、整理、编辑和再汇总，将经过上述处理的第一次识别结果通知给每一个参与人员，但不提示任何意见是谁提出的；第三步，参加识别的人员在阅读了上述处理过的汇总意见后，重新对可能发生的风险进行识别，并第二次提出自己的看法；第四步，汇总第二次识别结果，并进行分类、整理、编辑和再汇总，然后重复第二步的过程，如此循环往复，直到大家的意见基本一致为止，即可获得风险识别的最终结果。此办法可有效地避免小组成员之间的相互影响，结果较为客观，但缺点是费时较多。

(3) 头脑风暴法。这一方法是指挑选一些专家或者会展企业的相关人员，就该会展活动可能发生哪些风险进行识别，并要求大家对可能发生的风险提出自己的意见。当每个人的意见都记录下来之后，再仔细分析讨论这些意见，并从中总结出可能发生的风险，为下一步采取适当的预防措施提供依据。此法的关键之处是禁止别人对最初的意见进行批评，目的在于鼓励大家畅所欲言，尽量发现问题。

(4) 情景分析法。这种方法是根据事物发展趋势的多样性，通过对会展活动及其相关问题进行系统分析，设计出多种可能的未来前景，然后用类似于撰写电影剧本的手法，对系统发展态势自始至终的情景和画面作出描述。当一个会展活动持续的时间较长时，往往要考虑各种技术、经济和社会因素的影响。此时，可用情景分析法来预测和识别其关键风险因素及其影响程度。

(5) 核对表法。这种方法相对比较简单，主要利用核对表作为风险识别的重要工具。核对表一般根据会展风险要素编制，包括会展活动的环境、参展产品及会展企业内部因素（如工作人员的技能或技能缺陷）等。

(6) 面谈法。与不同的会展项目工作人员进行有关风险的面谈，将有助于认识那些在常规计划中未被识别的风险。在进行可行性研究时获得的会展项目前期面谈记录往往是识别风险的很好素材。

3. 会展的风险估计

1) 概念

会展的风险估计是指在会展风险规划和识别之后，通过对会展活动所有不确定性和风险因素的充分、系统而又有条理的考虑，确定各单个风险因素的工作。会展风险估计的主要内容包括评估：①影响会展筹备及正式举办的风险事件发生的可能性的大小；②风险事件可能导致的结果所涉及的范围和危害程度；③预期风险事件可能发生的时间；④同一风险因素所诱发风险事件的发生频率。

2) 会展风险估计的依据

会展风险估计的主要任务是确定哪些因素会对会展活动的举办形成威胁，并依据其影响程度进行合理的排序。不同的会展活动，面临的风险事件也不尽相同。例如，国内展和出国展可能遇到的风险就存在很大的差异。然而在进行风险估计时，其依据大致相同，均包括4部分，即：①会展风险管理规划的结果；②会展风险识别的成果；③会展工作进展情况；④展会类型。一般来说，简单或重复率较高的会展活动的风险程度比较低，而复杂的或举办次数较少的会展活动的风险程度比较高。

4. 会展的风险评价

1) 概念

会展风险评价是指在对会展风险进行规划、识别和估计的基础上，通过建立风险的系统模型，找到会展活动所面临的风险，并确定其整体的风险水平，从而为如何处置这些风险提供科学依据,以保证项目的顺利进行。

2) 风险评价的依据

风险评价的依据包括:①风险管理计划;②风险及风险条件排序表;③既往资料或风险专家对同类会展活动的研究成果;④专家判断结果。这里所指的专家既可以是会展企业内部的专家,也可以是企业之外的专家。此外,这些专家既可以是风险管理方面的专家,也可以是工程或统计方面的专家。

3) 风险评价的常用方法

对会展活动进行风险评价的方法有很多,其中包括故障树分析法、蒙托卡罗模拟法、外推法、决策树分析法、主观概率法、层次分析法、效用理论、灰色系统理论、模糊分析方法、计划评审技术及影响图分析法等。阅读材料9-2介绍了国外研究者所采取的一种方法——风险分析单。

阅读材料 9-2

会议的风险分析单

会议的项目经理经常使用的最典型的工具是风险分析单。在风险分析表(见表9-1)中,可能的风险被列在第一栏中。在下一个栏目中需要项目经理评估可能会受到影响的利益相关者,并将最坏的案例结果采用1~5分级形式(5为最高),以及风险发生的可能性也采用1~5分级形式分别在不同的栏目中列出。最后将这些数字相乘结果,列在表示风险水平的栏目中。表中的最后两个栏目分别列出现行的预警措施,以及应进一步采取什么样的措施来减少风险发生的可能性并减少风险所带来的影响。此外,一些风险评价表中还会列出谁应负责任,以及从什么时间开始负责任。通常,这个表是一个可变动的电子版文件,可以进行不断的更新。

表9-1 会议的风险分析单

风险	向谁提供	A=最坏的案例结果	B=发生的可能性	风险水平(A×B)	现行的预警措施	进一步要采取的措施	新的风险水平	谁应负责任
火灾	所有参加者	5	1	5	灭火器,警笛,简要介绍	在会议开始时向所有参会者进行简要介绍	5	责任经理
出入拥挤、被压	与会代表	3	1	3	道路清理,宽的通道	清楚的路标	3	前厅服务人员
地毯上被绊倒	所有参加者	4	3	12	所有的大小地毯都必须安全	所有拖缆都用胶布封住,并且置于一定的高度	4	维修部
通信不畅	所有参加者	3	3	9	好的音响设备	会前检查	3	声像设备经理
食品中毒	所有参加者	5	3	15	有声望的供应商	温度测量器的使用和时间的控制	5	资源经理和供应商

5. 会展的风险应对

会展的风险应对是指对即将举行的会展活动所面临的风险提出处置意见和办法。从改变风险后果的性质、风险发生的概率和风险后果的大小三个方面，可以提出多种风险应对措施，其中包括减轻风险、预防风险、转移风险、回避风险、自留风险和后备措施等。应对风险的关键在于预防风险的发生，而最好的预防措施便是制订风险管理预案。

会展风险管理预案应遵循以下 4 个原则。

1）一致性

为了预防可能发生的风险，最常见的方法就是对会展活动所涉及的关键项目或关键人物建立替代方案。而这些方案原则上必须保证与会展活动的主题策划一致并具有一定的代表性。此外，在确定风险管理预案时要杜绝出现与会展活动主题相背离的情况，以及与其他会展活动雷同的现象。

2）现实性

风险预案的制订并非是随意的，它一定要遵循现实性原则。所谓现实性原则，是指在充分考虑了会展活动举办方企业的财力、技术、管理、人才及其他方面的资源之后，再合理设计、制订风险预案。

3）可替代性

风险预案一定是对整个会展活动中可能产生风险的环节提前进行防范。因此，预案与会展活动之间的关系应该具有一定的可替代性。换言之，一旦风险发生，启动相关的预案时不但应该保证会展活动的顺利进行，而且也不应该呈现临时拼凑的痕迹，影响会展活动的效果。

4）可选择性

可选择性是指应对每个风险事件的预案都不能是唯一的，而是应该同时备有几套可供选择的方案。这样一旦风险事件发生，在预案 A 无法实施的情况下，可以迅速启动预案 B，甚至预案 C 或 D 等。而且在选择这些预案时还要兼顾时效性与合理性。例如，预案 A 可能费时，但实施起来更为合理；预案 B 快捷，但可能稍欠合理性，这就要求会展组织者要因地、因时制宜，在兼顾时效性与合理性的前提下，在多个备选方案中进行选择。

6. 会展的风险监控

会展的风险监控是指对会展的风险规划、识别、估计、评价、应对进行全过程的监视和控制，其目的是保证会展风险管理达到预期的目标。实际上，会展风险的监控主要是会展活动的进展情况和办展环境。在会展风险监控的过程中，要及时发现那些新出现及随着时间推移而发生变化的风险，并及时根据其对会展活动的影响程度，重新进行风险规划、识别、估计、评价及采取应对措施。

不管预先计划好的策略和措施是否付诸实施，会展的风险监控都非常重要。因为，有效的风险监控可以帮助会展活动举办方企业发现其已作出的决策可能发生的错误，并尽早采取纠正行动。需要注意的是，在决策正确但结果还不尽如人意的情况下，不要过早改变决策。因为，频繁改变决策不仅会浪费资源，而且还会大大增加其他风险发生的可能性。

9.3.2 会展的风险控制

会展的风险控制是整个风险管理成败的关键所在。风险控制的目的在于改变会展企业所承受的风险程度,而风险管理的主要功能是帮助会展企业避免风险及其所造成的损失。当损失无法避免时,风险控制的主要任务是尽量减低风险对会展活动所带来的不良影响。风险控制的主要做法包括规避风险、转移风险、降低风险、自担风险、分散风险及组合风险等。

1. 规避风险

规避风险,尤其是突发性、损失巨大而又难以承担的风险应该是会展企业在风险控制时首要考虑的做法。凡是风险所造成的损失不能由会展活动可能获得利润予以抵消时,规避风险是最可行的简单方法。规避风险可以分为完全规避和部分规避。完全规避,是指不惜放弃伴随风险而来的盈利机会,而采取措施尽量避免风险事件的发生及其所造成的损失。而是否采取部分规避措施,主要取决于成本和非经济因素。也就是说,如果部分规避的收益大于其成本,就可以考虑部分规避。

2. 转移风险

转移风险是指会展企业以一定代价(如保险费、盈利机会、担保费等),采取某种方式(如参加保险、信用担保、签订合同等)将风险损失转嫁给他人承担,以避免风险可能给其带来的灾难性损失。在转移风险时,会展企业首先可以考虑向专业性保险公司投保。这样企业只需定期缴纳一定数额的保险费即可在巨额风险损失发生时获得保险公司的补偿。其次,会展企业可以考虑风险共担的形式,如签订风险共担的合同、实行联合开发会展活动等,与其他利益相关者共同承担风险损失。此外,会展企业还可以利用风险主体转移的形式减少风险损失。风险主体转移是指把全部的风险全部转给另一主体。例如,通过业务外包转让转移会展活动的经营风险。由于风险转移必然带来利益的流失,因此会展企业应当在识别风险的类型和大小、权衡得失后,选择恰当的方式转移。通常,对于自然风险宜用投保的方式,较大的财务风险宜用风险共担的方式,而过大的技术风险宜用风险主体转移的方式,转移会展企业所面临的风险及其引发的损失。

目前,有许多险种适用于会展行业。例如,针对会展开始前的展品运输、展台搭建等的保险;针对展览过程中,主办方的疏忽或过失等造成损失的公众责任险;还有针对主承办方的雇员发生意外伤亡的雇主责任险等。此外,中国人民保险公司的公众责任险项下,有一项扩展的条款——偶发事件险,是针对被保险人的经营风险所设的险种。偶发事件险主要用来赔付会展活动期间因不可抗力延期或取消而造成的损失。这里所说的损失,不是利润损失,而是会展活动举办前的相关费用投入。主要强调的是,凡是可预见的将要支出的费用均可投保,当然这要在合同中明确规定。

3. 降低风险

在风险不能避免时,会展活动举办方企业应该设法降低风险发生的可能性,并且减少风险发生后所造成的损失,即采取风险预防和抑制风险措施。抑制风险主要有两方面:一是控制风险因素,减少风险的发生;二是控制风险发生的频率和降低风险损害程度。要控制风险发生的频率就要进行准确的预测,要降低风险损害程度就要果断地采取有效措施。例如,在重要的会展活动中,为了确保安全,可在会展现场安排巡逻或站岗,安装金属探测器等。而为了减少风险发生后所造成的损失,在风险管理规划中,就应对可预测到的风险进行应急准备和培训。此外,还要确定应急准备的措施和可备选方案,以保证会展顺利进行。例如,一旦会展活动中出现供电失常,应该有应急的备用发电机来替代。而风险预防则要求会展企业事先从制度、文化、决策、组织和控制及培育核心能力上提高企业的抗风险能力。

4. 自担风险

如果会展企业有足够的财力和能力承受风险损失时,可以采取风险自担和风险自保自行消化风险损失。风险自担是指风险损失发生时,直接将其损失摊入成本或费用,或冲减利润;风险自保是指会展企业预留一笔风险金或随着会展经营的进行,有计划地提取风险基金。风险自保适用于损失较小的风险。

5. 分散风险

分散风险是指会展企业采用一定的措施,尽量将其所面临的风险及其引发的损失降低。显而易见,如果风险可以被分散,其损失将会降低。例如,会展企业可以多找几个赞助商,这样,如果失去一个赞助商,由于其他赞助商的支持,还可以维持会展活动的顺利进行。

6. 组合风险

组合风险是指将风险不同的会展投资项目进行优化组合,通过产品或项目的盈亏补偿,达到减少整体风险损失的目的。实施风险组合须注意三点。首先,将高风险项目与低风险项目适当搭配,以便在高风险项目遭受损失时,能从低风险项目受益中弥补;其次,所选项目数适当;再次,要根据会展活动举办方企业的核心能力给定一个风险承受的临界点,以此作为风险组合的标准。

阅读材料 9-3

火奴鲁鲁亚洲发展银行会议的风险管理[1]

在火奴鲁鲁召开的亚洲发展银行会议上最大的新闻是没有新闻。也就是说,好的计划和谨慎的风险管理成功地阻止了骚乱的发生。夏威夷比华盛顿特区和西雅图多一个优势,夏威夷是一个岛屿。它的地理位置意味着人员进出更容易控制,而有人想要示威就意味着要花更多的钱。夏威夷组织力量应对任何可能的紧急情况。它的警员更是多了一个优势:他们了解在西雅图、魁北克、日内瓦及华盛顿特区发生了什么情况。

夏威夷的哲学是在问题开始前就让其止步。这就需要有良好的情报搜集工作。威胁被分为三个等级:绿色,意味着威胁程度较低;琥珀(黄)色,中等威胁;红色,表示发生麻烦的风险很大。火奴鲁鲁的官员非常清楚很有可能会出现问题,但他们并不是否定一切,这对整个城市活动管理很有帮助。和西雅图不同的是,火奴鲁鲁在开始时就部署了大量的警力,直到最后才撤回这些警力。总体上说,基本原则就是在开始时不贸然

---

[1] 资料来源:彼得塔洛. 会展与节事的风险和安全管理. 李巧兰,译. 北京:电子工业出版社,2004.

行事，这是阻止麻烦继续发展的最好方法。

火奴鲁鲁不仅预演了各种不同的预案，而且还演练了一种权力分散的控制形式。由于现场指挥官和社区官员都在一线，在现场就可以迅速做出调配决定。火奴鲁鲁的官员还强调了灵活性。如果某一特殊的方法没有奏效，分散的指挥部有权决定采用必要的新方法。安全人员不一定要执行市政厅确定的政策。火奴鲁鲁还在形象管理上花了大量的时间。火奴鲁鲁的官员们很清楚同时有两场会议正在进行，他们竭尽全力不让抗议者接近媒体。

以下这些原则可以供我们参考。

- 从开始就控制局势。维持控制要比重新获得控制容易得多。确保从一开始就在现场部署了大量的执法人员。
- 实行监视。抗议者想吸引媒体的注意，希望自己的行为能在全国范围内被广泛报道，但是，他们并不想被当地警察的监视器记录下自己的全部举动。监视器有可能会使局势平静下来，提醒人们他们将要对自己的行为负责。
- 在麻烦发生前就制止。例如，如果防暴预演开始超出了法律的底线，在预演中，让暴乱人群一违法就能被警察部门控制住事态。
- 不要剥夺宪法赋予人们的权利。人们有权抗议，但不一定要在他们想进行抗议的地点进行。另外，提供容易控制的远离会议场所的抗议地点。
- 有足够的预算。阻止麻烦和保障会议顺利进行会花很多钱，但是我们已经从痛苦的经历中得到了教训，消除一个潜在的风险要比试图恢复声誉或者媒体毁坏控制经济得多。
- 训练人们监视那些麻烦制造者。麻烦制造者常常很容易识别，尤其是在他们试图伤害他人或者破坏财物时更是如此。有人监视使那些存心要制造麻烦的人意识到他们正处于他人的监视之中。

根据上述原则，火奴鲁鲁官员采用了一系列控制程序，其中包括：

- 通知卫生保健机构准备提供额外的支援；
- 为应对可能发生的生化袭击做好准备，包括列出哪些医院可以处置何种生化问题清单；
- 有序发放有关信息，如医疗专家的具体电话号码；
- 鉴于火奴鲁鲁会议中心有大量玻璃装饰物，因此就如何处理碎玻璃和被玻璃扎伤的人制订了一项计划；
- 征募了能够进行拘留前检查的医师，以减轻警方的负担；
- 将诸如可能会在哪里发生抗议这样的情报在整个安全界公布；
- 在会议开始前为安全小组成员建立了一个具体的网站，访问网站需要口令，并要对访问者的身份进行检测；
- 要对职员的身份进行审查，这样只有经授权的人才能进入诸如通信中心和卫生设施这样的关键区域；
- 设计一个媒体计划，并且要对全体成员进行教育。

火奴鲁鲁的努力是如此成功，以至于很多人根本不知道会议还曾经存在过人身和财产安全威胁。由于极为出色的风险管理，火奴鲁鲁证明：好的风险管理能好到让平常人永远不知道曾经存在过风险。

本章小结

与其他行业相比，会展业比较容易受社会及会展现场一些突发风险事件的影响。会展所面临的风险大体上可以划分为外生型风险和内生型风险两大类。有效地实施风险管理，可以最大限度地降低会展活动的风险及其所造成的损失。会展的风险管理具有时效性、有偿性、动态性和信息依赖性。在实施会展风险管理时需要遵循目标一致性、经济性、全面性考虑及适度满意的原则。

会展风险管理的实施通常由三个主要阶段组成：前期风险管理、中期风险管理及后期风险管理。前期风险管理是指风险发生之前的会展风险管理，其中主要包括三个部分，即加强风险管理教育、建立风险管理机构及建立风险预警机制。中期风险管理是指风险事件发生过程中会展企业采取的应急和处理措施。后期风险管理是指风险事件发生后会展企业所进行的风险管理，其中包括会展风险事后恢复、会展风险事后总结、建立更有效的风险预防机制及将安全文化纳入到会展企业的企业文化之中去等。

会展风险管理的主要功能是帮助会展企业避免风险及其所造成的损失，其主要内容包括会展的风险规划、会展的风险识别、会展的风险估计、会展的风险评价、会展的风险应对及会展的风险监控。会展风险控制的目的在于改变会展企业所承受的风险程度，其主要做法包括规避风险、转移风险、降低风险、自担风险、分散风险及组合风险等。

练习题

1. 名词解释

风险管理　会展风险识别　会展风险评价　规避风险　转移风险　组合风险

2. 思考题

（1）简述会展风险管理的特征。

（2）简述外生型会展风险的内容。

（3）简述对会展进行风险管理的意义。

（4）简述会展风险管理过程。

（5）简述会展风险应对的内容。

（6）论述如何进行会展风险的应急与处理。

（7）论述会展风险管理的控制策略。

参考文献

[1] 刘大可. 会展经济理论与实务. 北京：首都经济贸易大学出版社，2006.
[2] 刘春玲. 旅游产业危机管理与预警机制研究. 北京：中国旅游出版社，2007.
[3] 会展的高效益与高风险性. 机电在线. http://www.jdol.com.cn，2006-07-22.
[4] 鲍勇剑，陈百助. 危机管理：当最坏的情况发生时. 上海：复旦大学出版社，2003.
[5] 郑子云，司徒永富. 企业风险管理. 北京：商务印书馆，2002.
[6] 杨顺勇，牛淑珍，施谊. 会展风险管理. 北京：化学工业出版社，2007.
[7] 傅广海. 会展与节事旅游管理概论. 北京：北京大学出版社，2007.
[8] 宋明哲. 现代风险管理. 北京：中国纺织出版社，2003.
[9] 王起静. 会展项目管理. 北京：中国商务出版社，2004.
[10] ALLEN J, TOOLE W O, HARRIS R, MCDONNELL I. Festival and special event management. John Wiley & Sons Australia，2005.
[11] TUM J, NORTON P, WRITHT J N. Management of event operations. Elsevier Butterworth Heinemann，2006.
[12] 孙正一. 我国企业风险管理存在的问题及对策. 物流科技，2005，01 (113).
[13] 彼得塔洛. 会展与节事的风险和安全管理. 李巧兰，译. 北京：电子工业出版社，2004.

第 10 章 会展的质量、环境与安全管理

本章导读

进入 21 世纪以来,质量、环境、职业安全与卫生管理已成为社会经济活动与国际合作的基础。国内的会展企业能否在这三方面达到国际标准,已成为加入 WTO 以后超越非关税壁垒的关键。本章阐述了会展的质量管理、环境管理和安全与卫生管理的含义,并且综合介绍了这三个管理体系的建立和实施过程。此外,本章还系统地探讨了这三个管理体系的整合与认证。

10.1 会展的质量管理

10.1.1 会展的质量管理概述

1. 会展的服务质量

在 ISO 9000:2000 标准中,质量被定义为"一组固有特性满足要求的程度"。就会展的举办方而言,它提供给参展商和观众的实际上是一种服务,因此会展的服务质量也就代表了会展的质量。因此,会展的质量可以被定义为:会展活动举办方所提供的服务可否满足相关规定以及潜在客户需要的特征和特性的总和。会展服务具有自身的特性,而这些特性直接影响着会展服务质量的建构,也是会展服务质量的关键因素。

1) 会展服务的特性

(1) 主题性。主题是会展活动设计的前提,所以主题的选定对会展的质量有很大的影响。换言之,如果会展在主题策划上出现失误,即使服务质量再好也很难产生好的效益。

(2) 无形性。会展活动因一个主题概念而存在,区别于工业产品的有形性特征,其主体是由人的行为所构成的服务。

(3) 服务与消费同步性。会展举办活动的服务与消费同时进行,所以会展的服务质量往往由提供服务一方接触到参展商、观众等消费者的短暂时间决定。

(4) 易逝性。会展的服务不可能用仓储的杠杆来调节市场。换言之,会展的服务一旦被出售或者消费,其价值就永远消逝,因此具有很强的时间性。

(5) 体验性。亲历亲为是会展活动不可替代的一个基本特征，因此消费者的"现场效应"就成为决定会展服务质量的一个重要元素。所谓现场效应，是指会展的服务质量会因为服务提供者和消费者双方的个人因素发生变化而波动，从而缺乏稳定性。

2) 与消费者的互动影响会展的质量

由会展服务本身的特性不难看出，会展活动举办方与消费者的互动直接影响整个会展的质量，以及举办会展活动的效果、效率和效益。例如，由会展的服务与消费的同步性可知，会展的服务质量在很大程度上取决于服务者和消费者接触的一刹那——Moment of Truth（真相时刻）。如果消费者对某项会展服务不接受的话，表明其主观预期价值与实际情况有一定的差异，这意味着会展的服务质量可能产生了问题。此外，如果参展商或观众等消费者认为会展服务人员能力不足，可能会对其服务加以批评或干预，从而导致服务行为偏差，并进一步影响会展的服务质量。此外，会展的服务易逝性和体验性表明，在客观上很难对会展活动的服务过程加以系统的控制，所以会展的服务质量具有一定的波动性。由此可见，只有从会展服务的特性出发，潜心研究消费者的心理和行为及其与会展服务人员的互动，并及时恰当地进行消费引导，才能从根本上提高会展的服务质量。

2. 会展的服务质量管理

质量管理是对质量方面的指挥、控制、组织和协调活动的总称，其中包括制定质量方针和目标，并进行质量策划、质量控制、质量保证和质量改进。而会展的服务质量管理可以被定义为：对保证和提高会展服务质量所必需的全部职能活动的管理，其主要目标是更好地满足参展商、专业性观众等客户的需求，并增进会展活动的社会和经济效益。

会展服务的质量管理直接关系到会展举办企业的生存和发展。通过分析当今国际上最具影响力的十大会展企业的成功经验，加强会展服务质量管理机制的关键在于改进服务方式和完善服务流程。由于会展服务的质量在很大程度上取决于服务者和消费者接触的环节，所以强化服务接触环节的管理，将不合理的服务方式加以改正，对低效率的服务程序进行再造，是提高会展质量的一项重要举措。例如，在2005年中国国际服装博览会中，举办方为了提高会展的质量，对2004年观众入场人流量过于集中和出现大量假票的问题进行改进。其采取的主要措施是将门票分为一般观众电子票、专业观众票、展商票等几类，并将入门身份标识改为"三道分流关口"，即电子票入门条形码、观众登记表贴条形码和入场扫描条形码。这样既提高了对参展观众的登录服务效率，也打击了猖狂贩卖假票现象。

此外，建立服务型企业文化并提高人力资源的管理水平，同样对提高会展质量管理水平至关重要。重视企业服务文化的培养，有助于改善会展员工服务态度并直接产生良好的服务行为，提高会展的服务质量。提高人力资源的管理水平可以从三个方面着手。首先，可以通过合理的员工绩效考核和科学的服务质量评估方法来控制会展的服务质量。其次，可以通过有计划的企业内部培训，提升员工服务意识和岗位技能，从而有效保证会展的服务质量。再次，为会展服务人员创造良好的工作环境，可以大幅度提高员工的工作热情和服务能力，进而提高会展的质量。

10.1.2 会展企业的 ISO 9001：2000 质量管理体系认证

1. ISO 9001：2000 质量管理体系概述

ISO 9000 族标准是 ISO 国际标准化组织 TC/176 技术委员会制定的所有国际标准，其核心标准是质量保证标准（ISO 9001/2/3）和质量管理标准（ISO 9004）。ISO 通过其 2 856 个技术机构开展技术活动。其中技术委员会（简称 TC）共 185 个，分技术委员会（简称 SC）共 611 个，工作组（WG）2 022 个，特别工作组 38 个。ISO 的 2 856 个技术机构技术活动的成果（产品）是"国际标准"。ISO 现已制定出国际标准 300 多个，主要涉及各行各业各种产品（包括服务产品、知识产品等）的技术规范。

为了有效开展质量管理，会展场馆应该依据 ISO 9001 国际标准设计、建立、实施和保持质量，并提供适宜的资源。而管理者代表和质量职能部门对质量管理体系构建程序的制定、实施和运行负责。建立会展质量管理体系的步骤如下。

1）确定会展质量管理体系结构

与会展质量管理体系相适应的组织结构可以有效保证质量管理体系的运行。为了保证质量管理体系的机构的合理性，管理者应该按照 ISO 9001 国际标准的要求，确定各部门的职责和权限，理顺各部门的关系，并配备充分的资源。

2）编写质量管理体系文件

建立、运行和持续改进质量管理体系，要以文件为指导，并以文件为记录和证据。因此，管理者应该系统地编写质量管理体系文件，其中包括质量手册、程序文件、作业指导书、质量记录及其他文件。

（1）质量手册。质量手册是规定组织质量管理体系的文件，所有采用 ISO 9000 标准的组织都应编写质量手册，并实施和保持质量手册规定的质量管理体系。从结构形式上，质量手册的内容包括前言（组织介绍）、质量手册发布令、管理者代表任命书、质量管理体系范围、质量方针和质量目标、术语和定义、组织机构及职权的描述、组织资源配置的描述、程序文件或概要、对质量管理体系主要过程及过程间相互作用的描述。

（2）程序文件。程序文件是由管理部门编制的、规范组织的会展活动的文件。其内容一般包括：活动或过程的目的和范围、时间、地点、人物、事件、所使用的材料和设备。此外，程序文件还需要阐明如何对活动进行控制和记录，以及何为规定采用的作业指导书。

（3）作业指导书。作业指导书是依据 ISO 9000 标准要求编写的操作性文件，用于具体指导会展的服务工作、现场管理或后勤服务等。常见的作业指导书包括会展服务人员的岗位职责、管理办法、服务行为规范制度、常用设备管理规定、限时服务制度等。

（4）质量记录。质量记录形成于会展质量管理体系运行过程中，其作用是证明会展服务符合规定的要求，并提供质量管理体系要素已得到实施的证据。对于不满意的结果，质量记录要说明针对不合格项所采取的措施。

3）内部质量审核

内部质量审核（简称为审）的作用是查明会展质量管理体系的实施是否符合 ISO 9000 标准要求，以便及时发现问题，采取纠正或改进措施，使质量管理体系得到有效实施和保持。内部审核的主要内容包括：会展企业的质量管理体系文件是否符合标准；质量管理体系的组织结构是否与所进行的质量活动相适应；有关质量管理的各项制度、办法、程序和作业规范是否确实得到执行；人员、设备和材料能否适应质量管理体系要求；质量文件、报告、记录是否全面、清晰和完整。对于内审所发现的不合格项，要能够及时采取纠正措施，并跟踪验证纠正措施的效果。

4）管理评审

会展企业的高级管理人员要按计划对质量管理体系进行评审，以确保其实施过程中的适宜性、充分性和有效性。管理评审的内容包括：组织结构（包括资源）的适宜性；与 ISO 9000 的符合程度及质量管理体系的有效实施情况；有关顾客反馈、内部反馈（如内部审核的结果）、服务效果及采取纠正措施和预防措施的情况；可能发生问题的趋势，经常发生问题的区域。

5）持续改进

质量改进是一种以追求更好的效果和更高的效率为目标的持续活动。实施会展质量管理体系的目标在于不断寻求改进的机会，而不是等待出现问题再去纠正。内部审核、顾客反馈、管理评审及改进结果评审都可以提供改进的机会。会展企业的高级管理者要创造良好的质量改进的环境，以便鼓励和带动各级工作人员改进自己的服务。

2. 会展质量管理体系认证的作用

会展质量管理体系认证是指由权威的、公正的、独立的第三方具有法人资格的认证机构，派出合格审核员组成的检查组，对会展场馆质量管理体系的质量保证能力，依据 ISO 9001、ISO 9002、ISO 9003 三种质量保证模式标准进行检查和评价，对符合标准要求者授予合格证书并予以注册的全部活动。

随着会展市场竞争的日益激烈，会展质量管理体系认证已成为衡量会展质量的重要标准。实施 ISO 9000 质量管理体系认证，可以为参展者和顾客作出质量的体系保证，从而增强会展场馆的竞争力。此外，ISO 9000 质量管理体系认证可以加强会展企业的质量管理，并提高其经济效益。对参展商而言，可以通过查阅获得 ISO 9000 质量管理体系评审合格证书的会展场馆名录，选择参加能连续提供保证质量的会展活动。这样可以有效避免参加质量不佳的会展活动造成的浪费。

虽然说 ISO 9000 质量管理体系在我国的会展业中还是一种新生事物，但越来越多的事实已经证明其在树立会展企业形象及提高企业知名度和美誉度上，有着重要的作用和影响。目前，我国也有一些会展中心在积极推行实施质量管理体系，并通过了 ISO 9000 质量管理体系的认证。例如，青岛国际会展中心和厦门国际会议展览中心就已经通过了 ISO 9001：2000 质量管理体系认证。

阅读材料 10-1

青岛国际会展中心通过 ISO 9001：2000 质量管理体系认证

2006 年，青岛国际会展中心喜报频传，在刚刚荣膺 2005 年度中国会展业展馆经营管理奖,并荣登中国会展业展馆财富推荐榜20强后,6月29—30日,会展中心又现场通过了上海质量体系审核中心的认证审核,该审核中心已于7月18日为会展中心颁发了质量管理体系认证证书。上海质量体系审核中心的专家对会展中心的各项工作予以高度肯定:会展中心的认证计划得到充分实施;中心管理目标基本实现;所建立的质量管理体系符合GB/T 19001—2000 idt ISO 9001:2000标准。

导入并通过ISO 9001质量管理体系标准是会展中心完善管理结构、实行科学化管理的又一重要举措,其目的是通过建立和强化质量管理的监督制约机制,完善和规范管理制度,提升管理水平和服务质量,从而更好地贯彻"以顾客满意为标准,强化服务意识,与时俱进,开拓创新,努力争创国际一流的国际会展中心"的质量方针。会展中心自2005年11月全面启动ISO 9001:2000认证工作以来,中心领导高度重视此项工作,在认证之初就成立了以中心领导为组长的"ISO 9001认证工作领导小组",全面领导贯标工作。在经过了系统策划(2005年9—11月)、科学调研(2005年11—12月)、建立和完善制度(2005年12月—2006年3月)、建立质量管理体系(2006年3—6月)几个阶段的认证准备工作后,会展中心分别于2006年5月30—31日、6月22—23日组织实施了两次内审和一次管理评审活动。聘请专家从专业的角度帮助各部门查找问题,改进不足。经过自上而下的一致努力,会展中心在6月29—30日的外审中,一次通过了上海质量体系审核中心的现场审核,获得认证中心的高度评价。

通过了ISO 9001:2000认证,对会展中心具有里程碑式的意义,标志着会展中心在实现管理与国际接轨、实施品牌战略方面迈出了新的步伐。会展中心将以认证为契机,内强素质,外塑形象,不断提升自身管理水平、追求精品服务质量、创建优质服务品牌,打造国际一流会展服务场馆。

10.2 会展的环境管理

10.2.1 会展活动对环境的影响

会展业素有"无烟产业"之称。但随着会展经济的不断发展,尤其是在眼前利益的驱使下,会展业无节制、无规划的发展,给环境造成了一系列不良影响。

1. 会展活动对植物的影响

会展活动对植物覆盖率、生长率及种群结构等均可能有不同程度的不利影响。例如,大量会展垃圾等固体废弃物堆积,不但导致了土壤营养状态的改变,还会阻碍空气的流通和阳光的照射,致使会展区域的各种植物受到破坏。此外,会展的基础设施如场馆等和相关的餐饮娱乐设施建设过程中所排放的污水、废气等也会影响一些植物的存活。

2. 会展活动对水体的污染

会展活动可能造成一些水体水质恶化。例如,在会展活动中,如果大量未经过适当处理或稍作处理的生活污水流入地下水道,进而进入河流、湖泊、海洋等水体,会造成水体质量的下降,给水体环境带来严重的污染和破坏。此外,展台搭建布置过程中使用的一些化合物，如含磷洗涤用品等，一旦排入水体并沉积在水底，会给人类和其他生物带来危害。

3. 会展活动对大气环境质量的影响

会展活动对大气环境质量的不利影响主要体现在会展期间客流量的剧增，致使汽车排放的尾气、废气和会展服务设施的排气剧增等方面。

（1）会展场馆设施废气排放造成的污染。任何会展活动都必需服务设施，其中供水、供热、供能系统的锅炉煤烟、空调的排气等含有大量的二氧化硫、二氧化碳、一氧化碳和烟尘，对该区域的大气质量影响较大。

（2）交通工具尾气造成的污染。会展期间汽车等交通工具的繁忙作业，使其排放出的氮氧化合物、碳氧化合物、碳氢化合物等剧增，对大气影响最为严重。

（3）有机气体造成的污染。会展垃圾等固体废弃物有机物含量高，如处理不当，会滋生细菌和病菌。特别是在夏季，堆放在底层的有机物，因严重缺氧，温度高，厌氧菌迅速繁殖，病原菌滋生，并产生恶臭。此外，会展场馆周围的公厕如管理不善也会产生恶臭，增加大气污染。

（4）封闭环境中的大气污染。当前，进行会展活动的展示厅、会议厅、交流厅、宾馆、餐厅、娱乐场所等多为封闭式结构，空气流动性差。室内充斥着参展办展人员呼吸释放的二氧化碳、携带病毒和病菌的水汽，吸烟增加的二氧化碳和烟雾，使用电子设备释放出的大量正离子，装修释放的有害物质、取暖散发出来的一氧化碳、二氧化硫、烟尘等。污浊的室内空气，容易使工作人员和观众头痛、气闷、精神不佳，甚至导致某些疾病的发生和传播。

4. 会展活动对会展区域社会环境的影响

在会展期间，外来人员的大量涌入，直接导致人流和道路的拥挤，使会展场馆区域附近居民的正常生活受到严重的影响。此外，外来参展人员的到来，可能带入某些疾病和病菌，特别是像艾滋病等不易觉察和检查的疾病。而参展者所遗弃的会展垃圾等也容易滋生某些疾病。另外，会展活动可能会造成某些视觉污染。例如，会展设施与所在区域自然、文化环境不协调；参展人员乱扔废弃物，乱涂乱画等。

5. 会展活动的噪声污染

噪声污染干扰睡眠，损伤听力，影响人体的生理和心理健康，干扰正常的语言交流，而噪声已经成为会展影响环境的重要因素。一般会展活动涉及的噪声污染主要是场馆建设的噪声、展台搭建和拆除过程中的噪声、会展交通工具的噪声、会展期间的活动噪声等。

阅读材料 10-2

联合国气候会议被指违背初衷　万人开会污染大气[1]

上万人聚集到一起开会，这是在解决气候变化的危机，还是"贡献"出更多的二氧化碳，在火上浇油？联合国气候变化大会3日刚刚正式拉开帷幕，就已遭到了一些环保

---

[1] 资料来源：新浪网，http://news.sina.com.cn，2007-12-04.

人士的质疑。当地人甚至为这次大会算了算碳排放，已经相当于一些小国一年的碳排放量。不过，记者抵达印度尼西亚巴厘岛后发现，除了旅游业受促进外，已经感知气候变化的当地人对如此的主题大会大多表示了欢迎。而大会主办方顶着"不环保"的压力，也鼓励不穿西装、拎环保袋，在一些小细节上表达对环保的重视。

尽管大会的目的是共同商讨气候变化这一环境问题的解决之道，但此次会议的形式本身却遭到了一些环保人士的质疑。此次大会共有来自186个国家和地区、130个非政府组织的约1万名代表及2 500名记者参加。为了保证会议的顺利进行，东道主印尼政府更是派出了7 000多名安保人员和5 000多名翻译、导游等服务人员。代表们飞机来回，再加上当地出行使用交通工具、会场内使用空调等设备，据印尼环境部预计，本次大会将排放出4.7万吨二氧化碳，这简直相当于一些小国一整年的碳排放量。

环保人士不禁指出，在视频会议如此发达的今天，为什么还要那么多人乘飞机聚集到巴厘岛呢？这简直和大会的目标自相矛盾。还有人甚至认为，此次会议无法就具体的减排目标达成一致，最乐观的估计也就是为今后的谈判设定"路线图"而已，如果乐观结果都未达到，造成的环境压力的确有些多余。

顶着召开如此大规模会议"不环保"的压力，主办方在一些细节方面显示出了对环保的重视。巴厘岛的气温达到26 ℃～30 ℃，湿度更是高达80%。为此，早在大会召开前几天，《联合国气候变化框架公约》秘书处就在其官方网站上的醒目位置贴出了着装提示，告诉与会者至少在开幕式结束以后至部长级会议召开以前这段时间内不用穿西装、打领带。着装提示中这样说道："秘书处希望与会者在更加舒适的环境下进行讨论，同时这也可以减少对空调的使用，进而减少温室气体排放。"

同时，在会场入口处发现了两个大帐篷，下面停满了色彩鲜艳的山地车。工作人员说，主办方在努萨杜瓦区6个主要地点设置了停车点，提供总共200辆自行车。与会者可以在任意一个停车点免费借车前往另一个停车点，这样就可以在一定程度上减少来回班车所造成的二氧化碳排放。此外，为了显示对开发利用清洁能源的重视，印尼政府还专门把一些使用天然气的小型公共汽车和出租车送到了巴厘岛。

在会场，不少代表手里提着棉质白底红色花纹的环保袋。来自肯尼亚的一位代表告诉记者，这是今天她抵达机场时主办方赠送的。"这个袋子用来放文件正好，所以我就把它带到会场上派用场了。"所有发放给媒体的纸质资料都采取了双面印刷，这样避免了对纸张的浪费，进而减少生产纸张所产生的污染。会场附近的垃圾桶也都是分类回收的，分成"纸张"、"塑料"和"其他"三类。此外，一些召开会议的大厅还被主办方以清洁能源来命名，如"潮汐"、"太阳能"、"生物燃料"等。一些环保组织也趁机进行环保宣传：一个蓝色的充气地球上插着一根温度计，随着刻度的上升，温度计的颜色从黄色渐变到红色。这个由国际环保组织绿色和平设置的宣传物上面还写着标语："不要'烹饪'地球。"

10.2.2 会展环境保护的措施

1. 会展场馆建设中的环保

从环保的角度出发，会展场馆建设应本着降低建筑环境负荷的原则，运用减轻环境负荷并节能新技术,力争创造健康舒适的室内环境,并实现会展场馆建筑与自然环境的共生。

1) 场馆建设中的自然环境保护

场馆建筑应保持与周边环境生态系统的平衡,所以建设过程中必须减少二氧化碳及其他大气污染物的排放,并对建筑废弃物进行无害化处理。此外,要结合气候条件,运用与风土特点相适应的环境技术,保全建筑周边昆虫、小动物的生长繁育环境。此外,会展场馆的建设要本着节约用地的原则,适度开发土地资源。而场馆的绿化布置应该与周边绿化体系形成系统化、网络化关系。

2) 建设中的材料选择

为了减少环境污染,会展场馆的建筑材料应该选择环境亲和材料,其中包括无环境污染材料、可循环利用材料、当地产材料、可再生材料。此外,所选用的材料应该在解体、再生时不产生氟化物、氮氧化物等环境污染源。而对自然材料的使用强度以不破坏其自然再生系统为前提。此外,在建筑材料的选择上还应该尽量使用易于分类回收再利用的材料,以及无害化加工处理的再生材料。为了减少运输过程中的环境污染,在场馆建设中应使用当地的自然建筑材料和产品。

3) 建设中的无污染化施工

无污染化施工是指在场馆的建设过程中,采用降低环境影响的施工方法,并且妥善处理建筑施工的副产品。无污染化施工包括:防止施工过程中氟化物、氮氧化物等的产生;提高材料使用与施工效率;减少甚至不使用木材作为建筑模板;保护施工现场既存树木;开挖的地下土方尽量回填;使用无害地基土壤改良剂;就地使用建设废弃物制成的建筑产品。

4) 建设中的噪声控制

对场馆建设施工过程中产生的噪声污染,建设施工的单位或个人应切实采取防治措施。除了紧急抢险、抢修外,任何单位或个人不应在夜间10时至次日早晨6时内从事打桩等有害居民健康的高噪声建设施工作业。如需要在这一时段施工,必须事先向作业活动所在地的区、县环境保护部门办理审批手续。

2. 会展场馆运营过程中的环保

1) 运营中的能耗降低

高效节约化的能源、资源的循环使用,是降低场馆运营过程中能耗的关键。此外,降低能耗的措施还包括:根据日照强度自动调节室内照明系统;限制使用空调和换气系统;对废弃资源进行回收利用;建立节水系统;调节适当的水压、水温;利用二次能源;建立蓄热系统。

2) 运营中的场馆使用

在会展活动进行过程中场馆的使用应该同时本着经济性和无公害性的原则。为了提高环保效果,所采取的措施包括:保持设备系统的经济运行状态;降低建筑管理、运营、保安、保洁等费用;适应信息化社会的发展,引入智能化的管理体系;建筑消耗品搬入、搬出简便化,减少搬运量;采用易再生及长寿命建筑消耗品;建筑废水、废气无害处理后方可排出;对垃圾进行分类,便于分别回收处理。

3）运营中的噪声控制

会展期间的活动噪声和施工建设中的边界噪声必须符合国家规定的环境噪声排放标准。场馆管理者必须采取有效措施，使其边界噪声不超过国家规定的环境噪声排放标准。此外，还要禁止在会展活动中使用高音广播喇叭或者采用其他发出高噪声的方法宣传会展。对于超标准排放环境噪声的场馆，政府或会展行业协会应当采取有效措施进行治理，并按照国家有关规定缴纳超标准排污费，而征收的标准排污费必须用于环境噪声污染防治。

3. 会展废弃物的回收与再利用

在会展活动中，会产生许多废弃物，如饮料瓶罐、包装袋、废纸、塑料、玻璃、织物、金属等。大部分废弃物资源可以回收、再利用。会展废弃物的回收与再利用可分为固体废弃物的综合利用和废旧物资的回收与再利用。固体废弃物的综合利用包括：用固体废弃物生产沼气；利用固体废弃物的焚烧技术可以发电；利用分解技术可以造燃油；利用堆肥技术可以生产有机肥等。而可以回收和再利用的废旧物资范围广泛，其中包括金属、玻璃、塑料、纸类、纤维类等。在回收、再利用时首先要利用分类收集（源地分类收集和集中式分类收集）和机械分选方法将物品分类，然后把固体废弃物中的废塑料、废纸、废玻璃、废金属、废橡胶等可以直接回收利用的成分提取出来，最后把经过适当加工处理的物品重新投入物质循环过程。

4. 会展活动的公共卫生

会展环境保护不但需要从具体的硬件设施着手，更要注意会展日常活动对环境造成的不利影响，从公共卫生方面加强环境保护。制定强制性法规政策是会展公共卫生管理的重要举措。地方管理部门应该推广垃圾处理制度，对违反规定，在会展场馆附近乱扔垃圾、破坏环境的个人、单位进行处罚。在公共卫生管理时一定要注意，有害的会展垃圾不可露天堆放，并且禁止使用简单处理设备直接进行处置，以避免对人体、环境造成损害。

此外，加强公共卫生教育，对参展人员进行技术引导，使人们自动自愿地维护公共卫生对提高会展的公共卫生管理至关重要。管理部门既可以在会展区域内设立进行环境意识教育的基础设施，如位于醒目地方的科学解说系统、提醒参展者注意环境卫生的指示牌；也可以利用多种载体，使参展者接受多渠道的环保意识教育，包括门票、方位图、导向手册上添加的环境保护知识和注意事项。在会展期间，则应该提倡使用环境保护产品和具有环境保护作用的交通工具。

10.2.3 可借鉴的国外会展环境保护案例

欧洲、北美地区的国家环境保护意识较强，在会展环境保护方面做得相对较好，其经验值得借鉴。

1. 英国的会展环境保护

英国的会展中心一般在场馆前留出一块空地，配以铺地、水面、雕塑和绿化，也有将建筑底层架空作为共享空间，这样可以使会展空间得以贯通而舒展。此外，英国还重视会展垃圾的收集和利用，通过在会展区域各处摆放不同颜色的垃圾容器，对垃圾进行分类收集,以便有效处理与利用。另外,为了保证会展场地清洁卫生,会展场馆的工作人员会经常以流水清洗路边尘土与垃圾。

2. 德国的会展环境保护

德国在总体规划会展场馆等建筑时,以建设生态建筑为目标,重视环境质量和绿色规划。在制定会展环境保护政策上,重视保护自然资源,减少建筑的能源消耗,在建设和运营中减少和控制污染。德国会展中心的布局、土地使用规划与交通规划紧密结合,从功能和形态布局上减少交通量,从道路交通的技术上做到会展期间交通的方便通畅。此外,政府及会展行业协会制定了有关会展的环境保护法规,其中包括具体的法律实施范围、责任、罚款等规定。例如,德国目前有关会展的法律包括环保法、垃圾法、污水征税法、建筑法等。其中,建筑法具体规定了会展区域的建筑密度、绿地面积、会展期间公共卫生垃圾处置等内容。

3. 法国的会展环境保护

法国在建设大型会展场馆时,注重引入农业景观,把农田作为绿地引入会展区域,用农田作为各个会展场馆自然的隔离带。这种做法强调会展回归自然的理念,使会展活动具有生态、休闲、教育等多种功能,有利于实现会展与环境保护的协调发展。此外,法国进行会展活动时,本着以人为本、增强可持续发展意识的原则,注意采取各种措施为参展人员创造一个良好的观展、会晤和交流环境。这样可以潜移默化地使人们在会展中认识到人与自然的关系,以及维持生态平衡的重要性。

4. 加拿大的会展环境保护

加拿大温哥华市政府强调办展应尽量符合 3R(Reduce、Reuse、Recycle,即减少、重复使用、废物利用)标准。在会展场馆设计时,强调从完整生态系统的角度,全面认识并综合考虑场馆对社会和环境的总体影响。因此,场馆的设计不但要与自然生态环境相协调、相适应,而且要把场馆、商业、酒店、娱乐和其他会展设施有效地结合起来。此外,场馆的建设要满足可持续性的要求,尽量减少资源消耗,有效利用各种资源,并更多地使用可再回收和再利用的资源。

10.2.4 绿色会展

1. 绿色会展的含义

所谓绿色会展,是指在进行会展活动时,遵循循环经济原则,采取保护环境与合理开发、利用各种会展资源相结合的方针,实现会展与环境的协调、持续发展。绿色会展的概念强调发展会展经济不应以对环境的破坏和资源的浪费为代价。

1)绿色会展的功能

(1)限制功能。限制功能是指在满足会展发展的前提下,绿色会展应该关注对环境的保护,尽量在会展活动过程中减轻对环境的影响。和传统会展相比,绿色会展不主张只一味满足会展经济的需求,而是对会展活动进行一定的限制,将其置于环境和社会可承载的范围内,避免会展活动导致的环境和社会负效应。

(2)保护功能。从绿色会展的内涵来看,保护环境一直是其核心所在。就某个特定区域而言,保护功能既体现在会展资源的开发过程中,也体现在会展资源的利用过程中。就绿色会展活动的举办者和参与者而言，保护既体现在其意识上，更体现在其行为上。正是绿色会展的保护功能使其成为会展可持续发展的最佳途径。

（3）环境教育功能。随着绿色会展的进一步开展，其环境教育功能内涵得以充实，具体表现在三个方面。首先，教育对象在不断扩大，绿色会展从仅对参展者有教育功能，发展到对所有会展受益者如开发者、决策者、管理者等均有教育功能。其次，教育手段有很大提高，从单纯地依靠办展、参展者自身用心去感受的教育方式，发展到充分利用现代科学、技术、艺术等知识展示环保，使人们能够更为直观形象地接受教育，从而使教育效果变得更好。此外，通过环保教育会展活动的受益者环保素养可以得到很大的提高。

2）绿色会展的原则

（1）减量原则。减量原则是指在会展活动中尽量减少原料和能源投入，并通过产品体积小型化、重量轻型化、包装简朴化等途径，做到既降低成本，又减少垃圾，从而实现既定的经济效益和环境效益目标。

（2）反复使用原则。会展活动要在确保设施与服务水平和不降低标准的前提下，尽可能地反复使用物资，把一次性使用变为多次反复使用或调剂使用。

（3）循环原则。在会展场馆及其附近区域要设立专门的回收容器，并将其放置在适当位置，还要在上面印制醒目标记，以便将垃圾分类回收、再利用。

（4）替代原则。会展活动要尽量使用无污染物品或可再生物品，作为某些物品的替代物。

2. 绿色会展的运作

从政府的角度而言，发展绿色会展，需要改变过去各个部门封闭地、分割地制定会展法规和政策的做法。提倡综合考虑社会、经济、环境等因素，在掌握全面信息的基础上，联合制定会展环境保护政策，并健全会展环保制度。此外，还要重视会展的发展规划，加强对参展者的环境教育与管理，并且促进绿色会展的科学研究。

从企业的角度而言，树立绿色企业文化是发展绿色会展的关键。绿色企业文化是会展企业价值观的一种体现，旨在保护资源、环境和人类健康，履行社会责任和义务，切实做到节约资源、保护自然环境及肩负社会责任。树立绿色企业文化的作用是把绿色会展的理念贯穿于会展企业的管理者和从业人员的思想和行动中。在实际工作中，会展的管理和从业人员应该本着可持续发展的原则，增强环境保护意识，自觉主动地保护环境，采用节约型和保护型管理模式，以便在会展活动中尽一切可能将对环境的不利影响降至最低。而绿色会展的开发决策者应该有一个长远发展的认识，不仅要重视当前的经济效益，更应把长远的可持续发展放在首位。此外，开发投资者要清楚地认识到，绿色会展的投资不仅仅是经济上的投资，还是一种文化投资、知识投资和资源投资。在场馆的开发和建设上，则要注意环境的保护，杜绝开发性破坏。

10.2.5 会展企业环境管理体系的实施及认证

1. 环境管理体系的含义

根据 ISO 14001 的定义，环境管理体系是一个组织内全面管理体系的组成部分，它包括为制定、实施、实现、评审和保持环境方针所需的组织机构、规划活动、机构职责、惯例、程序、过程和资源，还包括组织的环境方针、目标和指标等管理方面的内容。由此可见，环境管理体系是一项内部管理工具，旨在帮助组织实现自身设定的环境绩效水平，并不断地改进环境行为，以达到更新更佳的高度。

ISO 14000 标准的要求包括：建立文件化的环境管理体系；制定环境方针，作出环境保护的承诺；识别企业的环境因素，制定目标指标以改善环境状况；制定污染预防措施并持续改进；遵守法律法规；针对企业的重要环境岗位，建立作业程序加以控制；注意各方面的信息沟通；要求对紧急突发事件，建立应急和响应计划。

2. 环境管理体系的建立

会展企业的环境管理体系可以被视为一个组织框架，它需要不断监测和定期评审，以适应变化着的内外部因素，有效引导企业内部的环境活动。企业的每一个成员都应承担环境改进的职责。会展企业环境管理体系的建立包括 5 个步骤，即制定承诺和方针、规划、实施、测量和评价，以及评审和改进。首先，会展企业应该制定环境方针并确保环境保护的承诺。然后，为实现其环境方针进行规划。为了有效地实施规划，会展企业应提供为实现其环境方针、目标和指标所需的能力和保障机制，并且测量、监测和评价其环境绩效。此外，会展企业应以改进总体环境绩效为目标，评审并不断改进其环境管理体系。

3. 会展环境管理体系内审方法

会展环境管理体系的内审是指会展企业内部对环境管理体系的审核，是企业的自我检查与评判。内审的过程应有程序控制并定期开展。环境管理体系内审的对象是环境管理体系，一次完整的内审应全面完整地覆盖会展企业的所有现场及活动、ISO 14001 环境管理体系标准所有要素、会展企业重要的环境因素受控情况、目标指标的实现程度等内容。

会展环境管理体系的审核应符合客观性、系统性和文件化的要求，并严格按审核程序执行。内审程序应对审核的范围、审核的频次、审核的方法、审核组的要求和职责、审核报告及结果的要求和报送办法等做详细说明。审核的范围可包括审核的地理区域、部门或体系要素。审核的频次，应根据会展企业自身的管理状况和外部机构要求确定。审核的方法，一般可包括检查文件及记录、观察现场及操作、与相关人员面谈等。审核组的要求和职责包括审核组长及组员的能力与职责等。此外，在每次开展审核前应制订审核计划（方案），包括人员与时间的安排。审核的内容应立足于所涉及活动的环境重要性和以前审核的结果。

4. 会展企业实施 ISO 14001 认证的必要性

按照 ISO 14000 标准建立了环境管理体系并进行认证之后，会展企业可以通过管理活动、规范化文件和记录等措施，协调不同职能部门之间的关系，并增强企业员工环境管理意识，使其共同为实现污染预防的目标而努力。此外，建立一个良好的环境管理体系有利于找出并控制重大的环境因素和影响，并识别有关的环境法规要求与现行状况的差距，从而降低由于污染事故或违反法律法规所造成的环境风险和经济损失。还有，建立环境管理体系可以提高会展企业监测环境的能力和评价该体系的效率，并促进企业环保机制的改进和调整，使企业及时适应市场的变化并抓住由于改善环境而带来的重要的商机。

10.3 会展安全管理

10.3.1 会展安全管理的内涵

会展的安全有 4 层含义：一是会展活动参与者的生命、财产及企业财产的安全；二是参展商的商业秘密及隐私的安全；三是会展活动举办方内部的服务和经营活动秩序、公共场所秩序保持良好的安全状态；四是不存在对会展活动的参与者生命、财产及企业财产造成侵害的各种潜在因素。会展活动的参与者包括会展活动举办方和参展商的工作人员与观众。会展安全管理是指为保障会展活动参与者的生命、财产而进行的一系列计划、组织、指挥、协调、控制等管理活动。

会展场馆是公共场所，人流、物流密集，一旦发生安全事故会造成很严重的后果。而我国的会展业刚刚起步，市场化程度不高，机制不健全，国际竞争力低，经验缺乏，这种不成熟的发展状况决定了其在遇到特大安全事故时，应变和抵御能力不强。例如，2003"非典"事件的到来曾经给中国会展业留下了很大的阴影。但是，这次危及公众卫生安全危机也为国内会展业应对突发事件留下了宝贵的经验和教训，并在很大程度上提高了业界的风险意识，引起了大家对安全管理的重视。

10.3.2 会展安全管理的内容

会展安全保卫工作的内容一般包括治安秩序管理、消防安全管理及意外事故的查处等。为了加强安全管理，会展活动举办方应该专门设立安全保卫部门，负责会展场馆和重要活动安全保卫工作的组织领导。安全保卫部门的指责包括：制订各种安全保卫方案和措施，并协调各级公安部门行动，为会展活动创造安全良好的社会环境；指导各参展商做好自身的安全保卫工作；维护会展场馆的防火安全；维护场馆及其附近道路交通秩序，保障交通畅顺；负责发放内宾证件和车证等。

会展的安全管理一般要本着宾客至上、服务第一、预防为主、谁主管谁负责，群防群治和内松外紧的基本原则，着重抓好以下几个方面的工作。

1. 加强安全教育

加强教育、提高会展服务人员对安全保卫工作的认识是会展安全管理的关键。在进行安全教育时要摆正三方面的关系。首先，要摆正正常工作和安全工作的关系，切忌埋头日常工作而把安全工作置之不理。其次，要摆正经济效益与社会效益的关系，不能因为追求经济效益而忽视安全投入。再次，要摆正专职和兼职的关系，应遵循"事事有专人"及"专兼结合、群防群治"的原则，发动所有人员做好安全和消防工作。

2. 制订安全计划

会议场所和展览场馆安全计划的内容应该包括以下 4 个方面。

(1) 会展人员的安全计划。该计划主要包括人口控制、电梯控制、走道安全、客人失物处理、客人伤病处理、员工劳动保护措施、个人财产安全等内容。

（2）会展的消防计划。该计划主要包括消防安全告示、火灾报警、火灾后各部门应采取的行动、火灾疏散程序等内容。

（3）会展的施工安全计划。该计划主要包括用电安全计划、超高攀爬规定、施工现场戴安全帽等内容。

（4）会展紧急事故处理计划。该计划也称作应急预案，要围绕各种可能出现的问题提前制定出应急措施。常见的措施主要包括关于客人伤病、死亡、违法、报失，以及遇到自然灾害等情况的处理办法。

3. 紧抓关键环节

紧抓关键环节是安全管理的重点，可以有效消除会展的安全隐患。关键环节包括关键部位、关键时刻和关键对象等。关键部位是指容易发生安全问题的地点，如展馆中摄像头的"死角"；关键时刻是指容易发生安全问题的时间，如展览的开馆和闭馆时间；关键对象是指容易发生安全问题的人物，如一些有"前科"的人员。

10.3.3 OHSAS 18000 职业健康安全管理体系

1. 产生背景和发展趋势

职业健康安全管理体系是20世纪80年代后期在国际上兴起的现代安全生产管理模式。该体系与 ISO 9000 和 ISO 14000 等一样被称为后工业化时代的管理方法，其产生的一个主要原因是企业自身发展的要求。随着企业的发展壮大，企业必须采取更为现代化的管理模式，将包括质量管理、职业健康安全管理等管理在内的所有生产经营活动科学化、标准化和法律化。国际上一些著名的大企业在大力加强质量管理工作的同时，已经建立了自律性的和比较完善的职业健康安全管理体系，较好地提升了自身的社会形象，并有效地控制和减少了职业伤害给企业所带来的损失。

该体系产生的另一个重要原因是国际一体化进程的加速进行，因此与生产过程密切相关的职业健康安全问题日益受到国际社会的关注和重视，与此相关的立法更加严格，相关的经济政策和措施也不断出台和完善。在20世纪80年代，一些发达国家率先研究和实施职业健康安全管理体系活动。英国在1996年颁布了 BS 8800《职业安全卫生管理体系指南》，此后，美国、澳大利亚、日本、挪威的一些组织也制定了相关的指导性文件。1999年英国标准协会、挪威船级社等13个组织提出了职业健康安全评价系列（OHSAS）标准，即 OHSAS 18001《职业健康安全管理体系——规范》、OHSAS 18002《职业健康安全管理体系——OHSAS 18001 实施指南》，尽管国际标准组织（ISO）决定暂不颁布这类标准，但许多国家和国际组织继续进行相关的研究和实践，使之成为继 ISO 9000、ISO 14000 之后又一个被国际社会广为关注的标准。

2. 职业安全卫生管理体系的内涵

（1）职业安全卫生管理体系的定义。职业安全卫生管理体系（OHSMS 体系）是组织全部管理体系的一个组成部分，包括为制定、实施、实现、评审和保持职业安全卫生方针所需的组织机构、规划、活动、职责、制度、程序、过程和资源。由此定义可以看出，作为职业安全卫生管理体系，首先要以实施组织的职业安全卫生方针为目的，其次是要保证能够将这一方针得以有效实施。该体系不仅应与组织的全面管理职能实现有机结合，而且也是一个动态的、自我调整和完善的管理系统，涉及组织职业安全卫生的一切活动。实施职业安全卫生管理体系，要求把组织职业安全卫生管理中的计划、组织、实施和检查、监控等活动，集中、归纳、分解和转化为相应的文件化的目标、程序和作业文件。

(2) OHSMS 的基本思想。OHSMS 的基本思想是实现体系持续改进，通过周而复始地进行"计划、实施、监测、评审"活动，使体系功能不断加强。这就要求组织在实施职业安全卫生管理体系时，始终保持持续改进意识，对体系进行不断修正和完善，最终实现预防和控制工伤事故、职业病及其他损失的目标。

(3) OHSMS 的主要部分。OHSMS 一般包括 7 个主要部分，即初始状态评审、安全卫生方针、规划、实施与运行、检查与改进措施、审核和定期评审总结。其中，方针、计划、实施、改进、审核这 5 个要素和持续改进的循环是整个体系的核心内容。一般状态下，OHSMS 的运行从初始状态评审开始，依次进行到评审总结，就完成了一次循环。第二次循环的初始状态评审确定一个新的高于第一次循环的起点。而第三次循环的起点线又高于第二次，逐次提高，持续改进。OHSMS 是企业总的管理体系中的一个子系统，其循环也是企业整个管理体系循环的一个子循环。企业通过 OHSMS 不断循环运行和改善。

3. 会展企业实施职业健康安全管理体系及认证的作用

(1) 职业健康安全管理体系用科学化、系统化的方式方法，全面规范和改进会展企业职业安全卫生管理现状，以切实保障员工职业安全卫生权利的有效实现，减少会展企业领导人、决策层的困惑和压力，从而进一步保障员工的生命、财产安全，保证企业综合经济效益的实现。OHSAS 体系运作的目的和着眼点，是会展员工的健康和安全，以及会展企业财产的安全。

(2) OHSAS 18001 体系标准内容充实，可操作性强，对会展企业职业安全卫生管理有较强的推动和促进作用。通过实施该体系，可以改善员工的工作环境，提高其身心健康和安全卫生技能，从而提高工作效率，并产生直接和间接的经济效益。

(3) 可以全面有效推动会展企业 OHSAS 管理工作向科学化、系统化发展。通过对会展企业经营过程中危害因素的解释、对企业面临的职业安全卫生风险的评价，以及风险控制措施制定及实施，按照 PDCA 的循环运作，逐渐消除或降低会展企业服务过程的风险，使员工的健康、安全和企业财产的安全有了体系上的保障。此外，职业健康安全管理体系的建立和实施有助于使国内的会展企业进一步与国际标准接轨，并消除加入 WTO 后由职业健康安全问题导致的非贸易壁垒。

(4) 体系的运作，推动了职业健康安全法规和制度的贯彻执行，是会展企业遵纪守法的保障。换言之，通过建立实施 OHSAS 18001 体系，会展企业可以全面掌握并遵守国际条约和国内职业安全卫生法律法规。这样会从根本上改善会展企业同员工、参展商、观众、社区及政府的关系，对提高会展企业的声誉、社会影响有很大帮助。

(5) 职业安全卫生管理体系具有系统化、程序化和文件化的特点。该体系不但为企业提供科学有效的职业健康安全管理体系规范和指南，而且对会展企业经营的全过程进行了全员、全方位的安全管理，充分体现了会展企业决策层及最高管理者的重视，以及全体人员的共同参与。而在全体人员的共同参与下，职业健康安全管理将转变为主动自愿性行为，形成自我监督、自我发现和自我完善的机制，从而进一步提高职业健康安全管理水平。

4. 会展企业建立职业健康安全管理体系的步骤

（1）明确基本要求。所谓基本要求，就是建立该体系的会展企业要有合法的法律地位，并且遵守国家有关的法律法规。

（2）进行人员技术培训。在对有关人员进行技术培训时，要有针对性。对管理层的培训着重是职业健康安全管理方针、高层意识；而对员工层培训的要求是具有一定基础职业健康安全意识。

（3）进行初始评审。初始评审是对会展企业现有管理制度、各种职业健康安全影响、遵守有关法律法规的情况等进行评审。

（4）制定方针。制定会展职业健康安全管理体系方针，并指出职业健康安全管理体系的建立和保持总的目标和承诺。

（5）策划。策划主要包括危险源识别、风险评估和风险控制策划，法律法规和其他要求，以及目标、管理方案等。在进行策划时，要以会展企业的管理特色和企业文化为基础。

（6）实施和运行。根据策划结果进行风险控制，实施职业健康安全管理方案并保留各种运行证据和文件。

（7）检查和纠正措施。检查日常运行情况、实施内审、管理评审和纠正预防不合格行为。

5. 职业健康安全管理（OHS）体系认证的审核

OSHMS标准对审核的定义为：判定活动和有关结果是否符合计划的安排，以及这些安排是否得到有效实施并适用于实现组织的方针、目标的一个系统化的、独立的验证过程。职业安全健康管理体系的审核分内部审核和外部审核，体系审核主要是指外部审核。外部审核既包括对职业安全健康管理体系文件的审查，也包括对安全健康管理体系活动和相关结果的审查与评价。因此，审核的对象是职业安全健康管理体系文件、职业安全健康管理体系活动及其有效性。

职业安全健康管理体系审核的前提条件是被审核方已建立和实施职业安全健康管理体系，因而它明显区别于对传统的安全管理活动的检查，也区别于对传统的安全制度、方法和状况的审查或检查。审核的实质是对组织职业安全管理体系文件及其活动的符合性的审查判断和对其有效性的评价。符合性审查是检查文件化的职业安全健康管理体系是否符合法律、法规、公约、规则、指南和标准。有效性评价是在现场审核的基础上，对实际的职业安全健康管理体系运行绩效给予判断。因此，进行OSHMS审核的基本任务是判断受审核方的OSHMS是否符合OSHMS标准的要求，以及评价其实施OSHMS的有效性。

在进行职业健康安全管理体系认证时，为了保证审核质量，使其有效、准确、公正，要求审核员有一定的工作方法，而工作方法又离不开对OHS管理体系审核的基本要求。

（1）OHS管理体系审核基本要求。按审核程序要求进行审核，这是OHS管理体系审核最基本的要求。OHS管理体系首先要审核OHS管理体系各要素的完整性和有效性，即审核OHS管理体系17个要素是否齐全、完整；审查管理体系是否有效，从而确保危险因素的识别、重大危险因素评价、目标、指标、管理方案与运行控制的一致性；确保以法律、法规、方针为参照，识别出是否有重大危险因素的遗漏；识别出现场运行与法律、法规及其他要求不符合之处。

（2）审核OHS管理体系的符合性。将现场审核发现的问题与OHSMS试行标准对应，确认"不符合发现"。OHS管理体系审核最终报告将以此为基础，对OHS管理体系的符合性做出结论和判断。

（3）审核工作的方法。职业健康安全管理体系审核方法主要包括三点，即做好记录、提高面谈的技巧及注意安全。做好记录要求体系审核员应确保审核证据的可追溯性，为此必须详细地记录，如笔录、录音、照相等方式。提高面谈的技巧是指对不同层次和岗位的被审核者提不同的问题，如与管理者交谈应与组织的方针、承诺及责任相关，而对一般操作者则谈工艺、操作等问题。在面谈时应注意交谈方式，尽可能避免与被访者争论，仔细倾听并记录要点。而注意安全是强调体系审核可能涉及审核员人身安全，应高度重视。

为了提高效果，审核人员在面谈时应尽量提开放式的问题，而避免提对方能用"是"、"不是"回答的封闭性问题。此外，提问可以用（5W+1H）做疑问词，即什么（What），哪一个（Which），何时（When），哪里（Where），谁（Who）和如何（How）。其他面谈时使用的关键词包括出示、解释、记录、多少、程度、达标率、情况等。此外，面谈时应采用易被理解的语言；使用事先准备好的检查表；并采取公开讨论的方式，激发对方的思考和兴趣。在自身安全方面，审核员首先要了解现场的安全程序并遵照执行。此外，现场审核应有熟悉现场和专门人员陪同，不要独自行动，在未弄清安全通道前不要进入受控区域，不要用碰、闻、尝的方式检查未知物料，在许可下才可以操作安全设备，如遇事故应马上报告。

10.4 会展企业的整合型体系

10.4.1 会展企业的整合型体系概述

1. 会展企业整合型体系的概念

ISO 9000：2000标准将管理体系定义为：建立方针和目标并实现这些目标的体系。质量管理体系、环境管理体系和职业安全健康管理体系都是管理体系的组成部分，故整合型体系可以理解为：会展企业按质量管理体系、环境管理体系和职业安全健康管理体系等标准要求建立方针、目标，并实现这些目标的一体化综合性管理体系。

2. 质量、环境和安全三种管理体系的共性

质量、环境和安全三种管理体系标准的产生，是为了适应世界经济和市场一体化的格局，强调了企业的社会责任。质量管理体系（QMS）保证会展企业能够提供合格的服务和会展产品，使顾客满意；环境管理体系（EMS）保证在会展企业经营过程中节约资源，保护环境，使社会满意；而职业安全和卫生管理体系（OHSMS）为会展企业的员工提供安全和健康保障，使员工满意。三种管理体系的对象不同，但目标一致。三种体系遵循相同的管理思想，而且都作用于会展企业的经营管理过程，因此存在着密不

可分的内在联系。

尽管 ISO 9001、ISO 14001 和 OSHMS 18000 的目标不尽相同，但是这三个管理体系又有许多要求是相似或相容的，其中包括：①都遵循自愿采用的原则，不是强制性标准；②都是采用过程方法建立体系，标准的结构相似；③组织所确定的质量方针、环境方针、职业安全健康方针均与组织的经营宗旨相适应，都应体现遵守法律、法规的承诺；④都是按照 PDCA 循环的过程，达到使体系不断改进和完善的目的；⑤都要求建立文件化管理体系；⑥都要求明确职责分工、形成文件，并在组织内沟通、传达；⑦都提出遵守法律、法规的要求；⑧都要求任命管理者代表，由其负责体系的建立、实施和保持；⑨都要求制定目标，并且其实现情况可测量；⑩都要求为体系的运行配置充分的资源。此外，这三种管理体系都有以下几种要求：能力、意识、培训的要求；文件和记录控制的要求；以及三级监控机制的要求。此外，这三种体系均强调信息的沟通和交流，并体现预防为主的思想。

3. 会展企业建立整合型管理体系的必要性

1) 避免工作重复和效率低下

按三套标准建立三套管理体系，意味着企业要设置三套组织机构，编制三套体系文件，势必造成职责和权限的交叉和混淆，使得工作重复，资源浪费，也不利于文件的控制。而整合型管理体系的建立，可以有效避免由于管理体系过多而造成的会展企业管理系统的复杂性和无序性，并且大幅度提高系统功能和管理效率。

2) 遵循管理的系统原理

会展企业存在三个平行的相互独立的管理体系，违背了管理的系统原理。根据系统的原理，为达到会展企业的最佳管理效果，所有管理活动必须纳入一个整体考虑。这就意味着任何管理子系统都应该成为会展企业的一部分，从而达到节约管理资源、提高整体效益的目的。建立整合型管理体系符合管理的系统原理的要求，应该加以推广。

3) 反映了三种管理体系的内在联系

质量、环境、安全三种管理体系具有相同的指导思想，在体系运行方式上也体现了相同的管理学原理。三套管理体系同时产生作用，并且相辅相成，相互促进，密不可分。如影响质量的因素中就有人员和环境的因素。例如，在展览场馆的现场管理中，管理者很难把质量、文明施工和安全生产割裂开来。因此，建立一体化综合管理体系，正体现了三者的内在联系。

4) 体现管理体系标准的发展趋势

ISO 已认识到建立多套管理体系和实行多重认证会给企业带来沉重负担和管理上的不便。如果不是单纯为了认证，完全可以把 ISO 9000 和 ISO 14000 标准结合起来实施，这样既可以减轻企业负担，又可以统一考虑企业质量和环境管理体系的一致性和完整性。在今后颁布其他管理体系标准时，ISO 也将使其在结构、术语、技术和运作方式上都尽可能接近，从而为会展企业最终实现管理体系的一体化创造条件。此外，ISO 19001：2002 标准也为整合审核提供了指南。

目前，也有国内学者提出制定集质量管理体系、环境管理体系及职业健康和安全管理体系的功能为一体的综合管理标准体系（GMS）。对这样的综合管理体系，只需由综合管理体系认证机构进行一次审核认证。由此可见，整合型一体化管理标准体系是管理体系的发展趋势。建立整合型体系，不但可以充分满足会展企业员工、参展商、观众等各相关方的需要和要求，也可以加速会展企业与国际接轨，从而提高其综合竞争能力。

10.4.2 一体化整合型管理体系的建立

1. 建立一体化整合型管理体系的方式

会展企业可以根据其自身的情况，选择不同方式建立质量、环境、安全一体化的综合管理体系。常见的方式包括以下三个方面。

（1）从头开始，建立新一体化管理体系。如果原来的管理体系很不完善，或根本没有，会展企业可参照成功的质量管理体系模式，结合环境管理体系的标准和安全管理的要求，逐步建立适用的本企业的一体化管理体系。这种做法的优势是一次到位，为企业长远发展打下良好的基础；但缺点是过程复杂，难度很大，前期效果不明显。

（2）先分别建立单独的管理体系，然后再一体化。例如，可以先建立质量管理体系并获取 ISO 9000 认证，运行一段时间后，再借鉴 ISO 9000 贯标的成功经验建立 ISO 14000 环境管理体系，获取 ISO 14000 认证，然后再把两个体系逐渐整合。这种做法的特点是先简后繁，简单易行，前期效应大，但缺点是费时较长，成本较大。

（3）在现有的管理体系中加入其他管理要素，并逐步发展成为一体化的综合管理体系。例如，会展企业已成功建立并运行了 ISO 9000 质量管理体系，可以在此基础上纳入环境和安全管理的要素，这样可把质量体系的成功经验运用于各种管理要素的运作之中，做到平稳过渡。这种做法切实可行，但要避免一体化深度不够或出现主次体系。

无论采取何种一体化途径进行三种管理体系的整合，会展企业都需要先通过体系文件的通用化和共享，来逐步达到一体化文件的形成。因为这三种管理体系都要通过程序文件进行运作，所以管理体系一体化的标志就是各层次体系文件的有机结合，做到体系手册、程序文件和作业文件的一体化。然而，文件一体化并非指一定要构成单一的一套金字塔文件结构。由于各体系的目标不同，也考虑到当前体系认证的现实，各体系手册可以形式上分开，但要保证在结构形式、组织目标和运行模式上的一致。对于程序文件的一体化，可以通过用参考表格形式来说明程序文件与每个部门及要素之间的关系，并处理好接口的协调和优化。对于作业文件，则必须做到完全一体化，不但要做到文件内容、格式和编号的一致，而且要实现作业和执行过程的一体化。

2. 影响会展企业管理一体化体系整合的因素

尽管各管理体系目标存在相互促进的一面，整合不同因素在管理逻辑上是可行的，但在实际工作中，会有一些因素在特定条件下影响一体化的进行。首先，不同管理体系的目标客观上存在冲突的可能。例如，提高某项质量上的要求，则可能增加对公众的环境影响，这是整合过程中面临的基本问题。其次，不同体系要素实现各自目标的具体措施和技术手段存在各自的特点和差异。此外，各体系受不同的外界影响。如果相关方的团体或上级机关强加于某一体系的重要性，远远大于另一体系，会展企业受这种外来的压力，甚至外部资源的影响，则可能会妨碍一体化的进行。另外，一体化管理体系形成过程中存在内部主观上的影响。如果管理层主观上对不同体系的优先性有要求，在不同阶段有不同程度的考虑，那么，对体系的整合就存在一种人为影响的趋势。

这些矛盾性因素的存在，表明一体化过程并非一蹴而就。会展企业应把要素整合和管理体系一体化当作一个长期的目标。在具体工作中，应注意发挥促进整合的有利因素，想法避开或协调妨碍整合的不利因素，要注重实效，按计划逐步推进，并树立良好的企业文化，为建设三套体系整合奠定基础。

本章小结

质量是企业的生命，因此会展企业要推行质量管理。会展的质量管理有赖于企业全体员工和各个部门同心协力，综合应用现代管理手段和方法，建立完整的质量体系，通过全过程的优质服务，全面地满足客户要求。加强会展服务质量管理机制的关键在于改进服务方式和完善服务流程，以及建立服务型企业文化并提高人力资源的管理水平。而通过 ISO 9000 质量管理体系认证，可以为参展者和顾客作出质量的体系保证，并增强会展企业的竞争力。

随着人们的环境保护意识不断提高，会展的环境管理受到广泛关注。除了加强会展场馆兴建和运营过程中的环境保护，重视会展废弃物的回收与再利用，以及会展公共卫生的管理也是会展环境保护的重要环保措施。为了解决传统会展的环境问题，绿色会展应运而生，并作为一种新的会展趋势已正在许多国家悄然兴起。此外，建立 ISO 14000 环境管理体系认证对提高会展企业的环境管理水平起到很大作用。

职业健康与安全管理标准为会展企业 OHSMS 管理的规范化、标准化和一体化提供指导。通过 OHSAS 18000 职业健康安全管理体系认证不但可以减少会展企业员工和其他人员的风险；而且可以改善企业行为，帮助企业在市场中树立良好的形象，从而提高企业效益。为了避免工作重复、节约管理资源、提高管理效率、顺应管理体系标准的发展趋势，会展企业可以建立集质量管理体系、环境管理体系、职业健康安全管理体系于一体的整合型管理体系。

练习题

1. 名词解释

ISO 9000 质量管理体系　绿色会展　ISO 14000 环境管理体系　OHSAS 18000 职业健康安全管理体系　整合型体系

2. 思考题

(1) 简述会展服务的特性。

(2) 简述建立会展质量管理体系的步骤。
(3) 简述会展活动对环境的影响。
(4) 简述 ISO 14000 标准的基本要求。
(5) 简述会展环境保护的主要措施。
(6) 简述会展企业实施 ISO 14000 环境管理体系认证的必要性。
(7) 简述建立职业安全卫生管理体系对会展企业的作用。
(8) 简述会展企业建立一体化整合型管理体系的必要性。
(9) 论述会展企业如何建立质量、环境、安全一体化的综合管理体系。

参考文献

[1] 周彬. 会展旅游管理. 上海：华东理工大学出版社，2003.
[2] 会展项目管理中的质量管理. http://www.leadge.com，2007-08-21.
[3] 应丽君. 会展活动服务质量控制性解决方案. 进出口经理人，2006-08-03.
[4] 青岛市外经贸局. 青岛国际会展中心通过 ISO 9001：2000 质量管理体系认证. http://Shandong.Mofcom.gov.cn，2006-08-03.
[5] 孙明贵. 会展经济学. 北京：机械工业出版社，2006.
[6] 胡平. 会展管理概论. 上海：华东师范大学出版社，2006.
[7] OSHMS 职业安全健康管理体系. 中国安全网，http://www.safety.com.cn，2006-08-03.
[8] 中国出口商品交易会安全保卫规定. 新华网，http://news.xinhuanet.com，2006-08-03.
[9] 尹清辽. 建立质量、环境、安全一体化的综合管理体系. http://www.powe-rsafety-com.cn，2007-06-10.

第 11 章 展会评估

本章导读

随着会展业的发展,展会的评估日益受到各方面的广泛关注。客观公正的展会评估,不但有利于树立展会的品牌形象,而且可以发现展会的组织、管理、服务等环节中的不足之处,从而综合提高展会的整体水平。此外,展会评估的结论对于帮助参展商掌握展会的真实情况,并对今后的参展决策进行客观理性的判断至关重要。而展会的行业主管部门也可以根据相关展会评估的标准和结论来制定促进会展行业发展的行业规章和制度。通过本章的学习,不仅可以掌握展会评估的概念、原则和程序,还可以分别了解展会主办方、参展商和会展主管机构等不同主体的展会评估内容、标准和方法。此外,本章还讲述国际展会评估及认证机构,并且简单介绍了国内的展会评估发展。

11.1 展会评估概述

11.1.1 展会评估的含义

1. 展会评估的概念

作为会展管理的一个重要环节,展会评估是指对会展活动的展览环境、工作效果等方面进行系统、客观、真实、深入地考核,作出公正的和权威的评价反馈,以便吸取经验教训,并进一步提高会展业的发展水平。展后评估包括定量和定性两部分,是主办单位、参展商和会展主管部门等三方对其所举办、参与及管理的展会活动所进行的综合性评价。

评估的定量部分主要对可以计量的展会因素进行统计分析,并得出结论。其中,可以计量的因素包括展览会的展位面积、专业观众的数量、参展商的数量等。在进行定量分析时需要注意两点。首先,可计量因素往往会受到许多非计量因素的影响,因此不一定能反映真实情况。例如,当两个展览会专业观众的人数相等时,如果不考虑专业观众的结构、所代表的购买团体及所在团体中的地位,仅凭单纯的数量比较,很难准确判断专业观众的相对价值。其次,即使有不少因素可以计算数量,但由于种类不同,所用的衡量单位也不同,因而缺乏可比性。例如,仅凭展览面积,并不能表示两个展览会的相对实力。由此可见，仅靠定量的方法不能判断展会的价值。

而定性的评估需要在客观事实的基础上，依据某种指标体系和评估者的学识、经验对展会加以评估。由于受到评估者的认知能力和个人感情等因素的限制，定性评估可能出现偏差。为了提高准确性可以求助于具有丰富经验和高水平且可以保持客观中立的"第三方"专业评估机构。总之，只有将定量和定性的方法相结合，并且建立起完备的评估机制，才能系统地对会展活动对进行有价值的评估。

2. 展会评估的原则

（1）系统性原则。展会评估必须要有系统性，并且将每一次展览工作作为一个整体评估。如果将展会活动的各要素分割开进行评估，或只评估其中一个或几个因素，所得到的结论将没有参考价值。

（2）连续性原则。展会评估要有连续性，即连续跟踪评估某个展会的每一次活动，而不要偶然地或随机地评估某一次展览工作，以便对该展会的可持续性，以及行业发展趋势进行考量。

（3）一致性原则。展会评估的一致性原则强调对某个展会的评估要有一致性，即坚持使用一种评估方式和标准，而不要经常变换方式和标准，以免降低评估结果的可比性和可靠性。

此外，在进行展会评估时，必须指定经验和知识丰富的内部人员或委托外部专业人员实行专人负责评估总结工作，以便提高评估总结工作的准确度和参考性。而做好评估工作的前提是管理层的重视，以及包括人力、财力和物力的投入。

11.1.2 展会评估的程序

展会评估是一个有计划、有步骤的动态过程。在进行展会评估时，首先需要确定评估的方法和步骤，然后再设计合理的调查问卷并搜集有关信息，最后通过对相关数据和其他信息的分析得出展会效果评价，并对下届展会的举办提出一些好的建议。通常一项展会评估具体包含以下程序。

1. 确立展会评估目标

展会评估的主要目标是了解展出的效率和效益。由于会展效果的评估涉及展会工作项目与工作成果之间复杂的关系，导致了展会评估目标的复杂化。所以在进行展会评估时应该根据展出目标确立评估的具体目标和主要内容，并依据评估目标的主次，排列优先评估或重点评估的次序。

2. 选择规范的评估标准

会展效果的评估标准包括整体成效、宣传效果、接待成果等。评估时应该根据不同的评估对象，即参展商、会展行业主管机构及会展主办方，客观地制定切合实际的评估标准，并且应该尽可能使评估标准规范化。评估标准的规范化是指评估标准必须明确、客观、具体、协调和统一。换言之，就是应该明确评估标准的主次和重心，并且需要量化评估标准，使之具体化，可操作性强。此外，各评估标准之间必须协调并能长期统一。

3. 制订评估方案

负责评估的部门需要根据会展效果的评估目标及标准，确定各阶段具体的评估内容和评估方案，其中包括各段时间安排与抽样分布、评估的对象和方法、人员安排和培训及经费预算等。

4. 实施评估方案

在实施评估方案时可以通过收集现成资料、安排记录、召集会议、组织座谈、利用调查问卷向参观者收集情况等方式收集各种信息。然后整理收集的信息，处理分析数据，以便对整个展览活动过程的效果进行总体评价。

5. 撰写评估报告

在完成综合性的评估过程以后，负责评估的部门需要撰写评估报告。报告内容一般包括评估项目、评估目的、评估过程与方法、评估结果统计分析、评估结论与可行性建议及附录等。

11.1.3 展会评估报告

展会评估报告是展会评估活动过程的直接结果，其中主要包括评估的目的、方法、某些调研结论和建议。通常，对展会评估报告有4点要求。首先，报告必须语言简洁，结构严谨，并且有说服力。其次，报告必须以简洁的体裁展示调研过程中各阶段收集的全部资料，既不能遗漏重要的资料，也不能将一些无关资料写进去。再次，报告中的资料和数据必须经过仔细核对，达到准确无误。最后，报告应该对展会评估中所发现和要解决的问题提出明确的结论或建议。

展会评估报告可能因评估的具体内容而有所分别，但通常都应该包含以下几个部分。

1. 评估的背景和目的

在陈述评估背景和目的时，报告需要对评估的由来或受委托进行该项评估的具体原因加以说明。说明时，最好依据相关的背景资料，适当指出展览活动以前存在的问题，并简要分析造成这些问题的原因。

2. 评估方法

报告中必须详细阐明评估方法，其中包括评估对象、样本容量、样本的结构、资料采集方法、实施过程及问题处理、资料处理方法及工具、访问完成情况、评估的指标体系等。其中，评估对象主要说明从什么样的对象中抽取样本进行评估。样本结构需要说明根据什么样的抽样方法抽取样本，抽取样本后的结构如何，是否具有代表性。资料处理方法及工具部门应该说明用什么工具、什么方法对资料进行简化和统计处理。而访问完成情况部门需要说明访问完成率及部分未完成或访问无效的原因。

3. 评估结果

评估结果是将评估所得资料整理出来。除了用若干统计表和统计图来呈现以外，报告中还必须对图表中的数据资料隐含的趋势、关系和规律加以客观描述，也就是说，要对评估结果加以说明、讨论和推论。评估结果所包含的内容应该反映出评估目的。并根据评估标准的主次来突出所要反映的重点内容。

4. 结论和建议

要用简洁明晰的语言作出结论。如阐述评估结果说明了什么问题，有什么实际意义。必要时可引用相关背景资料加以解释、论证。建议是针对评估结论提出可以采取哪些措施以获得更好的效果，或者是如何处理已存在的问题，最好能提供有针对性的行动方案。

11.2 不同主体的展会评估

展会评估的主体可以是展会组织者（主办方）、参展商和会展主管机构。而同一个展会对这三者有着不同的意义和功能。对于主办方而言，展会是"产品"；对于参展商而言，展会是销售市场；而对于会展主管机构而言，规范和加强对会展市场的管理是其重要职能。

在这三方中，主办方对展会投入最大，展会对展览会主办方也最为重要。因此，展会主办方做展会评估工作最为普遍，评估工作也应做得最好。在一些经济发达国家，如德国、法国，展会主办方的评估工作已规范化，有很高的水准。同样，参展商对展出有比较多的投入，整个参展工作也是企业的一个经营管理过程。因此，越来越多的参展商开始重视对展会进行评估。然而，目前还没有规范化的参展商评估内容标准。相比之下，会展主管机构因投入最少，而很少做正规的评估工作。下面根据不同的展会评估对象，分别讲述展会的评估内容和程序。

展会评估既可以由会展主办方、参展商和会展行业主管机构自行进行，也可以委托专业会展咨询企业或行业协会进行专业评估。专业评估的内容可以由委托人指定。专业评估的优势是无成见或偏见，专业化程度高，评估结果准确度高，并且根据评估所提出的展会未来发展对策大多能对主办单位起到借鉴作用。然而专业评估在保证真实性、公正性的基础上，也收取比较高的费用。

11.2.1 会展主办方的展会评估

1. 意义与目的

对于会展活动的组织者而言，展会的评估可以通过对展会参展面积、参展商数量、观众人数等指标的考核，确定展会的规模，规范行业竞争，并促进展会的品牌化发展。这是因为展会的评估结果不但可以为会展主办单位机构进行会展项目的可行性分析提供数据依据，而且能够为展示会展项目的优势，从而吸引参展商提供基础数据的支撑。此外，对历年的相关会展数据进行纵向比较，分析其存在的问题、市场发展趋势及其未来的发展对策，并且与国内大型类似的相关会展活动进行横向对比，分析并借鉴其优势项目，可以为将来会展项目的品牌建设和行业发展提供支持。

2. 评估的内容

评估的主要内容包括宣传、设计、展品、行政、管理、工作态度、工作效率、工作效果、集体精神、服务意识等因素的优点、弱点和需要改进的方面。为了使评估内容更加全面，通常在评估时需要综合考虑各方面的评价，其中包括主办方自己的评价、参展者的评价、观众的评价、专家的评价及政府部门和新闻媒体的评价。通常，参展者对主办方一般都给予较好的评价，因此如果出现负面的评价一定要认真了解原因。而观众特别是专业观众，很可能是客户或潜在客户，其意见和建议应予以足够的重视。

生命周期的判断是会展主办方进行展会评估的一项重要内容。展会的生命周期就是指某一展会项目，从选题构思立项招展到被淘汰退出市场为止的全部过程所经历的时间。这一般可分为4个阶段，即投入期、成长期、成熟期和衰退期。通常，判断展会处于生命周期的哪个阶段是比较困难的。因为展览销售量的变化，除了遵循展览长期变动趋势外，还要受各种随机变动因素的影响。但是，尽可能准确地判断展会所处的生命周期阶段可以为展会主办方的决策提供重要依据，从而增加展会项目的科学性和可行性。

3. 评估工作的顺序

会展主办方的展会评估通常按照展前评估、展会期间及近期评估和展后中期评估的顺序进行。其中，展前评估包括制定展出目标，并向参展商提出要求。展会期间及近期评估主要通过一系列调研活动进行，其中包括：召开碰头会；与政府部门、商会、协会、展览会等方面的专业人员交谈；对观众和展商进行调研；收集新闻及内部刊物的评价。而收集到的情况主要用于分析、比较、做出展览工作和效果的近期评估。近期评估只能反映展出工作的一部分价值，只有再进行中长期评估才能全面反映展出工作的全部价值。通常，中期评估需要在展览闭幕6~9个月做。中期评估主要由专业性的信息人员和顾问人员承担，其中一项主要作用是对展会期间结识的客户进行管理，以便提高展会的核心竞争力。

4. 评估报告

在准备评估报告时，专业性机构或其他负责评估的部门需要从会展机构的角度出发，结合其管理和服务经验，对展览会收集到的信息进行价值评估，并做出合理的建议和咨询。所出具的报告可以是曲线类分析报告、比例类分析报告或调查类报告。其中，曲线类分析报告提供展览会各会场和研讨会的各种数据的曲线等，这些曲线可以帮助主办者分析展会效果，并对未来展会策略有所帮助。比例类分析报告是根据规范化的数据，以饼图或柱图的形式提供分析报告。而调查类报告是通过对被调查者填写的调查表进行统计和分析，对组委会关心的每个调查问题提供备选答案的饼图、柱图或图表报告，并对每个调查问题的相关性分析。

评估报告的部分内容可以转变成招展、招商材料，增加展会的说服力和吸引力。会展主办方也可以将评估报告提交政府有关机构申请相应的支持。此外，将评估的结论结合展会主题产业的发展状况，可以为下届展会项目的开展提供可行性分析依据，从而评估展会项目所处的生命周期。

11.2.2 参展商的展会评估

1. 意义与目的

对于参展商而言，可以通过规范的、客观的评估结果掌握展会的真实情况，并对是否参展进行客观理性的判断。换言之，以参展商为出发点的展会评估可以帮助参展商判断是否需要参加展会以及应该为参展所投入的资本，从而比较展览与其他营销方式的成本效益。因此，评估结果在很大程度上决定着参展商是否继续使用展览或使用其他更合适的营销方式。此外,参展商也可以参考评估结果决定未来参展的资源投入量,以及是否使用同样方式继续参加同一展会,或是否继续展出同一产品。

2. 评估的标准

展会评估的标准必须要明确、客观、协调、具体、统一。此外,评估标准需要根据参展商的主要参展目标而制定。例如,当参展的参展目标是推销,那么评估就应该以成交额,建立新客户数为主要标准。而如果参展目标是企业形象的宣传推广,那么就应该以接待观众人数等为主要标准。

3. 展会信息的收集

评估时所需要的展会信息可以通过不同的方式收集,其中包括收集现成资料、安排记录、召集会议、组织座谈及利用调查表向参观者收集情况。收集现成资料包括收集展会组织者所有的展会统计资料及报刊和杂志的相关报道等反映展会情况的资料。

4. 定性与定量的评估

1) 定性评估

定性评估是指参展商对自身各种因素的评估,其中包括展台的设计、展期宣传、展品、行政管理、工作态度、工作效率、服务意识、对展览与其他营销方式的评估。此外,定性评估还包括对市场潜力、趋势等的评估。

2) 定量评估

定量的评估内容也常称作评估指数。定量评估的内容主要包括接待客户情况、接待客户平均成本、成交情况、成交平均成本、成本效益比等。定量指标的重点如下。

(1) 接待客户评估。接待客户评估是贸易展览会最重要的评估内容之一,其中包括参观展台的观众数量评估、参观展台的观众质量评估、接待客户的成本效益评估。在进行参观展台的观众数量评估时,可以细分为接待参观者数、现有客户数和潜在客户数,其中潜在客户数是重点。在对参观展台的观众质量进行评估时可以按照评估内容和标准分类统计观众的订货决定权、建议权、影响力、行业、区域等,然后根据统计情况将参观观众分为"极具价值"、"很有价值"、"一般价值"和"无价值"等情况。对接待客户的成本效益评估的计算方法是用展览总支出额除以所接待的客户数或者所建立的新客户关系数。

此外,接待客户评估的另一项重要内容是专业观众结构分析。而对专业观众结构分析的主要指标包括观众总数、专业观众比例、本国观众来自各行政及地理区域比例统计、外国观众来自各大洲的比例分配、外国观众最多的来源国家比例统计、来自不同的经济领域比例、对采购的影响力的观众比例统计、职位统计、工作岗位统计、参加历届展会情况、所在企业规模比例、展期各天观众分布比例、观众停留时间统计。

(2) 观众的活动。通常,包括平均参观展览时间和平均参观展台时间。平均参观展览时间是指参观者参观整个展览会所花费的时间,一般以小时表示,该指数与展览会效果成正比。而平均参观展台时间,指参观者参观每个展台所花费的平均时间,一般以分钟表示。

(3) 展台效率。一种是工作人员接待目标观众的数量在目标观众总数中的比例;另一种是展台总开支除实际接待的目标观众数量之商,也称作接触参观者平均成本。

(4) 成本效益比评估。展会的成本效益也可以称作投资收益。因为评估因素比较多,且评估范围比较广,所以成本效益比内涵较广。例如,成本效益比既可以是此次展会的成本与效益相比,也可以是此次的成本、效益与前次或类似项目相比,还可以是展出的成本、效益与其他营销方式相比等。

(5) 成交评估。成交是指消费成交和贸易成交两种。对贸易性的展会而言,成交评估是展会评估最重要的内容之一。成交评估的内容一般包括:有无达到销售目标、成交额、成交笔数、意向成交额、实际成交额、与新客户成交额、与老客户成交额、展览期间成交额及后续成交额等。

(6) 其他评估。展会评估是一个很复杂的体系,评估时应该根据实际情况审慎选择和操作。除了上述5种,常用的评估指标还包括调研评估、竞争评估及宣传公关评估等。调研评估是指通过展出对市场和产品有无新的了解和认识,有无更明确的发展和努力方向等来进行评估。竞争评估是指对就展会的工作和展出效果等方面的表现与竞争对手相比较的评估。而宣传公关评估具体包括:宣传公关有无效果,效率、效益多大,是否需要增加投入提高展出者形象,以及形象对实际成交有多大关系等。

5. 展会的分析与总结

在对展会进行分析和总结的基础上,负责评估的部门需要出具参展总结报告、评估分析报告、市场调研报告、财务报告及其他专题报告。评估分析报告除了对相关展出目标和工作做简单描述以外,还需要对展出成果的整体和分类进行统计分析,并进一步指出可能的原因和提出今后的改进意见和建议。市场调研报告主要用来分析展会的市场潜力、销售渠道、产品要求、竞争情况等。财务报告则以反映参展的预算、成本、利润等财务指标为主。而其他专题报告的主要目的是了解具体情况并解决具体的问题。

11.2.3 会展行业主管部门的展会评估

1. 意义与目的

对会展行业主管部门而言,可以根据相关展会评估的标准和结论来制定会展行业发展的行业规章和制度。此外,主管部门可以对一些评估良好的展会项目进行重点扶持,促进其形成品牌会展。而对一些评估差、缺乏市场前景甚至重复举办的展会,则可以予以严格控制以达到规范会展市场秩序和行业竞争的目的。

2. 内容与标准

展会主管部门的评估内容通常包括展览主题、展台设计与装饰、招商组展、广告宣传、展会后勤服务、经济与社会效益及后续工作等。评估展览主题的主要指标包括展会主题是否明确以及是否服务展示地方经济。展台设计与装饰的主要指标是展台的设计与装饰是否突出展示介绍产品及宣传展品的品牌等。广告宣传的评价指标是在展会前、展会中、展会后会展举办方及参展商是否有强大的宣传阵容,并达到接触、交流、洽谈、签约、交易的目的。而展会后勤服务不仅包含对软件服务的评价,还包括在硬件设施的评价,其中包括清洁优美的环境、展场指南、食宿安排、交通服务、展会会刊等。展会的经济与社会效益主要通过交易额与协议和贸易商反映来衡量。而后续工作主要包括展会总结与统计等。

3. 评估方法

在进行会展行业主管部门的展会评估时被评估单位与展会举办方需要向主管部门或评估机构提供书面报告与各项统计资料。评估机构在对被评估单位的业绩、展会的规模、展商数量、展品构成与质量、各项统计资料等进行审核后，需要实地考察，以便对展会的实际效益进行科学的评估。此外，评估机构还需要对展会的合同成交额、成交的产品结构、成交的机构及协议的实施结果进行跟踪咨询，以便获得切实可靠的数据。最后，评估机构可以通过参展商、贸易商及传媒机构了解展会的实际活动情况，并对展会的服务水平、服务态度进行专项评估。

阅读材料 11-1

厦门展览会评估新办法出台[1]

厦门市政府近日发布《厦门市展览会评估试行办法》。这是继厦门会展业五年发展规划以来，又一个有关会展业的政府规定。

根据评估办法，面向公众的展示会、展销会等不在评估范围之内。展览会评估结果将作为会展专项资金资助和奖励的参考。评估由厦门市贸易发展局负责组织专家委员会举行。专家委员会由政府相关部门、会展协会和有关专业人士等人员组成。

据悉，自厦门 2003 年正式宣布大力培育能定期举办有特色的会展，到会展业发展成一个新兴服务产业，到目前宣布将评估展览会的优劣，厦门规范会展的政策不断涌出。观察者称，这些政策出台与厦门蓬勃发展的会展业密切相关。

11.3 展会评估及认证机构

11.3.1 国际展会评估及认证机构

目前，展会的评估和认证在会展经济发达国家已经相当成熟。这些国家通常具有全国性的统一行业机构从事展会的评估和认证工作。这些专业机构不仅对各类数据进行审核认证，而且定期公布认证结果，便于会展业内和其他相关机构提供比较分析。

1. 国际展览业协会

从世界范围看，对展览会评估和资质认可最权威的组织是国际展览业协会（UFI）。国际展览业协会的前身为"国际博览会联盟"，2003 年 10 月改为现名。该组织于 1925 年 4 月 15 日在意大利米兰成立，总部现设在法国巴黎。国际展览业协会的宗旨是代表展览会、博览会组织者的利益，维护展览会、博览会的质量标准，规范展览组织者的市场行为。

为了提升国际展会的品质，并且要防止某些国家，借由展会来侵害他人权利及相关商标，UFI 对申请加入其协会的展览项目和主办单位有严格的要求和详细的审查程序。

---

[1] 资料来源：金羊网，2004-06-10.

首先，申请单位的展会活动必须举办过两次以上，且国外参展商必须是全部参展商的10％以上，国外买主也必须是全部参观者的5％。主办展会活动的单位，可以不是UFI旗下的协会成员，但必须在国际上有一定名气，认证并审核通过后，才能在展会中挂上认可的标章。因此，能取得UFI的资质认可并使用UFI的标记便成为名牌展览会的重要标志。

UFI评价展览成功与否的定量标准包括：展会的收入、租用面积、售出票数、售出目录数、服务收入、参展商数量、参观者人数；而定性标准包括参展商类型、观众类型、媒体的评论、展览期间的现场气氛。其中，观众类型的分析是在展会期间进行的，其主要通过对观众进行抽样调查来了解展会观众的地区来源、职位、所属行业、参观时间、参观频率。此外，组织者还要选择一些参展者面谈，以调查他们对展览的意见、愿望和感受。而这些调查结果都会对外公布，以衡量展会成功与否，并更新展览会的理念，提供更好的服务。如果某些目标未能达到，主办方就要客观地分析原因，制定策略，使得下届展会能避免这种情况的发生。

2. 欧洲对展览会的评估与认证

作为世界上展览经济整体实力最强的区域，欧洲每年都要发布展会统计报告，统计数据正式公布前要经过参加发布的各国专门机构的审计。参加欧洲展览会统计报告发布的国家大多有展览会审计机构，这些机构参与了展览会统计文件的起草工作。这些机构包括德国博览会和展览会统计自愿审核学会（FKM）、法国的综合性和专业性展览会统计审计办公室（OJS）、英国展览会数据鉴定交流所（Clearinghouse for Certified Data on Exhibitions，CCDE）、荷兰展览会联盟（Federation of Trade Fairs and Exhibitions in the Netherlands，FBTN）、丹麦展览会审计办公室（The Danish Audit Bureau of Exhibitions and Fairs）等。这些机构中，在国际上最有影响的是德国的FKM和法国的OJS。

1）德国展览评估机构

德国权威的展会评估机构为博览会和展览会统计自愿审核学会（Society for Voluntary Control of Fair and Exhibition Statistics）。该机构隶属于德国展览会与博览会协会AUMA，德语简称FKM，其中F的含义是自愿，即强调自愿原则。FKM总部设在柏林，于1965年由6家德国会展公司共同创建，创建的目的就是制定统一的展览会相关指标统计审核标准，促进会展数据的透明度和真实性。

目前直属会员由在德国的75家会员及三个外国展会主办者，其中包括中国香港贸易发展局、意大利Verona展览公司、莫斯科MVK等三个外国展会机构组成。FKM只为成员单位申报并主办的展会开展审核，每年4月发布对上一年展会的审核结果，并公布当年申报展会的名单。FKM每年要对德国的75家会员审计约300个展览，一般德国展会推广方面都会标记该展会是否经过FKM审核。在奥地利和瑞士都有完全类似的机构，因为都是德语系国家，所以都简称为FKM，但这两个国家的FKM与德国的互不隶属。

FKM的工作任务是制定展览会数据统计的标准和规则，并聘请专业经济审计机构对展会主办者填报的展览会统计数据进行审核。FKM机构的成员要按照FKM的规则和标准申报展览会统计数据，接受FKM组织的专门机构对统计数据进行的审计，并保证在任何场合和情况下所使用和发布的展览会统计数据均与FKM公布的统计数据相一致。FKM的相关数据和规则由独立的经济审核机构负责审计。授权的经济审计机构通过随机抽查的方式对各成员申报的展会数据开展审计，包括派员到展览会现场了解情况、展会结束后对展会财务进行审计，或者通过问卷调查的方式进行，然后出具审计报告。

FKM 主要是进行三个指标的量化分析和横向对比，包括展览面积、参展商数量、观众数量。展览面积包括净展览面积和毛展览面积。净展览面积主要是指国内外厂商所租用的展台面积，另外还包括被称为特殊区的与展览主题有关的图片陈列区和表演区；毛展览面积则再加上公共通道及服务区。参展商是指带有产品或服务的公司及组织，由其职员租用场地参展，如果公司的产品或服务由代理商参展，该公司不列为参展商。观众数量一般由电子入场系统统计，或统计每天售出的参观券数量。此外，FKM 还分析观众结构，是专业观众还是普通观众，以及对观众的来源地、职业、所属行业、职务、年龄、参观频率等各个指标细化分析。

经过 50 多年的实践经验，FKM 已经成为德国展览界品牌和质量的象征，受到了参展商和展览主办者的青睐。因为，FKM 的审核不是通过行政审批的方式进行的，而是以其公正、透明和权威性来吸引展览会主办者自愿参加，是用市场经济的手段对展览市场进行规范和监督。所以，越来越多的在德国以外地区由德国主办的展会走进了 FKM 的审核范围，很多非德国展会主办者也申请成为 FKM 的海外成员。而 FKM 通过其网站（www.fkm.de）使用德、英两种文字版本提供完整及时的审核资料，可供参展商和观众免费下载。观众可以通过 FKM 编制的使用手册，比较查看各类展会经过审核后的统计数据，使自身更好地安排参展计划。此外，网站上还介绍了 FKM 的组织机构、工作任务和程序，以及重要指标的定义和更好地使用 FKM 统计数据的方法。

2）法国展会评估机构

法国综合性和专业性展览会统计审计办公室（Statistical Audit Bureau for General and Specialized Fairs and Exhibitions，OJS）是法国主要的展会评估机构。该机构于 1967 年由法国 16 个专业展览会和 23 个大众性质的博览会共同发起成立，并在 1970 年得到法国财政部的支持，成为政府认可的展览统计数据认证机构。

OJS 成立的目的是对展览会的统计数据进行来自外部的、公正的认证，建立公平的竞争环境，保证展会的透明性，为参展企业和参观企业提供可靠的展会质量信息。OJS 对自愿参加这一统计系统的商业性展览会进行统计认证。主要认证数据有三种，即展览会的销售面积、参展企业数量、观众数量。为了执行这一任务，OJS 在全国组织了 12 个独立的会计事务所，常年对参加这一统计系统的展览会进行统计和监督。每一届展览会均由 OJS 指定会计事务所对上述三大指标进行统计复查和认证，拟出正式统计报告，并在 OJS 官方网站（http://www.ojs.fr）上公开发布。

此外，为了建立一个有广泛代表性的行业机构，2001 年法国展览协会和法国会议中心协会进行了合并，共同组织了法国会展协会（Foires Salons et Congres de France）。该协会由三大类企业组成，即会议和展览会主办机构、场馆、各种服务公司。其宗旨是为展览行业的发展创造一个良好的外部环境，同时为企业会员提供优质的服务。该协会的一项主要职能是对展览行业及不同类型的会展企业进行调查研究。

11.3.2 国内的展会评估发展

展览会评估与认证在国内还属于初级阶段。目前，尽管会展活动举办者、参展商及会展行业主管部门开始广泛关注展会的评估和认证，但是在这方面无论是研究还是实践国内都滞后于国外的水平。展会评估标准缺失，行业监督和自律系统尚未形成，行业服务水平亟待提高，均是现阶段国内展会评估机构面临的问题。而如何促进展览会进行评估认证的研究与发展，正在成为中国会展业的热点课题。

鉴于发达国家的经验与我国的国情，国内的展会评估模式可能会经过三个阶段的发展。

1. 初级阶段

现在国内的展会评估模式正处在初级阶段，展会市场和体制还不成熟，且缺乏权威的第三方认证机构。为了保证评估的权威性和公信力，需要由政府出面，或者在政府的主管和监督下由贸易促进委员会或者地区性行业协会具体实施展会的评估。换言之，鉴于国内展会业当前的现状，建立完全独立的第三方评估机构的条件还不成熟，所以由政府组织会展评估机构，有利于规范会展市场、树立展会的品牌形象，打造品牌展会。此外，在刚开始推广展会的评估和认证时应该也采取自愿原则，先对品牌展会或者影响力比较大的行业展会进行试点。

现阶段，在各级政府主管部门的努力下，国内会展行业评估和认证制度已经取得了实质性的进展。在2002年10月份，原国家经贸委制定了国内会展行业的第一个专业性展览会等级划分和评定标准——《专业性展览会等级的划分及评定》。中国贸易促进委员会也计划组织试行会展数据的统计与审计业务。此外，上海、北京、济南等城市先后出台会展评估工作细则。2004年中国木制品进出口贸易洽谈会等也开始尝试开展评估工作。而武汉、沈阳、长春等城市也在着手制定会展评估体系。但由于缺少会展专业评估机构和专业评估人员，很多城市的会展评估还停留在理念性阶段。

2. 发展阶段

发展阶段是从初级阶段向成熟阶段发展的过渡阶段。尽管国内还需要经过一段时间才能进入展会评估和认证的发展阶段，但是由会展业发达国家的经验可知，发展阶段的特征是展会评估和认证的自律性将有明显的提高，政府作为主管和监督展会评估的角色会逐渐淡化。在这一阶段政府除了指导行业协会并与行业协会共同管理会展评估工作以外，还要逐渐强化和扶持行业协会的权威性。

3. 成熟阶段

顾名思义，进入成熟阶段以后，国内展会评估和认证发展已经相当规范，会展企业的自律性显著提高。在这一阶段政府可以淡出会展评估领域，只是对会展业进行宏观调控。而会展行业协会将成立专门机构，独立行使评估权力，保证评估结果的客观性、公证性和权威性。

阅读材料 11-2

商务部公布展会评估认证办法认证制获实质进展

2008年1月底，商务部条法司对外公布《中国境内对外经济技术展览会评估认证办法（试行）》（以下简称《办法》），对评估认证的组织机构、评估认证的程序、评估认证的推广及评估认证的处罚都有明细且量化的规定，并在2月20日前向社会征求意见。

这表明,业界期待已久,政府主管部门酝酿一年多的中国会展行业评估认证制度的建立,有了实质性进展。

目前,我国每年要举办大大小小4 000多个展会,但由于展会评估标准缺失,行业监督和自律系统尚未形成,行业服务水平亟待提高,"办展急、服务乱、参展维权四处转;门槛低、要求高,十个展览五个乱",是当前会展行业最流行的一句话。

2007年,中国会展业就展会评估陆续开展工作,包括中国贸易促进委员会展览部组织业内专家座谈讨论会展行业标准;商务部委托中国会展经济研究会起草国际展会评估标准;中国会展经济研究会发出实行共同展览统计口径的倡议;商务部委托商务部研究院起草国内展览会评估认证标准;农业部成立中国农业会展分类认定工作办公室;中国展览馆协会展览工程专业委员会推行展览工程企业资质标准;广州、宁波、厦门、深圳、南京等城市制定展会评估标准等。

资料来源:尚武. 中国贸易报,2008-03-04.

本 章 小 结

展会评估是主办单位、参展商和会展主管部门等三方对其所举办、参与及管理的展会活动所进行的综合性评价。评估包括定量和定性两部分。定量部分主要对可以计量的展会因素进行统计分析,并得出结论;定性的评估需要在客观事实的基础上,依据某种指标体系和评估者的学识、经验对展会加以评估。系统性、连续性及一致性是展会评估的原则。通常,一项展会评估具体程序包括:确立展会评估目标、选择规范的评估标准、制定和实施评估方案及撰写评估报告。展会评估报告的具体内容包括评估的背景和目的、评估方法、评估结果及结论和建议。作为评估主体,主办单位、参展商和会展主管部门对展会评估的内容、标准和侧重点有所不同。其中,展览会主办方做展览会评估工作最为普遍,评估工作也应做得最好。展会的评估和认证在会展经济发达国家已经相当成熟。这些国家通常具有全国性的统一行业机构从事展会的评估和认证工作。国际上知名的展会评估和认证机构主要包括UFI、FKM和OJS。目前,国内展览会评估与认证还处于初级阶段,其发展水平有待提高。

1. 名词解释

    展会评估　展会评估报告　国际展览协会(UFI)

2. 思考题

    (1) 简述展会评估的原则。

    (2) 简述展会评估报告的构成。

    (3) 简述FKM的职能及其展会评价标准。

(4) 简述 OJS 的职能及其展会评价标准。
(5) 论述展会评估的程序。
(6) 论述不同主体的展会评估。
(7) 论述欧洲对展览会的评估与认证。
(8) 论述国内的展会评估发展。

参考文献

[1] 刘大可，陈刚，王起静，等．会展经济理论与实务．北京：首都经济贸易大学出版社，2006．
[2] 展会评估流程及方法．http://info.ad.hc360.com/html/001/004/002/16591.htm，2008－07－20．
[3] 展会知识．http://www.zsz8.com/Productiondesign/Productiondesign_109.html，2008－07－20．
[4] 崔晓文．国外展会评估机构．城市竞争情报：世博情报，2007－09－28．
[5] 杨斌．德国展览会评估与认证初探．http://www.cce360.com，2008－07－20．
[6] 法国展览．http://www.promosalons-china.com，2008－07－20．
[7] 尚武．商务部公布展会评估认证办法认证制获实质进展．中国贸易报，2008－03－04．
[8] 会展评估：中国会展业发展的必由之路．中华节庆网，http://www.cce.net.cn，2008－07－20．
[9] LEE M J, LEE K M. Convention and exhibition center development in Korea. Journal of Convention & Event Tourism, 2007, 8 (4)：101－120.